2011年卷

审判实践与思索

——宁波市鄞州区人民法院优秀调研成果汇编

张光宏◎主编

SHENPAN/SHIJIAN/YU/SISUO

NINGBOSHI/YINZHOUQU
RENMINFAYUAN
YOUXIU/DIAOYAN/CHENGGUO/HUIBIAN

人民法院出版社

图书在版编目（CIP）数据

审判实践与思索：宁波市鄞州区人民法院优秀调研成果汇编. 2011年卷/张光宏主编. —北京：人民法院出版社，2013.7
ISBN 978-7-5109-0740-1

Ⅰ.①审… Ⅱ.①张… Ⅲ.①审判—工作—调查研究—宁波市—2011 Ⅳ.①D927.553

中国版本图书馆CIP数据核字（2013）第156161号

审判实践与思索
——宁波市鄞州区人民法院优秀调研成果汇编（2011年卷）
张光宏 主编

责任编辑 张 珺
出版发行 人民法院出版社
地 址 北京市东城区东交民巷27号（100745）
电 话 （010）67550607（责任编辑） 67550558（发行部查询）
65223677（读者服务部）
网 址 http://www.courtbook.com.cn
E－mail courtpress@sohu.com
印 刷 保定彩虹印刷有限公司
经 销 新华书店

开 本 787×1092毫米 1/16
字 数 352千字
印 张 18
版 次 2013年7月第1版 2013年7月第1次印刷
书 号 ISBN 978-7-5109-0740-1
定 价 40.00元

序

审判经验总结是推动人民司法事业发展的重要思想路线和方法。可以说，法院工作发展的历程，就是不断总结审判经验的过程，同时，在总结审判经验的过程中，法院工作的内涵也得到了延伸和发展。英国有句谚语：“真正的知识就在经验中”，这深刻体现了经验总结的重要性。尤其是在现阶段，认真总结审判经验，发现司法规律，指导司法实践，对推动审判工作的科学发展具有重要意义。

审判经验的总结有利于更好地回应人民群众的需求。美国联邦最高法院大法官霍姆斯有一句耳熟能详的法谚：“法律的生命不在于逻辑而在于经验。”他认为，在司法中，实践经验比纯粹的逻辑演绎更为重要。司法工作是一门实践的艺术。因为法律规则是相对稳定的，而社会生活是变动不居的，只有通过法官的一个个判决才能将法律规则作用于社会生活中，才能回应人民群众对司法的需求。我国现在正处于社会转型的特殊时期，各种社会矛盾多发，面对这些进入司法程序的社会矛盾，仅仅诉诸严密的逻辑推演是不够的，还需要法官在司法实践中不断地积累审判经验，加以矫正，才能有效避免机械司法，实现法律效果和社会效果的有机统一。

审判经验的总结有利于加强法官队伍建设，提高整体业务素质。当前，法院工作面临“案多人少”的矛盾，法官办案压力很大。“他山之石，可以攻玉”，通过总结和传承审判经验，发挥审判经验的辐射力，提升法官认定事实、适用法律、从事审判管理和服务大局的能力。尤其是工作压力最大的中基层法院，有很多刚出校门的“三门法官”，这些年轻法官缺少审判实践经验，通过多种途径总结和传承审判经验，有利于他们更快成长，实现学生和法官角色的“无缝对接”。

宁波市鄞州区法院非常注重审判经验的总结和传承，把审判经验的总结和传承与法院建设有机结合起来，将“文化兴院”与建设“学习型法院”有机结合起来，努力打造“法官论坛”、“法官与学者对话”、“青年实用法学研讨会”等多种平台，充分发挥先进经验引导人、凝聚人、激励人、规范人、塑造人的功能，促进了法院整体工作健康、有序的发展，为全市法院建设作出了积极地探索。自2008年以来，该院连续以年度卷形式出版的《审判实践与思索——宁波市鄞州区人民法院优秀调研成果汇编》中即汇集了法官经验总结和传承的优秀成果，凝聚着鄞州区人民法院法官长期审判工作与管理工作的智慧和汗水，对推动全市人民法院调研工作乃至整体工作的发展具有深远的意义。

希望鄞州区法院以此书为契机，深入实际，努力探索，积极创新，以提高司法能力为切入点，继续构建不同形式的审判经验总结和传承的平台，在营造法院文化氛围、培育高素质法官、增进法院管理等方面不懈努力，进一步实践人民法院“为大局服务，为人民司法”的工作主题，深入推进三项重点工作、努力践行“八项司法”，为促进经济平稳较快发展和社会稳定提供更加有力的司法保障。

是为序。

宁波市中级人民法院院长

二〇一二年四月二十八日

目录

论文撷英

调 研 报 告

案 例 精 选

法治随笔

论文撷英

能动司法与公司矛盾化解之契合

——公司纠纷略式程序之建构

张光宏*

引　言

在我国，有限责任公司和股份有限公司是我国现代企业的主要形式，是经济社会的重要组成细胞。建立现代公司制度、完善公司法人治理结构是我国经济体制改革的重要内容。我国《公司法》也于2005年进行修订和完善，进一步明确了公司法律关系中各主体的相关权利与义务，以规范公司内部治理机制。但由于公司各主体之间的矛盾不可避免，而司法救济制度总是相对滞后。故笔者以有限责任公司为研究对象，针对公司纠纷中有实体权利却无相应程序回应、虽有司法救济但适用程序错位等问题，在坚持能动司法这一司法运行规律和理念的基础上，契合社会矛盾化解之重点工作，分析在我国构建公司纠纷略式程序之理论可行性及现实必要性，并提出具体程序之设计。

一、实践困惑：公司纠纷救济程序缺失或错位

我国当前《公司法》的规定过于简单，对公司营运过程中的诸多问题未予充分囊括，给公司纠纷的解决乃至公司的平稳运行都带来了许多隐患。

1. 诸多实体权利缺乏相应程序回应

“没有救济就没有权利”，程序法与实体法在总体上应保持协调一致，赋予实体权利的同时，应保证相应的诉讼或非讼程序予以救济，否则实体法规定的权利可能落空或者实现起来非常困难。我国目前的《公司法》在赋予公司法律

* 宁波市鄞州区人民法院院长，法学博士。

关系各主体大量实体权利的同时，《民事诉讼法》却没有在 2007 年修订之时作出“呼应”。相当一部分实体权利缺乏相应程序回应，股东诉求无门，司法介入无据。虽然最高院出台相关司法解释，包括刚出台的《公司法司法解释三》对股东可要求公司出具出资证明书、履行变更登记等权利作出了规定，对部分公司纠纷纳入司法救济程序，也明确了相关公司纠纷的部分案由，以弥补公司法及民诉法的不足，但面对大量涌现的公司纠纷，司法救济手段显然力不从心。

2. 单一程序应对复杂纠纷导致程序错位

新民事诉讼法修改当初，我国的社会主义市场经济建设尚在探索之中，作为现代企业典范的公司制度也尚不完整。对公司纠纷的主要救济程序是普通诉讼程序，在特别程序中涉及公司纠纷的仅有公示催告程序。但是，与传统民商事纠纷主要为财产性质的给付之诉相比，由于公司的主体地位、内部关系和外部关系三者之间经常发生重叠、交叉、制约和混同，当事人制度、诉讼标的、既判力等均有独特性，① 而且公司诉讼纠纷案件的诉请内容相对多元化，有不少涉及行为。包括诉请作为的如提供会计资料供查阅，诉请不作为的如停止侵犯知情权等。在撰写这类案件判决主文时，判决内容无先例可循，不仅要合理确定当事人义务，还要考虑判决的可执行性，如何作出科学、恰当且无歧义的表述非常困难。② 而当前千篇一律的普通民事诉讼程序忽视了公司纠纷柔性及复杂多样的特点，导致在审判实践中以普通的诉讼程序审理所有的公司纠纷案件，形成“程序错位”。

3. 现行程序冗长导致资源浪费效率迟延

商事交易重在简便，贵在迅捷，对于公司而言效率是第一位的。但当前审判实践中，公司纠纷诉讼中，除破产案件及最高人民法院印发《关于审理公司强制清算案件工作座谈会纪要》中明确规定公司强制清算纠纷为非讼程序外，其余公司诉讼都是通过普通诉讼程序完成，审理一般公开审理、依言词主义和直接主义，当事人需要对证据事实当庭对质，这直接影响了程序运行的进度。此外，依诉讼程序审理的案件，如果当事人不服应提起上诉，上诉期间一审判决并不发生效力，更不具有执行力。③ 审理案件所耗用的时间长，法院的大量司法资源都耗费在此类案件中，一方面造成了当事人权利不能得到及时有效的保护，另一方面以复杂的通常诉讼程序审理相对简单的公司纠纷案件也造成了原本已经非常紧张的司法资源浪费和诉讼效率迟延。

---

① 傅郁林：《建构公司法特别程序的初步思路》，载北大法律信息网，于 2011 年 3 月 25 日访问。

② 《“全国法院公司法理论与实践论坛”透露公司案件审理面临九大困境》，载 http://news.sohu.com/，于 2011 年 3 月 25 日访问。

③ 杜兴淼：《公司法视野下非讼案件审理程序研究》，苏州大学硕士学位论文，第 6 页。

二、理论依托：域外经验与本土国情之结合

现行世界各国有关程序制度的分类和设置来看，最为基本的立法规定形式标准无外乎两个[①]：一是根据审理事件的性质，即案件是否涉及民事权益之争，是诉讼事件还是非讼事件；二是根据审理的方式、形式，即对案件的审理在程序上，是否采用通常的全部程式、形式和方式。在这两个标准中，前一个标准是民事诉讼程序制度构建的最为基本的标准。按照这一标准，民事诉讼制度分为了诉讼程序与非讼程序两大基本程序类型，即“程序二元分离适用论”。后一种标准是为了适应解决纠纷需要而特别设定的标准。根据这一标准民事诉讼程序又分为普通诉讼程序、简易诉讼程序和略式诉讼程序。现笔者根据程序法理结合当前程序多元适用并相互交融之趋势，谈谈我国设立公司纠纷略式程序之理论依据。

1. 程序二元分离适用与相互交融趋势

“诉讼法理与非讼法理二元分离适用论”作为民事诉讼程序设置理论中最为基本的理论，也是现代民事诉讼程序设置中占主导地位的理论学说。[②] 它将民事程序分为诉讼程序和非讼程序，分别适用处理实质事项有争议和没有争议的民事案件，二者泾渭分明。但是由于社会的发展变化，民事纠纷的形态日益多样化、复杂化以及价值追求的多元化，逐渐出现诉讼法理和非讼法理交融趋势。并形成了所谓的“程序法理的交错适用论”。各国的立法上实际上也是认可了诉讼程序与非讼程序的交错，肯定了诉讼法理与非讼法理的交错适用。例如各国的非讼程序法几乎都明确规定了准用性规则，即非讼程序法没有规定的，适用诉讼程序法的规定。[③] 而我国目前的民事诉讼程序诸体合一，“以一应万”。因此，在我国建立多元程序体系已是迫在眉睫。笔者认为傅郁林教授提出的诉讼程序与非讼程序、民事诉讼与商事诉讼及家事诉讼、普通程序与简易程序及略式程序、终局程序与临时程序及中间裁判程序的完整体系[④]较为合理。针对公司纠纷的特殊性，因案制宜，设立贴切妥当的略式程序予以应对。

2. 域外经验与本土国情之契合

关于公司非讼案件的审理程序，在非讼制度以及公司诉讼制度比较发达的国家或者地区，有着处理相关的公司特殊类型纠纷的成熟的立法成果。[⑤] 包括日本在内的部分大陆法系国家和地区在立法上针对公司诉讼事件给予了特别回

---

① 常怡主编：《民事诉讼法学》，中国法制出版社，2008年版，第544～545页。
② 常怡主编：《民事诉讼法学》，中国法制出版社，2008年版，第533页。
③ 杜兴淼：《公司法视野下非讼案件审理程序研究》，苏州大学硕士学位论文，第36页。
④ 傅郁林：《建构公司法特别程序的初步思路》，载北大法律信息网，于2011年3月25日访问。
⑤ 杜兴淼：《公司法视野下非讼案件审理程序研究》，苏州大学硕士学位论文，第26页。

应，以消除普通民事诉讼程序对部分公司法案件的不适应性，积累了宝贵的经验。日本于 1898 年颁布《非讼案件程序法》，后商法典修订，部分章节移到公司法中，且由日本最高法院制定有关公司非讼案件必要事项的程序规则——《公司非讼案件等程序规则》（2006 年 2 月公布、同年 5 月实施）。[①] 1898 年德国为了实施《民法典》和《商法典》的相关规定，制定了《非讼事件法》。其中第 7 章规定了商业登记簿以及合作社登记簿管理的机构和程序，以及初级法院根据《商法典》、《合作社法》、《股份法》、《有限责任公司法》等进行的其他工作。[②] 法国的商事审判和略式程序规定散见于《法国民事诉讼法》以及《商法典》当中。还有美国的禁令和宣告判决制度等等。从上述域外的先进经验，为我们构筑本土的公司纠纷略式程序提供了参照蓝图。

要构筑本土的司法制度，在借鉴域外的先进经验基础上，必须以我国现有的国情为依据。我国的司法资源本来就十分有限，而随着经济活动的不断增多，纠纷将随之大幅度增加，在现代社会，人们诉权意识的不断增强无疑又给法院的审判工作带来了更多的工作量。如何更好地利用有限的司法资源，使其发挥最大的定分止争的作用是迫在眉睫需要思考的问题。[③] 同时，作为经济社会的商业主体，高效运转的商业机器需要高效率的处理危机方式，对于股东以及其他当事人而言，以极少的花费来迅速处理纠纷是重要的目标。[④] 因此，我国可在选择性借鉴和吸收国外非讼程序处理公司纠纷的先进经验上，根据公司纠纷的特殊性，结合我国的国情及特别程序的规定，构筑本土化的公司纠纷略式程序。虽然有许多学者都赞成设立公司纠纷非诉程序，但笔者认为，虽然非讼程序与诉讼程序一样都是需要通过法院的裁判来达到定分止争的效果，都是国家为民众提供的司法救济手段，但“非讼”从一般字义理解为“不是诉讼”或“没有诉讼”，且我国目前并没有按程序二元法理将民事诉讼程序分为诉讼程序和非讼程序，但对于特别程序已有规定，而略式程序是为了适应纠纷需要而特别设定的程序，在当前普通诉讼程序、简易诉讼程序的基础上，根据公司纠纷的特别需要而特别设立公司纠纷略式程序，更符合我国的诉讼程序划分标准。

---

① 奚晓明总主编：《最高人民法院商事审判裁判规范与案例指导》，2010 年卷，法律出版社，2010 年 8 月版，第 336—337 页。

② 李大雪：《德国〈非讼事件法〉的现状和前景》，载《河南社会科学》，2006 年第 4 期，第 29 页。

③ 杜瑶：《公司非讼程序基本问题研究——以我国公司非讼程序的可行性为中心》，中国政法大学硕士学位论文，第 18 页。

④ 杜兴淼：《公司法视野下非讼案件审理程序研究》，苏州大学硕士学位论文，第 17 页。

三、现实需求：能动司法与社会矛盾化解之契合

公司诉讼是在公司运行过程中，因公司相关利益主体违反公司法律关系中特定的权利义务而引发的适用特殊程序的民事诉讼。[①] 某种意义上来说，公司诉讼的审理过程就是司法介入公司治理的过程。公司诉讼与司法介入公司治理是一个问题的两个方面，但公司诉讼突出的是其作为纠纷解决机制的一面；而司法介入公司治理强调的则是作为一种外部力量的司法权力对促进公司内部治理改善的意义。[②] 司法介入公司治理的主动性或积极性，就是坚持能动司法化解公司矛盾的重要体现。

1. 能动司法之要求

(1) 能动司法——当前法院工作的司法运行规律和理念

虽然司法能动主义源于美国法，它是要求法院积极适应社会生活需求创制及解释法律背景下产生的。但在我国，坚持能动司法具有更为丰富的内涵，它是新形势下人民法院积极服务经济社会发展大局的必然选择，是我国司法应遵循的运行规律，是人民法院司法理念的一次重大创新。过去人们常常把被动性视为司法自身的规律，这从“不告不理”和每一个具体个案中来看有其一定的合理性。但是，被动性是司法的规律而不是本质规律。从我国司法制度的属性和国情来看，司法的政治性决定了人民法院必须充分发挥能动性，紧紧围绕党和国家工作大局，为巩固社会主义政权，为促进经济社会发展提供有力的司法保障；司法的人民性决定了人民法院必须满足群众需求，回应群众关切，通过审理执行案件，努力维护人民权益；司法的法律性决定了人民法院必须适应法治建设的进步，适应人民群众对司法的新要求新期待，实现司法的公正高效权威。[③] 因此，能动司法更符合当代中国经济社会发展的现实需求，是我国现代司法的基本特征和运行规律。坚持能动司法，依法服务大局，就是要求我们根据经济社会发展要求，未雨绸缪，超前谋划，提前应对，努力提高为经济社会发展服务的水平。

(2) 能动司法理念在公司纠纷中之运用

坚持能动司法，在公司纠纷中的体现就是要加大司法介入力度，拓宽法院主管范围，积极创制规则，主导审判程序等等。当前的公司诉讼是通过裁决纠纷、平息矛盾为公司运行扫除障碍的事后型、间接型作用机制。对于许多公司

---

① 奚晓明、金剑锋：《公司诉讼的理论与实务问题研究》，人民法院出版社，2008 年版，第 15 页。

② 刘桂清：《公司治理的司法保障——司法介入公司治理的法理分析》，载《现代法学》，2005 年第 4 期，第 23 页。

③ 王胜俊院长在人民法院能动司法论坛发去的贺信中指出司法的政治性、人民性和法律性决定我国必须坚持能动司法。

纠纷是否属于司法管辖的范围存在很大争议，各地法院司法介入掌握的标准也不统一，以股东请求分配利润为例，有的法院以没有股东会的分配决议为由不受理，或不支持原告的诉讼请求；有的法院则判令公司于一定时间内召开股东会对利润分配进行表决；还有的法院根据公司可分配利润与原告股东的持股比例直接判令公司履行有关支付义务。[①] 由于司法介入过于被动，导致大量的公司矛盾无法得到及时有效的化解。因此，能动司法在公司纠纷中的具体运用就是需要司法积极介入，创设略式程序，扩大当事人权利的可诉性范围，统一公司纠纷的裁判程序及裁判尺度，凸显司法机制对公司自治的干预。公司纠纷略式程序不以公司利益主体间权利义务争执的裁判为目标，而是直接采取一些具体措施介入公司的运行，相对于通常程序的事后救济和监督功能而言，特别程序着重于预防，通过法院的提前介入，化解以公司为中心的各方利益主体之间的矛盾冲突，迅速解决问题，扫除公司运作中遇到的障碍，避免发生更大的纠纷，也有利于公司迅速恢复正常的运行，符合商事活动中对与效率、经济的要求，使得各方利害关系人以较低的代价实现自己的利益。[②] 如果一般诉讼程序保障公司运作不过是出于法院裁判民商事纠纷的天然职责，那么，以特别程序提前介入则更充分体现了法院对公司运作的积极司法支持。[③]

2. 社会矛盾化解之需要

深入推进社会矛盾化解、社会管理创新、公正廉洁执法三项重点工作，是我们党在新形势下总结党的执政规律、社会主义建设规律和政法事业发展规律基础上作出的重大战略决策。深入推进三项重点工作与审判工作密切相关，关键是找准与三项重点工作的结合点。王胜俊院长针对三项重点工作，强调的第一项工作就是要坚持能动司法，不能因循守旧、被动应付，而必须主动服务，积极作为。[④]

公司作为现代社会中一种多种利益主体的有机统一体，始终处于纷繁复杂的利益冲突之中，是社会矛盾的重要组成部分。而当前对于公司矛盾的化解主要依靠公司内部机制的治理和自我调节。但是一旦公司内部运转出现问题，投资者、经营者、监督者之间发生矛盾冲突并且超出了公司的内部自治和自我调节的范围，公司的正常运转便会发生困难，甚至导致公司的瘫痪。此时，在公司内部调节机制失灵的情况下，为了挽救危机，保证公司的正常运转，避免利

---

① 《“全国法院公司法理论与实践论坛”透露公司案件审理面临九大困境》，载 http：//news. sohu. com/，于 2011 年 3 月 25 日访问。

② 杜瑶：《公司非讼程序基本问题研究——以我国公司非讼程序的可行性为中心》，中国政法大学硕士学位论文，第 22 页。

③ 赵蕾：《司法介入公司自治的第二条道路——公司特别诉讼的基本程序》，载《法学论坛》，2011 年第 1 期，第 157 页。

④ 《王胜俊强调要深入推进三项重点工作实现人民法院工作新发展》，载 http：//www. court. gov. cn/，于 2011 年 3 月 25 日访问。

益冲突的扩大而导致多方利益受损，由司法机关介入公司的治理是一个明智而恰当的选择。① 而司法化解社会矛盾之职能也通过对公司矛盾的化解而具体体现。由此可见，司法积极介入，设立公司纠纷略式程序，正是能动司法与社会矛盾化解之有效契合。通过设计简便的程序规则，使权利人之间的关系因确定而简化，从而尽可能地使自身合法权益得到法律保护，也使法院既能充分尊重当事人意愿体现民事诉讼当事人处分原则，又能保证司法公正，实现法院“不审”而致“争议解决”之目的。②

四、制度建构：中国语境下的公司纠纷略式程序之设计

设立公司纠纷略式程序主要目的在于实现权利、预防纠纷的发生、快速便捷解决大量涌现的公司矛盾。因此，在公正与效率成为当今司法改革的主要价值取向的话语背景下，如何借鉴其他各国在非讼程序方面的经验，对我国的公司纠纷诉讼程序进行改革，设立略式程序是本文主要思考的问题。

1. 模式

虽然有许多学者对我国公司纠纷建构非讼程序或特别程序均一致提出采用职权（探知）主义。但笔者认为，应采当事人主义与职权主义相结合之模式。其中当事人主义主要体现在：由当事人申请来启动程序，当事人可以申请撤回，也可以自认，更可以和解、终结诉讼等等，因为略式程序主要是解决公司法律关系中各主体所拥有的合法的没有争议的权利是否符合行使条件，是否可以行使或者确认公司某种状态是否出现；因此，对于公司法律关系中各主体的权利，如股东知情权，股东提出申请后，当然也可以与公司自行和解，也可以放弃；至于确认公司的某种状态，如公司是否应予解散，是否应予清算，对于某些情形，如公司股东通过股东大会决议延续经营期限而使公司继续存续而避免解散，可以因股东自行清算而终结强制清算。而职权主义主要体现在：程序的运行采职权运行主义，即为防止诉讼迟延，提高诉讼效率，一旦受理后法院对诉讼程序的推进、程序事项的处理及证据的采信和事实的认定等，应当持积极的干预态度，法院可以依职权加以收集和调查，充分地发挥职权裁量的作用。③

2. 适用范围

（1）适用前提

公司纠纷略式程序所适用的案件必须有二个前提条件：一是对申请人所具有的实体权利无争议，而是请求行使所具有的权利；或是要求确认公司某种状态如公司解散、清算的出现；如对权利有争议，则需要另行通过诉讼程序来确

① 杜兴森：《公司法视野下非讼案件审理程序研究》，苏州大学硕士学位论文，第2页。
② 孟玲：《试论民事诉讼效益目标的实现》，载《人民司法》1998年第8期，第24页。
③ 江伟主编：《民事诉讼法学原理》，中国人民大学出版社1999年版，第727页。

权；二是已经穷尽内部救济程序。规定适用前提的目的之一是为了避免司法介入不当，二是为了避免司法资源的浪费。

(2) 具体范围

公司法律关系中各主体凡是其所享有的无争议的权利，但行使需要其他主体协助的，在穷尽内部救济仍无法解决后，可申请通过公司纠纷略式程序寻求司法救济。具体包括：股东知情权、股东表决权、股东请求召开股东会或股东大会之权利、股东请求公司决定分配股利或公司剩余财产之权利、股东要求公司签发出资证明或股票之权利、股东要求公司在股东名册中记载为公司股东之权利、股东要求公司进行工商登记变更之权利、股东要求公司任免或解除高管之权利、股东请求确认公司决议不存在或撤销公司决议之权利、股东股份回购请求权中股价评估申请之权利、公司要求股东或高管履行《公司法》所规定的相应义务之权利、股东请求确认公司解散之权利（除《公司法》第一百八十三条规定除外）、公司清算等等。

3. 管辖

由于公司特别诉讼案件具有较强的专业性、技术性和时效性，笔者认为，应该将公司纠纷纳入专属管辖范畴，规定由公司住所地的基层法院享有公司纠纷的第一审案件专属管辖权。

4. 立案受理

我国现有的立案程序与受理案件审查程序实行实质审查制，不仅要审查其起诉要件，而且要部分地审查诉讼的实质要件即审判要件，包括原告的主体资格、法院的管辖权限、法院的受案范围（即主管），立案审理程序过于严格。对于公司纠纷略式程序，应采取“宽进严出”的规则，属于公司法案件特别程序的公司法案件可适用登记立案制[①]，即只要申请人向法院提出书面申请（申请书的格式可参考民事诉状格式，阐明请求事项及事实与理由。特殊情形下可以用口头形式提出），经形式审查即予受理，进入审理程序。

5. 审判组织

审判组织以独任审判为原则，以合议制为特殊。与民事诉讼法中有关特别程序的审判组织设置相类似，在公司非讼案件中，除重大疑难案件外，对于一般的公司非讼案件如登记事项的确认、股东会召集权纠纷、股东知情权纠纷等完全可以适用独任审判制度。[②]

6. 程序

经当事人申请法院登记立案后，进入略式程序：如果对于当事人所请求事项清楚明确，则可以经书面审查后直接作出裁定；如需要核实权利是否无争

---

① 奚晓明总主编：《最高人民法院商事审判裁判规范与案例指导》，2010 年卷，法律出版社，2010 年 8 月版，第 337～338 页。

② 杜兴淼：《公司法视野下非讼案件审理程序研究》，苏州大学硕士学位论文，第 35 页。

议、某种状态出现的条件是否具备等，可以给予被申请方异议期间，并根据需要召集申请人与被申请人举证听证；如有必要，可决定进行开庭审理。一般情形下，由申请人就其请求权的存在、公司某种状态的出现承担举证责任；被申请人就申请人是否具有请求权或某种状态不存在承担举证责任；如有必要，法院可依职权主动调查核实相关事实。

7. 裁判

裁判方式：(1) 略式程序一律适用裁定；(2) 请求事项获得支持者，根据裁定发出强制令；(3) 请求事项未获支持者，裁定驳回。[①] 因请求权据以产生的权利义务关系本身存在争议的抗辩成立而裁定驳回请求者，可向申请人进行释明，如申请人同意，则可直接将案件作为普通的确权诉讼等立案。同时，应根据案件的不同性格，决定是否赋予上诉权。一般情况下，基于公司纠纷案件的性质及略式程序的特征，在审级上实行一审终审制，但如果裁定不当或后来发生情势变更，则申请人可重新提出申请，法院可以重新作出撤销原裁定或变更裁定。但对于部分案件，如对于因被申请人提出请求权基础不存在或某种状态根本不存在而被驳回申请的，则应赋予上诉权，同时行使释明权，告知申请人可另行提起普通诉讼程序进行确权。但申请人是否原告另行提起普通诉讼程序进行确权，应由申请人自己决定。

8. 救济措施

经略式程序驳回申请的，申请人可通过上诉或另行提起普通诉讼程序进行救济。但对于裁定作出支持申请人请求，并作出强制令但被申请人拒绝执行强制令的，如股东知情权纠纷，公司拒绝提供账册、原始凭证的；股东请求分配利润而被拒绝的；公司拒绝办理变更登记或出具出资证明；公司拒绝召集股东会的等等，如何救济。笔者认为，申请人可再次提出申请，法院可据此直接作出裁定，强制变更公司登记，撤销股东决议等等；对于法院无法直接裁定强制执行的，则申请人可据此要求退股或公司解散等等。

余　论

关于建立公司纠纷非讼程序还是公司纠纷略式程序，虽然许多学者各有自己的观点及其理由，笔者不想在此评价非讼程序的优劣，只是认为根据我国目前的司法现状建立略式程序更为适宜。

（获全国法院系统第二十三届学术研讨会优秀奖）

① 奚晓明总主编：《最高人民法院商事审判裁判规范与案例指导》，2010 年卷，法律出版社，2010 年 8 月版，第 338 页。

“宽严相济”刑事政策的司法适用困境与出路

张光宏[*] 郭敬波[**]

一、“宽严相济”刑事政策的司法实用困境

（一）“宽严相济”高频使用与低频适用

“宽严相济”作为我国的刑事政策，源于 2004 年全国政法工作会议上罗干同志提出的：“正确运用宽严相济的刑事政策，对严重危害社会治安的犯罪活动严厉打击，绝不手软，同时要坚持惩办与宽大相结合……”此后，“宽严相济”刑事政策在历年的全国政法工作会议与“两院”的工作报告中被强调，各级刑事审判工作会议中，“宽严相济”刑事政策被作为一个重要内容进行贯彻。在网络上搜索“宽严相济”，可以搜索出相关信息 40 余万条，“宽严相济”成了使用频率极高的词汇。

然而，在“宽严相济”被高频使用的同时，必须正视：“宽严相济”刑事政策尚没有在司法实践中发挥其应有的生命力，在一定程度上可以说还是囿于纸上的政策。从我们对 37 名基层刑事法官的调查情况来看，[①] 虽然知悉“宽严相济”刑事政策的人达到了 100%，但被调查者对政策的内涵与适用仍然存在着模糊与不统一（见图表一）。

---

* 宁波市鄞州区人民法院院长，法学博士。

** 宁波市鄞州区人民法院姜山人民法庭副庭长，法律硕士。

① 一些地方司法机关的调查报告，把判处缓刑、免予刑事处罚等归于对“宽严相济”刑事政策的落实，但这些数据很难说明就是贯彻“宽严相济”刑事政策的结果与效果。本文则主要从认识论的角度，对法官、当事人及家属对“宽严相济”刑事政策的主观认知情况进行调查。

图表一　法官对“宽严相济”刑事政策的认识

调查项目	知道	大概知道	不知道
是否知道“宽严相济”刑事政策	97%	3%	0
是否知道“宽严相济”的具体内容	19%	30%	51%
如何落实“宽严相济”刑事政策	11%	33%	56%

刑事政策不是若干规则的简单组合，而是高度抽象化与概括化的倡导和纲领，因此，如何制定刑事政策是一项涉及面颇广、相当复杂的社会系统工程，而如何实施刑事政策，更是长久以来我国刑事法治的瓶颈问题。[①] 用高度概括的词汇来归纳刑事政策，有利于其快速普及，但也容易使其被庸俗化，在受众对其字面意思耳熟能详的同时，其精神内涵和适用外延反而被漠视与忽略，容易造成“你不说我倒明白，你越说我越糊涂”的消极效应。由于对“宽严相济”刑事政策内涵认识的模糊，导致刑事法官对“宽严相济”刑事政策实现路径把握不准（见图表二）。与图表一相比，显然一部分“不知道如何落实‘宽严相济’刑事政策”的被调查对象重新作出了选择，但这种选择更可能是建立在对“宽严相济”直观语意理解基础上的“想当然”。

图表二　法官认为实现“宽严相济”的途径是什么

选择项目	比例
严格依照法律，该宽则宽，该严则严	61%
加入法官的价值判断，可以自由载量	34%
内容抽象，不知道实践中如何实现	5%

（二）“宽严相济”语意宽延与模糊性

作为刑事政策的延续，学术界普遍认为，“宽严相济”刑事政策，是在继承与发扬“严打”刑事政策的基础上，对“严打”刑事政策的改进和完善。2006 年《最高人民法院工作报告》指出：“加强刑事审判工作，依法惩罚犯罪。一是坚持‘严打’方针不动摇，依法严惩颠覆国家政权、分裂国家的犯罪……二是坚持‘宽严相济’的刑事政策，对犯罪情节轻微或具有从轻、减轻、免除处罚情节的，依法从宽处罚……”“宽严相济”在报告中的定位是与“严打”对应，以“宽”为主。

“宽严相济”刑事政策提出后，许多学者都对此进行了深入的研究，2006 年中国法学会刑法学年会的主题之一就是“宽严相济”刑事政策。从语意解释的角度来说，“宽”是指宽大、宽缓和宽容。“严”是指严格、严厉和严肃。

① 张先昌：《实施刑事政策需要构筑三大机制》，《法学杂志》2009 年第 4 期。

“济”是指救济、协调和结合。“宽严相济”刑事政策的重点既不在于“宽”也不在于“严”，而是在于“济”，可以说“济”是“宽严相济”刑事政策精髓之所在。所谓的救济，就是以宽济严、以严济宽、宽严有度、宽和严之间要保持一定的比例关系、该宽则宽、该严则严、宽和严是辩证的统一。①

“辩证统一”的哲学观念给审判工作提出了一个更高的标准，但也确实给司法实务者出了一个不小的难题。例如，这些年提的“法律效果与社会效果的统一”，虽然理论上得到了长足的发展，但是面对具体案件，法官仍然会无所适从。“当宽则宽、当严则严”无论在理论上还是实践上，都是没有争议的，模糊地段就在于“以宽济严”或者“以严济宽”，进行调剂的时候，借用影视剧一句经典台词：“给我一个理由先”，这个理由又在哪里呢？

事实上，对“宽严相济”刑事政策内涵模糊的不仅是法官，从我们对74名刑事案件当事人和家属的调查来看，除了对“宽严相济”刑事政策了解程度远不如法官之外，即便是对裁判有异议，也只会引用法律或者先前判例来质疑，而不会用“宽严相济”刑事政策来诘责，把“宽严相济”视作与己无关的法官的权力（见图表三）。

图表三 当事人和家属对“宽严相济”刑事政策认知程度

调查项目	是	否
是否知道“宽严相济”刑事政策	47%	53%
是否会用“宽严相济”来自辩或指控被告人	30%	70%
有否认为判决违反“宽严相济”刑事政策	5%	95%

（三）法官形式主义法律观的影响

犯罪危害性是我国传统刑法理论的核心问题，也是“该宽”、“该严”或“该宽而严”、“该严而宽”的度量基础。犯罪危害性是依托行为而存在，由于人的身体动静是主体意识借助于肢体或语言同外界所形成的一种交往，并不具有价值属性，故仅根据行为本身，人们无法对其价值做出判断。只有将损害纳入考察，才能准确揭示出行为的价值性。司法实践中正是通过刑法规范才将单纯的、事实的行为镀上价值评断的色彩，在刑事立法中必须将犯罪危害性评价转化为刑法的规范评价才算是完成了立法任务。②

有学者认为，以“宽”还是以“严”为主，要因时而宜、因地而宜、因罪而宜。③ 这种说法是正确的，因为犯罪危害性评价本身就是共时性与历时性的

① 陈兴良：《刑法的格致》，法律出版社2008年5月版，第66～76页。
② 周建达、马荣春：《论犯罪危害性评价的属性》，载《环球法律评论》2009年第1期。
③ 陈兴良：《刑法的格致》，法律出版社2008年5月版，第76页。

统一，在犯罪危害性评价的共时性中，时间和行为是常量，而空间则是变量；在犯罪危害性评价的历时性中，不同时期人们对同一行为否定评价的扬弃性也是不同的。但是，时间变量、空间变量抑或罪名变量，能否成为法官贯彻“宽严相济”刑事政策，进行宽严调剂的依据呢？

显然不能。法官对犯罪行为刑法规范评价的思维方式，受到当下法律理论和实践中“形式主义法律观”的支配。形式主义法律观认为法律是一套规则或原则，并且认为法律推理是精密科学探究的一个分支，认为法律推理是获得无可置疑的确定性的一个来源；形式主义法律观所理解的法律是由经验归纳或理性思考凝结成的具有真理性的规则或原则，具体表现为法律条文或司法先例；形式主义法律观所理解的法律推理是三段论式的演绎推理。[①] 在形式主义法律观的支配下，法官仍然会努力找到时间变量、空间变量、罪名变量情况之下的实定法依据，也就是说在众多可变因素之下找到一个在当时相对不变的规则，这样对法官自己而言才最为稳妥与安全。

例如之前发生的“许霆案”，一审在事实清楚、相关法律明确的前提下，定性为盗窃罪并在法定量刑幅度内适用了最高刑罚，并没有考虑案情的特殊性而“以宽济严”。虽然当时社会舆论沸沸扬扬，学术界众说纷纭，二审仍然采用了保守的态度，以“事实不清，证据不足”发回重审。在这个时候，最高人民法院法官以非正式方式表达了不同意一审判决的信息，[②] 一审法院重审才在维持原审认定事实和证据以及原审认定罪名的前提下，在法定刑幅度之下对许霆做出了减轻处罚。

二、实用视阈下的“宽严相济”刑事政策检讨

（一）理论研究之虚化

“宽严相济”刑事政策被提出后，理论界与实务界就“宽严相济”刑事政策进行了深入的研究，视角涉及侦查、起诉、审判、执行等司法环节，内容包括立法、定罪、量刑、减刑、法律解释、强制措施、司法改革等。美国学者拉斯韦和麦克道格尔在法理学研究中，明确用政策的观点和方法来研究法律现象，提出了系统的法律政策学说，主张法律的适用应当围绕政策目标，进行政策思考。以“宽严相济”刑事政策为切入点，必然会触及刑事领域相关的宏观理论问题，并对认识、解读与规范这些问题产生积极作用。特别是“宽严相济”刑事政策确立了一种新的价值取向，以这种价值取向为指导对我国刑罚体

① 蔡宏伟：《“许霆案”与中国法律的形式主义困境》，载《法制与社会》2008年第5期。
② 徐春柳：《姜兴长：许霆案一审量刑过重》，载《新京报》2008年3月11日。

系进行完善，其价值将远超过“宽严相济”刑事政策自身的价值范围。

但目前理论界用“宽严相济”刑事政策标准对刑事领域进行广泛的“应然”性研究时，却忽视了与司法实践中“实然”的结合，“应然”层面的研究如火如荼，而“实然”层面，司法人员对“宽严相济”的适用仍然谨小慎微，比如上文提到的“许霆案”判决。这如同一驾脱了套的马车，理论研究之马飞奔而去，司法实践之车仍在原地。

理论与实践如何会出现如此大的分歧？将刑事政策回溯到“政策”这一本来的语境，冯灼锋教授认为：“政策是阶级或政党为维护自己的利益，以权威形式规定的在一定时期内指导和规范人民行为的准则。”① 在汉语中政策的规范解释，是指“国家或者政党为实现一定历史时期的路线而制定的行动准则。”② 然而，“法源性”是司法人员考量一项准则能否在司法中适用的基础，“宽严相济”刑事政策存在法源性困境，主要表现在三个方面：

一是“宽严相济”刑事政策明确性欠缺。相比之下，历次的“严打”都有明确的打击对象和“从重、从快”的指导方针，而“宽严相济”适用对象和适用方法则要模糊得多。

二是“宽严相济”刑事政策的公示性欠缺。“宽严相济”刑事政策以内部会议贯彻的方式，在一定程度上影响了其社会公示性。从调查情况可以看出，民众对“宽严相济”刑事政策了解的比例尚不过半。

三是“宽严相济”刑事政策的规范性欠缺。“宽严相济”刑事政策只提出一种意图和目标，缺乏就具体行为的规范性与可操作性方法。

（二）司法实践之异化

司法实务界的谨小慎微并不是止步不前，如某市检察院创设的“附条件不起诉制度”，对符合一定条件、应当负刑事责任的犯罪嫌疑人，暂时不作出起诉决定，代之以设立一定的期限、规定一定条件进行考察，期限届满时再根据其考察期间的表现作出最后处理决定。这一制度被作为体现“宽严相济”刑事政策的成功范例受到了许多学者的肯定，但就社会反响来看仍然是毁誉参半，实定法仍然成了反对者质疑这一制度的依据。宋英辉教授认为“如果附条件不起诉超过了刑诉法规定的裁量不起诉的范围，就没有法律上的根据。”有法官也提出质疑：“法院是定罪机关，按照设计的附条件不起诉制度，检察院不仅定罪，而且按照非犯罪处理方式处理了，侵犯了法院的审判权。”还有法官认为：“宪法和刑诉法对刑事司法的权力分工非常明确，公诉权是检察机关必须行使的，既是职权又是义务，有罪必诉，有罪必究，有罪不诉可能陷入选择性

---

① 刘斌、王春福：《政策科学研究》第1卷，北京人民出版社2000年版，第86页。
② 引自《辞海》，上海辞书出版社1980年版，第1465页。

司法的境地。”①

社会公众对于司法机关贯彻“宽严相济”刑事政策，满怀渴望又充满警觉，期望司法机关依照“宽严相济”发挥能动性纠正法律偏差，又怕司法机关以“宽严相济”为借口进行权力扩张，所以，在实践中轻微的尝试就会如“一石击起千重浪”，引起争议。在法律层面的问题尚没有解决的情况下，“宽严相济”刑事政策在司法层面的指导作用就会失之宽宥。如非犯罪化问题，非犯罪化被认为是贯彻“宽严相济”刑事政策之“宽”的一种方法，非犯罪化包括立法上的非犯罪化与司法上的非犯罪化，司法非犯罪化是指某种行为在刑法中规定为犯罪，但是考虑到犯罪的具体情况，犯罪人在犯罪以后的具体表现，在司法处理过程中不把这种行为作为犯罪来处理。② 从“宽严相济”刑事政策本身，显然无法找到犯罪的“具体情况”以及犯罪后“具体表现”的标准。

因为缺乏统一的标准，一些地方司法机关在实践中的做法确有异化“宽严相济”刑事政策的嫌疑。如某基层检察机关规定：“大学生盗窃一万元以下的犯罪行为，终结在检察阶段。”虽然从检察机关提供的数据看，该制度取得了“值得肯定”的成绩，但南京大学法学院教授邱鹭风对这种做法表示了担忧，认为：“任何借口都不应是盗窃犯罪的理由，在校就读更不应该成为被法律宽大处理的条件。”③ 某些地方司法机关矫枉过正的法外施恩、擅闯法律禁区的依政策办案、自设法定程序以外的程序，被冠以“宽严相济”的口号进行了合理化与拔高，这是一个应当引起警惕的现象。

（三）实用视阈之检讨

判断刑事政策是否有效，除了看正式和非正式制度是否完善之外，更主要看刑事政策实施机制是否健全；离开了实施机制，任何制度尤其是正式制度就形同虚设。从我国的现实情况来看，我们出台了刑事政策，但由于该政策并未得到有效的实施，使得我们离法治国家的目标有很长一段路要走。因此，加强对刑事政策实施机制的研究，是我国法治化进程中绕不过去的中心课题。④

“宽严相济”语意具有哲学的模糊性。模糊性与明确性具有相对性，即便是实定法也具有模糊性，并且模糊性与明确性各有优劣，所以即便是在主张追求法的精确性的主流法学界，多数人对于法的模糊性仍然秉持一种矛盾的心态：一方面在思想体系建构中极力排斥法的模糊性，致力于法的精确性追求；

---

① 蒋安杰：《蓬莱市检察院“附条件不起诉制度”引激烈争议》，载《法制日报》2007年12月6日。

② 陈兴良：《刑法的格致》，法律出版社2008年版，第77～80页。

③ 张晏清：《南京某区规定大学生盗窃不足万元不批捕惹争议》，载《法制晚报》2007年1月10日。

④ 张先昌：《实施刑事政策需要构筑三大机制》，载《法学杂志》2009年第4期。

另一方面对挥之不去的“法的模糊性”却有“鸡肋”情结。[①]

在“许霆案”中，法的明确性劣势就十分明显。刘仁文博士对“许霆案”评价说：“我们的社会正变得越来越复杂，而法律的适用并非简单的对号入座，而要在充满迷途和荆棘的丛林中寻找妥当的路径，这无疑给法官提出了更高的要求，需要综合运用价值、方法、法律、情理、良知、勇气等多种因素，使自己的推理和结论不仅符合法律的形式，而且符合法律的精神和目的。”[②]

以上所说的“价值、方法、法律、情理、良知、勇气”等一切因素都可以包容在模糊的“宽严相济”里面，但把“价值”与“方法”作为评判因素放在了“法律”前面，这显然有点过于理想化，因为“价值”判断和“方法”动作难免反映法官的个人意志和情感。实际上，对社会争议较大的案件，最高人民法院多次强调：“绝对不能以个人的意志和感情来代替法律。”[③] 在形式主义法律思维在司法实践中占主流，且诸如“错案责任追究”等与法官判案风险息息相关的制度仍以形式主义法律思维为基础的情况下，法官即便有“勇气”也没有“底气”，所以更容易谋求“严格按照法律办案”的风险利益。[④]

从实用视阈检讨“宽严相济”刑事政策被架空的原因，就在于“宽严相济”刑事政策的模糊性。“模糊性”扩张了司法人员的自由裁量权，据调查，有部分的法官认为应当通过个案自由裁量来实现“宽严相济”，但这只是建立在观念层面而不是在操作层面，在目前司法环境尚不优越，法官自由裁量风险极大的情况下，模糊的“宽严相济”刑事政策并不是“空白委任状”。[⑤] 因此，必须对“宽严相济”刑事政策进行明确化、具体化、实用化再界定。

三、“宽严相济”刑事政策司法实用化路径

（一）“宽严相济”刑事政策立法界定

学术研究共识认为，“宽严相济”刑事政策在完整意义上既是司法政策，也是立法政策。与以往刑事政策的决策程序不同，“宽严相济”刑事政策的出台是一次“自下而上”的决策实践。“宽严相济”刑事政策的出台，经历了理论界对“严打”刑事政策的反思，经历了司法实务界自下而上的试点，在总结

---

① 陈云良、邓慧强：《模糊法学的初步叙事》，载《政治与法律》2009 年第 5 期。

② 刘仁文：《为什么许霆被轻判更得民心》，载美德人生网。

③ 如在社会关注度较高的“邓玉娇案”中，最高人民法院新闻发言人就阐述了最高人民法院的此种立场。

④ 实践中在追究法官错案责任时，并非以案件是否改判的结果为依据，还要对案件改判的原因进行二次认定，适用法律错误将被追究错案责任，而单纯因为法官主观价值判断造成的量刑不当，一般不作为错案处理。

⑤ 一些法律原则如“诚实信用原则”，是立法者通过白纸的规定授予法官以自由裁量权，被法学界习惯称之为“空白委任状”。

这些经验的基础上，执政党将“宽严相济”作为刑事政策正式确认。①

“从实践中来”，为“宽严相济”刑事政策的正确性奠定了坚实的基础，但是由于“宽严相济”尚没有形成系统性的理论与可操作性的准则，缺乏合理的定位，使得“宽严相济”刑事政策在刑事法律和司法实践之间没有形成合理、和谐、完整的体系，才会产生“你认为是‘宽严相济’，我认为不符合法律”、“你认为是严肃执法，我认为没有贯彻‘宽严相济’”的两张皮现象。在“宽严相济”刑事政策“到实践中去”指导实践的时候，显然少了一个中间介质——法律或者制度，来进行可操作性转化。

“宽严相济”刑事政策的立法界定就是“宽严相济”刑事政策刑法化的过程。刑法化不但是“宽严相济”刑事政策作为立法政策的具体体现，更是“宽严相济”刑事政策在更高层次上指导司法的一种方式，也更符合目前司法人员善于从实定法中找判案依据的习惯。任何刑事政策都应实践性地转化为刑法规范，“宽严相济”刑事政策也应当加速其刑法化的进程。②

只有通过“宽严相济”刑事政策刑法化，才能解决法律层面的问题。通过“宽严相济”刑事政策刑法化，从而形成：“宽严相济”刑事政策－立法－文本－司法－实现“宽严相济”的立体模式。应当注意的是，虽然理论与实务界都认为，宽严相济的刑事政策是传统的惩办与宽大相结合刑事政策的复归，但是理论界“一元的轻刑论”显然占了绝对优势。如上所述，代表实务界观点的最高人民法院工作报告中，“宽严相济”也是与“严打”相对应且均是“从宽”的内容，而事实上“宽”与“严”二者不可偏废。

（二）“宽严相济”刑事政策司法界定

“宽严相济”刑事政策刑法化当然是最有效也是最权威的界定方法，但是立法的滞后性等固有的缺陷和“宽严相济”刑事政策外延不可能通过立法所完全包容，决定了对“宽严相济”刑事政策司法再界定的必要性。对“宽严相济”刑事政策司法再界定，先要弄清两个问题，一是主体上由“谁来界定”，二是方法上“如何界定”。

有学者认为，应建立“一元二级”的刑事政策再界定主体体系，这种刑事政策再界定主体体系主要包含两个方面的内容：一方面，从横向关系上说，为了保证刑事政策再界定机制的权威性、统一性和严肃性，应当将刑事政策再界定机制集中于审判机关行使，其他任何机关或个人都无权进行刑事政策再界定；另一方面，从纵向关系上说，考虑到我国的实际国情和各地具体情况的复杂多样性，应当确立二级刑事政策再界定主体，即最高人民法院处于刑事政策

---

① 吴春莲：《贯彻“宽严相济”与“五大关系”的思考》，载《法治研究》2007年第12期。

② 王拓：《宽严相济刑事政策的刑法化研究》，载《武警学院学报》2008年1月第24卷第1期。

再界定的核心地位，同时在适当的情况下授权高级人民法院可以根据本地实际情况对刑事政策进行再界定。[①]

笔者同意一元化的“宽严相济”刑事政策司法再界定体制，以免引起多重界定主体下的乱界定问题。但是，二级的界定体制显然使“宽严相济”刑事政策作为司法政策的应用被限制，中级法院与基层法院成了只是被动适用的主体，而事实上绝大多数的刑事案件是在基层和中级法院审结的，并且如上海市徐汇区等基层法院制定的与“宽严相济”刑事政策紧密相关的“量刑答辩制度”、“规范量刑意见”等，都取得了比较好的效果。因此，笔者认为应建立包括中级法院和基层法院的一元多级的界定体制，最高人民法院的界定属于正式界定，高级法院及其下级法院的界定属于非正式界定。

司法界定是对犯罪危害性的修正评价。“社会容忍度”是评价犯罪行为社会危害性的重要指标，由于“社会容忍度”是一种社会心理反映，不可避免地带有模糊性与易变性，所以刑法规范性评价代替社会容忍度评价成了必然。但是刑法规范性评价有时会造成宽严失调，在“济”的考量时回归原始的以“社会容忍度”评价方法对犯罪行为社会危害性进行修正评价，是非常必要的。比如“许霆案”重审改判的一个重要原因，就是出于对民意的关注与“社会容忍度”再评价的适用。

司法界定重点在于量定性。鉴于罪刑法定原则的要求，“质定性”的“入罪”与“出罪”应当通过“宽严相济”刑事政策的刑法化来实现，而“量定性”是司法界定工作的重点内容，特别是通过对犯罪行为的量化分析，确定基准刑；通过对量刑情节的量化分析，确定量刑情节从轻或者从重的调节比例。

（三）“济”的目标与实现方法

无论立法界定还是司法界定，在“宽”、“严”并进中重点研究“济”的折中方式与评价标准是界定的重点内容，在司法界定中正确落实宽与严的“相济”，应注意以下几点：

“济”的目标是实现量刑合理化。基层法院到高级法院对“宽严相济”刑事政策的司法界定，是在对犯罪行为社会危害性正确评价的基础上，做好“量定性”的合理化。“量刑不当”是刑事审判的主要问题，也是案件被改判、发回的重要原因，量刑合理化问题是亟待解决的问题，是“宽严相济”刑事政策司法界定的重点与切入点。我国刑事诉讼法律无论是在量刑的方法还是量刑的步骤上，基本是一片空白，法官的量刑权脱离制度约束，以致出现无限度的自由裁量，最终的结果必然是刑罚擅断与量刑不公。[②] 法律的空白为司法界定提

① 张先昌：《实施刑事政策需要构筑三大机制》，载《法学杂志》2009 年第 4 期。
② 曾观发：《宽严相济刑事政策指导下的量刑合理化研究》，华东政法大学专业硕士论文，载中国知网。

供了空间与权限。目前，最高人民法院已经制定了《人民法院量刑指导意见（试行）》和《人民法院量刑程序指导意见（试行）》两个文件，并从今年 6 月 1 日起在全国法院开展量刑规范化试点工作。

“济”的保障是量刑程序规范化。量刑程序，是指法官裁量刑罚过程中必须遵守的方式、方法和步骤。通过形式上对量刑程序进行规范，才能达到实质上的量刑实体合理化的效果。以上最高人民法院制定的两个量刑文件，对量刑的指导原则、量刑的基本方法、量刑情节的适用、具体罪名的量刑意见以及量刑程序作出了具体的规定，经过试行与完善，量刑程序规范化的实现指日可待。

“济”的重点是量刑情节的考量。法定量刑情节是法律明文规定的、必然对量刑结果产生影响的情节，因而，法定量刑情节是明确的、具体的。但是许多法定量刑情节，仍有相当大的灵活性。在法定量刑情节出现的同时，还存在一些酌定从宽的情节，应当结合酌定量刑情节，尽可能在法定量刑情节允许的范围内进行调节。如果犯罪危害性修正评价与刑法规范性评价发生较大的冲突，这种调节不足以与“社会容忍度”以及民意相契合的时候，应当按照刑法总则中第六十三条第二款的规定，通过专业的程序化操作，经过相关层级审判机关的报呈及最高人民法院的核准，由一级界定主体进行界定。

“济”应当通过公开量刑来外化。将量刑纳入庭审程序，充分发挥庭审查明量刑事实的功能，增加量刑的公开性与透明度。赋予控辩双方量刑建议权，规定相对独立的量刑辩论程序，使控辩双方成为“济”的主角并积极讨论“济”的限度，而不是像过去那样该不该以宽济严或以严济宽，全由法官的“内心活动”所决定。法官在裁判文书中也应说明量刑的理由。这样更有利于“宽严相济”刑事政策的外化，让公众了解、感受“宽严相济”刑事政策，实现“宽严相济”刑事政策的公示性。

在多级界定主体之下，界定权限应当有一定的位次，司法界定只能是在立法界定之内的再界定，下级的界定只能是在上级界定之内的再界定。当然，再完善的制度都会有漏洞，量化永远是相对的，而不是绝对的，量刑规范化在一定程度上限制和规范了法官的自由裁量权，但绝不是排除法官的自由裁量权。法官在多重界定体制下，秉持“宽严相济”刑事政策的多向度思维观念，依据个案特殊性进行宽严调节，是立法界定与司法界定所不能替代的。这样，便形成了“宽严相济”是“源”，立法界定是“流”，司法界定是“支”，法官自由裁量是“渠”的“宽严相济”刑事政策实施体系。

（载于《公法评论》第 7 卷）

“少杀慎杀”刑法理念的民意困境与出路

——以云南“李昌奎案”引入

张盛世[*] 郭敬波[**]

“以暴制暴”不是现代法治社会追求的目标，我国的死刑制度更是长期受到国际社会的压力。2007 年最高人民法院收回死刑复核权后，专门下发了《关于进一步加强刑事审判工作的决定》，在“宽严相济”刑事政策的基础上，提出了“少杀慎杀”的刑法理念，并对具体的操作标准进行了明确：“对于具有法定从轻、减轻情节的，依法从轻或者减轻处罚，一般不判处死刑立即执行……凡是判处死刑可不立即执行的，一律判处死刑缓期二年执行。”之后，最高人民法院又相继出台了一系列的规定，用严格的死刑复核程序来保障“少杀慎杀”理念的落实。但是由于“杀人偿命”等历史观念根深蒂固，司法实践中许多贯彻“少杀慎杀”理念作出的死缓判决，还是受到了社会公众的质疑。李昌奎案件就是一个缩影。[①] 如何让“少杀慎杀”刑法理念在民众的观念中实现“软着陆”，探索刑法理念规范实用的路径，走出刑法理念在司法实践中的适用困境，是一个值得研究的课题。

一、法源性困惑——从“理念”的特征分析

（一）“理念”的特性与假设

“理念”在《辞海》中与观念相同，是看法、思想、思维活动的结果。理念源于比达哥拉斯派数学，苏格拉底把它扩展为关于共相的一般理论，他结合了巴门尼德和赫拉克利特两人的观点而形成了自己的理念理论。之后柏拉图则

---

* 宁波市鄞州区人民法院副院长。

** 宁波市鄞州区人民法院姜山人民法庭副庭长，法律硕士。

① “李昌奎案”基本案情：云南省昭通市巧家县男子李昌奎奸杀了同村女孩王家飞，又将她 3 岁的弟弟摔死，昭通市中级人民法院一审判处李昌奎死刑，2011 年 3 月 4 日，云南省高级人民法院终审因李昌奎有自首情节而改判其死刑缓期执行。

再一次把它局限于数学科学领域之内，柏拉图认为，理念的多种性质就包含恒常不变的这个性质，所以，他设想的理念是：独立存在的、单一的、不可见但可从思想上把握的、不变的、神圣的、不灭的、不可分解的和自我保持的。[①]最先尝试将“理念”从哲学领域引入法律领域的是康德，而真正提出“法律理念”将法律与理念结合起来的是黑格尔。

但是，究竟是否实际存在理念这样的东西，如果我们不能证明理念的存在，那么理念最多只是被假设为存在的东西。而事实上，不仅柏拉图从来也未能证明理念的存在，而且至今也无人能证明理念的存在。如此，所谓的理念只能是作为一种假设来接受。从根本上说，理念的存在是一种假设，因为它不能在事实中被查明。[②]

基于理念本身的抽象性与模糊性，使“少杀慎杀”的刑法理念不可避免地存在“法源性”困惑，主要表现在三个方面：

一是“少杀慎杀”刑法理念的明确性欠缺。特别是“少杀慎杀”必然要涉及死刑与死刑缓期执行的适用界限，而这个界限是相当模糊的，很大程度上取决于法官的自由裁量。

二是“少杀慎杀”刑法理念的公示性欠缺。“少杀慎杀”刑法理念是以最高人民法院的决定和内部会议的方式贯彻，在一定程度上影响了其社会公示性。

三是“少杀慎杀”刑法理念的规范性欠缺。“少杀慎杀”刑法理念只是提出了一种意图和目标，虽然《关于进一步加强刑事审判工作的决定》作出一些规定，但是仍然缺乏具体的规范性与可操作性方法。

无论理念有任何理论上的困境，但是理论界仍然坚信在人们心中，始终有一种不变的、公正的东西作为评价尺度，以这种尺度我们才可以对现实生活中的事件是否公正，以及公正的程度作出评判，这种东西就是法的理念。法的理念是法律理想与法律信念之意，它是人们对于某种法治目标的信仰认同和路径追求。

（二）法官的“形式主义法律观”

除刑法理念的法源性困惑之外，法官的形式主义法律观，也是刑法理念在一定程度上被架空的一个主要原因。

犯罪危害性是依托行为人的行为而存在，人的行为是主体意识借助于肢体或语言同外界所形成的一种交往，并不具有价值属性，故仅仅根据行为本身，人们无法对其价值做出判断。只有将行为纳入刑法规范去考察，才能准确揭示

① 俞宣孟：《本体论研究》，上海人民出版社1999年版，第208页。
② 王申：《理念、法的理念——论司法理念的普遍性》，载《法学评论》2005年第4期。

出行为的价值性。司法实践中正是通过刑法规范才将单纯的、事实的行为镀上价值评断的色彩，在刑事立法中必须将犯罪危害性评价转化为刑法的规范评价才算是完成了立法任务。[①]

因为犯罪危害性评价本身就是共时性与历时性的统一，在犯罪危害性评价的共时性中，时间和行为是常量，而空间则是变量；在犯罪危害性评价的历时性中，不同时期人们对同一行为否定评价的扬弃性也是不同的。但是，时间变量、空间变量抑或罪名变量，能否成为法官贯彻“少杀慎杀”刑法理念，进行自由裁量的依据呢？

显然不能。法官对犯罪行为刑法规范评价的思维方式，受到“形式主义法律观”的支配。形式主义法律观认为法律是一套规则或原则，并且认为法律推理是精密科学探究的一个分支，法律推理是获得无可置疑的确定性的一个来源。形式主义法律观所理解的法律是由经验归纳或理性思考凝结成的具有真理性的规则或原则，具体表现为法律条文或司法先例；形式主义法律观所理解的法律推理是三段论式的演绎推理。[②]

在形式主义法律观的支配下，法官仍然会努力寻求时间变量、空间变量、罪名变量情况之下的法律规范依据，也就是说在众多可变因素之下找到一个在当时相对不变的规则，这样对法官自己而言才最为稳妥与安全，风险最小，特别是在目前涉诉信访形势十分严峻的情况下。这样造成的结果是，尽管有时候一审法官也认为按照“少杀慎杀”的理念，可以对被告人作出死缓的判决，但迫于社会舆论和信访压力，还是会做出死刑判决，而把这一难题随着被告人的上诉交到二审法院，这在刑事司法中已经成了一个“技巧”。

二、民意性困境——从裁判“可接受性”切入

（一）“裁判可接受性”的反思

对于一个具体的案件用什么样的标准来评判其是否公正呢？于是在理念界“裁判可接受性”命题被提出，而在实务界所倡导“案结事了”也是对这一命题的肯定与呼应。在李昌奎案中，更是有网民提出：“法律既然不能被社会所认同，法律的公信力何在？”在“人民司法为人民”的语境下，这似乎具有无法反驳的正确性。

一份裁判是否具有可接受性，不仅要看法律论证是否具有合理性，还要看司法判决能否满足、实现、达成裁判受众的需要、欲望、目的或愿望，以及当

---

① 周建达、马荣春：《论犯罪危害性评价的属性》，载《环球法律评论》2009 年第 1 期。
② 蔡宏伟：《“许霆案”与中国法律的形式主义困境》，载《法制与社会》2008 年第 5 期。

事人的需要、欲望、目的是否具有合理性。能否满足当事人的需要是当事人判断司法是否具有可接受性的操作性标准；当事人需要是否具有正当性、合理性是法律职业共同体和社会公众判断司法判决是否具有可接受性的操作标准。①

按照这一操作标准，被告人李昌奎对一审判决提起了上诉，显然说明被告人认为一审判决是不可接受的，而二审改判死缓，似乎也支持了被告人需要的正当性。但是二审判决却被社会公众广泛质疑，甚至被法律职业共同体内的一些学者所否定。从“可接受性”层面来说，97.1%的网民不认可此判决和一些法律界人士的质疑，说明二审判决并没有在法律职业共同体内达成共识和被社会公众所认同。

社会公众对裁判的“可接受性”通过媒体、网络等方式的表达，可在一定程度上汇集成为法院的无形压力，甚至在某些案件中构成了影响裁判的主要动力。然而，即便公众意见的确产生了这种效果，并不意味着它理当如此。以“公众意见能够取代法律标准”为核心的裁判可接受性命题，近几年在学术界引起了较大质疑。有学者认为，“裁判可接受性”概念的成立实际上是两个方面的统合：一方面，公众意见能够被转化为正当化理由，因此才能取代法律标准成为裁判依据；另一方面，司法民主化要求司法裁判必须反映公众意见。但是这两个要素都存在明显缺陷，第一，公众意见难以转化为规范性的正当化理由；第二，司法民主化可以分为直接民主化与间接民主化，并且间接民主化能够更好地与现行民主制度、裁判者的司法义务等要素保持一致，但是裁判可接受性概念中的民主化只是直接民主化的体现。由于以上两个方面的问题，裁判可接受性概念缺乏存在的恰当基础。②

所以，尽管在司法实践中“案结事了”是法官的不懈追求，但是在理论层面，当事人意见、公众意见能否作为裁判“公正”的标准，仍然是一个值得讨论的问题。

（二）“全民更新司法理念”的重提

有这么一个真实的故事：一个老汉到法院为被杀害的儿子讨说法，称“杀人偿命”是古来就有的道理，法官解释了一句“杀人未必就偿命”，立即引来老汉激烈的情绪反映，跑到法院门口大叫：“法官说了，杀人未必偿命”。虽然从“做群众思想工作”的角度，我们可以说这位法官的解释方法有失妥当，但单纯从法学理论的角度，无可挑剔有什么错误之处，因为犯罪情节确实是必然的考量因素之一。

这个故事的背后反映出社会群体观念与法律职业群体理念的差异。法律文

① 张继成：《可能生活的证成与接受——司法判决可接受性的规范研究》，载《法学研究》2008年第5期。

② 陈景辉：《裁判可接受性概念之反省》，载《法学研究》2009年第4期。

化实际上是社会群体的思维方式和行为倾向，它包含着社会整体对法律的基本价值选择、情感倾向与经验体会，这种共同的情感和需求，是立法活动得以进行的文化心理条件。[①] 早在 2002 年 3 月的全国人大九届五次会议上，司法界就发出了“全民更新司法理念”的呼吁，并且这些年司法界也一直通过案件判决和法制宣传等途径，来导引社会公众建立顺应法律逻辑的思维方式，但是在某些方面收效并不理想。特别是“杀人偿命”等历史观念根深蒂固的情况下，“少杀慎杀”的理念被禁锢在法律职业群体之中甚至法官群体之中。

事实上对于此类案件，法官往往要承受着“社会民意”与“政策导向”的双重挤压。在“许霆案”判决后，有学者评价说：“我们的社会正变得越来越复杂，而法律的适用并非简单的对号入座，而要在充满迷途和荆棘的丛林中寻找妥当的路径，这无疑给法官提出了更高的要求，需要综合运用价值、方法、法律、情理、良知、勇气等多种因素，使自己的推理和结论不仅符合法律的形式，而且符合法律的精神和目的。”[②]

法官不应当唯法条是举，但是把“价值”与“方法”作为评判因素放在了“法律”前面，显然也有些过于理想化。因为法的理念有三：正义性、合目的性、安定性。其中正义是形式的理念，无数的法律规范根据正义采取其形式，而其内容必须由与正义不同的、因而与正义并列的、也属于法理念的原理来决定，这个原理就是合目的性。但实质合目的性也是相对的，需要制定法律予以确认，即产生了法的安定性理念，法的安定性表现在刑法领域就是罪刑法定主义。[③] 我国《刑法》所规定的目的与原则，就是对刑法理念的表述，比如第 2 条表述了合目的性的理念，第 3 条表述了法的安定性理念。但“少杀慎杀”是建立在正义性层面的一种倡导性目标，在社会公众法律文化心理条件尚没有与法律职业共同体的认识趋同的情况下，基于各种压力，法官形式主义法律观很难得以根本的转变。

三、理念的出路——“规范化适用”的路径

（一）“说明性理由”与“正当化理由”

为了回应法律现实主义对于裁判确定性的批判，学者们区分了说明性理由和正当化理由。说明性理由指明了“实际发生的那个行动”所以被促发的原因，而无关那个行动的好坏。正当化理由不但事先就表明那个行动是否应当做

---

① 王建平：《“杨佳的说法”与杀人逻辑的权利悖论》，载《法制与社会发展》2009 年第 3 期。
② 刘仁文：《为什么许霆被轻判更得民心》，载《新京报》2008 年 4 月 2 日。
③ 张明楷：《刑法理念与刑法解释》，载《法学杂志》2010 年第 25 卷。

的，而且事后还会使得那个行动变成可以被辩护的“好行为”。[①]

“少杀慎杀”的刑法理念只是说明性理由而不是正当化理由，因为“少杀慎杀”理念作为一个政策倡导的目标和司法文明的追求，在具体个案中并不能展现法律推理过程。说白了，“少杀慎杀”无法成为在个案中为什么对被告人判处死缓而不是死刑的根据。由此，也就不难理解云南高院用“少杀慎杀”理念来解释对被告人改判死缓不被民众接受的原因，因为这一理由只具有说明性而没有经过正当化的二次检验。

所谓正当化二次检验，就是从各方所能接受的前提出发，围绕意见分歧所做的说服过程。通常民众正当化检验的标准是从伦理和道德以及历史观念出发的，比如“杀人偿命”也会成为公众检验裁判结果正当性的一个依据。但是，伦理、道德往往具有不确定性，随着法治社会发展的深入，“法律标准”作为正当化理由的地位与作用越来越彰显。

因此，“少杀慎杀”刑法理念作为一个说明性理由，其是否能够得到贯彻落实，关键是看其实施机制是否健全，离开了法律规范的正当化支持，其必然在一定程度上被架空。因此，研究“少杀慎杀”刑法理念的实施机制和司法实用化路径，是必不可少的过程。

回归法律理念的本质，法律理念是法律制度设计和法律实际运作的理论基础和主导价值观。所以“少杀慎杀”作为一种刑法理念，尽管它与社会公众“杀人偿命”的认识还有一定的距离，但是其社会进步性是不容质疑的。理性必须一手执其原则（唯有依照其原则，协调一致的才能被视为法律），另一手执其原则设想出来的实验走向自然。[②] 现在，我们已经有了这一原则，我们所要做的就是把这一原则通过法律使其正当化，使“少杀慎杀”刑法理念贯彻在法律、司法制度、法律程序的具体设计之中，构建符合“少杀慎杀”理念的法律制度，实现刑法理念的司法实用化。

（二）“少杀慎杀”刑法理念适用路径

有学者在评论李昌奎案时认为，为维护司法尊严，创造一个更好的司法环境，从最高法院到各高级法院，都应有所担当，及时做好死刑政策的宣传、普及工作，适时公开死刑典型案例，使“少杀慎杀”观念深入人心，不要让所有压力都让下级法院和普通法官来扛。[③] 我们觉得该学者只说对了一半。因为任何刑法理念都应实践地转化为刑法化规范，“少杀慎杀”理念只有在刑法化之后，才能有其正当适用的路径。刑法理念的刑法化过程，就是要建立“刑法理

① 陈景辉：《裁判可接受性概念之反省》，载《法学研究》2009 年第 4 期。

② ［德］伊曼努尔、康德：《纯粹理性批判》，李秋零译，中国人民大学出版社 2004 年版，第 184 页。

③ 任法思：《少杀慎杀 法官一要坚持　二要解释》，载《新京报》2011 年 7 月 9 日。

念——立法——文本——司法——实现”的立体模式。在“法律标准”是裁判无可争议的正当化理由的情况下，有什么能比法律标准更有说服力呢？然而，正是因为法律规范对于死刑自首的减刑以及死刑与死缓的差别没有明确的规定，使得死刑与死缓案件往往成为争议的焦点。

由于立法的固有滞后性缺陷和“少杀慎杀”刑法理念外延不可能通过立法所完全包容，决定了对“少杀慎杀”刑法理念也有司法再界定的必要性。对于“少杀慎杀”刑法理念的司法再界定，要弄清两个问题，一是主体上由“谁来界定”，二是方法上“如何界定”。为了保证“少杀慎杀”刑法理念界定机制的权威性、统一性和严肃性，应当将“少杀慎杀”刑法理念再界定机制集中于审判机关行使，因为“少杀慎杀”毕竟是死刑的两种执行方式的适用问题，而不是一般意义上的量刑规范化，考虑死刑复核程序由最高人民法院行使和“上诉不加刑”的原则，应当确立最高人民法院作为“少杀慎杀”刑法理念再界定的唯一主体。特别是死缓裁量标准的把握，应当由最高人民法院规范化的司法解释予以明确。

司法界定是对犯罪危害性的修正性评价。“社会容忍度”是评价犯罪行为社会危害性的重要指标，由于“社会容忍度”是一种社会心理反映，不可避免地带有模糊性与易变性，所以刑法规范性评价代替社会容忍度评价成了必然。但是，也必须看到，“少杀慎杀”理念与公众“杀人偿命”观念之间的差距还将在一定历史时期内存在，因此，在贯彻“少杀慎杀”刑法理念的规范制定与典型案例发布上，应当注意渐进性，实现“少杀慎杀”理念在公众观念中的“软着陆”。另外，刑法规范性评价有时也会造成量刑失调，回归原始的以“社会容忍度”评价方法对犯罪行为社会危害性进行修正评价，也是非常必要的。这不能完全理解为司法的软弱或者说是民意对司法的干涉，因为作为回应各种社会需要和愿望的“回应型法律”，本身就是和谐社会司法所追求的一种应然形态。

当然，刑事司法过程需要对具体行为事实进行裁剪，对抽象的罪刑规范进行解释，并判断行为事实能否被罪刑规范涵括、被哪一个罪刑规范所涵括，从而得出相应的结论。在这一过程中，其核心是对刑法规范的解释，这必须由法官来完成。所以，法官秉持“少杀慎杀”刑法理念，依据个案特殊性进行考量，永远是不可或缺的。尽管，这之间仍然会有一定的社会认可风险，但这是一个司法者应有的职业担当。

（载于《浙江审判》2011年第9期）

关于完善法院邮政专递送达制度之思考

张迪忠[*] 徐力英[**]

《最高人民法院关于以法院专递方式邮寄送达民事诉讼文书的若干规定》（以下简称《专递送达规定》）自2005年1月1日施行以来，法院以专递方式开展的邮寄送达凭借其专业、准确、迅速、中立等四大优势，已日渐成为当前人民法院送达民事诉讼文书的一种主要形式，但由于多方面的原因，当前邮政专递送达仍然存在无效送达过多、邮资浪费严重、送达效力过软等诸多问题。现笔者拟就如何完善当前法院邮政专递送达制度略陈管见，以期抛砖引玉。

一、问题——送而未达

当前民事诉讼中法律文书送达中，由于司法资源紧缺、交通拥挤、人员流动频繁、诉讼诚信原则缺失等因素，采用直接送达和留置送达的方式越来越少，委托送达和公告送达也是不得已而为之，转交送达形同虚设，法院邮政专递送达成为当前较为普遍适用的主要方式。但在当前的法院邮政专递送达中，无效送达占相当大的比例。以笔者所在法院为例，2008年受理案件14124件，通过专递邮寄送达12000余次，花去邮费近20万元，因各种原因未能有效送达的有3000余次，占25%。而邮政专递以邮寄的次数及路程远近作为计算邮费的标准，不论是否有效送达，一旦寄出即收取相应的邮费，导致邮政专递费用浪费严重。当前法院邮政专递送达中的主要问题是发送了但没有到达或不能算到达，即送而未达。具体表现为以下几种类型：

1. 送达地址不准确而被退回

在送而未达的部分邮件中，有些是受送达人的送达地址不准确或不完整，有些是受送达人故意否认而躲避送达，也有些是原告为了达到阻碍被告出庭的非法目的，故意隐瞒被告的真实送达地址或向人民法院提供虚假地址，[①] 上述

* 宁波市鄞州区人民法院副院长。
** 宁波市鄞州区人民法院望春人民法庭庭长，法学硕士。
① 赵艳群：《民事送达制度改革研究》，载朝阳法院网。

种种均导致邮件以“原址查无此人”或“送达地址不详”的理由被退回。

2. 送达地址变化而被退回

在送而未达的邮件中还有部分是因流动人口临时居住地更换，搬迁地址不详或者是企业搬迁，导致邮件以“迁移新址不明”或“搬迁地址不详”的理由被退回。但至于是否确实属于已经搬迁等事实，邮政部门是否核实及如何核实就不得而知，更无法知道搬迁至何地。

3. 当事人拒绝签收或怠于领取而被退回

还有部分不能算有效送达的邮件是由于多次投递但受送达人不在送达场所，张贴催领单仍逾期未领或者直接拒绝签收，导致以“多次投递未领”或“拒绝签收”的理由被退回。

4. 企业关门倒闭无人签收而被退回

还有部分无法送达的邮件是由于受送达企业因关门停业，经多次投递后仍无人签收而被退回。但邮政送达人员是否进行过核实及如何核实不清楚，也无相关基层组织的证明。

5. 当事人下落不明而被退回

还有一部分邮件是由于受送达人长期外出或下落不明而被退回。但对于受送达人外出的下落地址邮政送达人员既不关心，也无义务核实，同时也无权要求邻居或当地基层组织协助出具证明。

6. 他人代收但未注明代收人身份

还有一部分不能算有效送达或送达效力待定的邮件中，在退回的送达回单上，或者查询邮件跟踪单，写明是他人代收，但未注明代收人身份，目前对该类送达不能算有效送达。如果开庭时被送达人未到庭的，只能再行送达。

二、成因——送而难达

分析当前法院邮政专递送达中送而未达的成因，归根结底是送而难达，既有制度等客观性因素，也有送达人、受送达人等主观方面的因素。笔者将其归纳为以下方面：

1. 从制度层面而言，邮政专递送达机制不够完善且效力过软

由于当前法律对于邮政专递送达缺乏系统的规定，当前邮政专递送达的效力与一般的邮政特快专递送达没有区别，留置送达制度缺失，邮政专递送达效力过软。最高人民法院颁布的《专递送达规定》中对于邮寄送达时当事人拒绝签收这一最常见的现象没有提供任何有效的办法和实质性的措施，不能从根本上解决法院邮政专递送达存在的问题。

2. 从当事人层面而言，缺乏诚信意识消极抵制诉讼

在民事诉讼中，对原告的送达一般不存在障碍。被告则出于对原告起诉的

对抗心理，负气不接受送达，往往以隐匿、躲藏等方式怠于行使程序权利，意图逃避实体义务。特别是在当前市场经济条件下，人口的流动性很大，有的当事人为避债长期外出打工，杳无音信；有的当事人虽然没有外出，但不懂法，缺乏诚信意识，认为只要自己不接受人民法院的诉讼文书，人民法院也没有办法；还有的当事人出于种种原因向送达人员隐瞒自己的真实身份，藐视法律，或拖延诉讼，躲避法院的送达。

3. 从法院层面而言，信息渠道不畅通且缺乏制裁措施

法院准确掌握被送达人的相关信息是进行有效送达的前提。目前存在送达难的问题主要是对被告、第三人及其他诉讼参加人的送达。因当前人口流动性很大，原告无法及时获得被告等的准确地址，基层组织也没能及时掌握外出打工人员和当地企业搬迁的信息。因此，导致法院对当事人的信息掌握渠道不畅通。另一方面，对于当事人多次投递未领及拒绝签收等情形，无须承担相应的送达后果，也无相应的送达制裁措施。

4. 从邮政部门层面而言，主体地位缺失且送达程序不规范

当前实施邮政专递送达的部门是邮政部门，法律并没有赋予邮政部门的送达人地位，邮政部门并无法定的送达义务，法院邮政专递只能等同于普通特快专递信件的邮送，并不是严格意义上的民事诉讼送达。[①] 既没有直接送达、转交送达、留置送达等相应的送达权利，也缺失相应的送达义务及规范的送达程序，更无法对其失职行为追究责任。

5. 从协助机构层面而言，协助意识缺乏且机制不健全

在诉讼文书采用邮政专递送达过程中，同样需要被送达人所在地的基层组织及时协助，包括被送达人拒收的留置见证，被送达人外出打工提供信息或下落不明时出具证明，企业倒闭、歇业及搬迁新址等的信息。但是在审判实践中基层组织职能弱化，协助意识不强，许多基层组织由于多种原因对辖区内人员情况不清楚，人员流动的动态没有及时掌握，更没有及时将本辖区内的当事人信息反馈给公安机关及工商管理部门，更不愿协助邮政送达人员查找受送达人，也不愿留置见证。在相关的法律中，也没有规定相关基层组织和单位的配合义务以及相应的责任。

三、对策——一送即达

虽然现代通讯异常发达，许多人提出改革送达制度，通过电子邮件送达、网上公告送达、传真送达、短信送达等简便送达方式提高送达效率，但上述送

① 邓辉辉、潘宇：《民事诉讼送达制度新探》，载《广西民族学报（哲学社会科学版）》第28卷第4期。

达方式必须是在获得当事人具备电子邮箱、手机号码、传真号码等条件下才能实施，且其法律地位和效果尚无法确定。邮政专递送达仍将是当前法院民事诉讼中的主要送达方式，因此，从节约诉讼成本、提高诉讼效率的角度考虑，将邮政专递送达制度进行正当化改造是送达制度改革的切入点。

1. 确立邮政专递法律地位和效力

虽然最高人民法院与国家邮政总局分别发文规范法院专递业务，很多法院还与当地邮政机构签署了《法院专递送达协议》，就邮资标准、送达期限、回执交接、投递职责、违约责任等作出约定，但这种协议属于一种民事性质的合同，诉讼当事人没有约束力。笔者认为有必要借鉴日本、德国等国家和我国台湾地区的经验，确立邮政部门的送达地位，法院在案件审理中可以直接适用邮寄送达方式，且邮政专递送达与法院直接送达等具有同等法律效力，赋予邮政专递送达有直接送达权、留置送达权、转交送达权及推定送达；同时规定交邮即为送达，确立邮政专递送达效力为一送即达。只要当事人提供的送达地址正确，送达程序规范，邮政专递一经送达，即使当事人未予签收，即视为送达。同时明确邮政专递送达程序和送达职责及违法送达的制裁机制。

2. 确立邮政专递送达标准

“通知的理论根据是参与原则，如果被告不知道他已被起诉，则他无法参与诉讼。”① 故送达制度的设计应当充分满足告知的目的。能够送到，并且让受送达人具体知道送达文书的根本内容应该就是有效送达，否则即为无效送达。

（1）明确送达地址确认原则

如何确定送达地址的问题是送达中最难解决的问题。笔者认为，送达地址的确认首先应遵循指定地址原则，即以受送达人自己所指定的地址为送达地址，如原告起诉时以原告或其代理人所填写的送达地址确认书中的地址作为送达地址；被告或第三人及其他诉讼参加人应诉时以他们自己所确认的送达地址为准。如受送达人对于自己的送达地址未予指定的，则遵循法定地址原则，即以当事人的法定住址或住所地作为送达地址。对于自然人，一般应以其户籍登记中的住所地或者经常居住地为送达地址；如外出打工或迁居外地，户籍尚未迁移的，但已办理暂住证的，则以暂住证登记住所地为送达地址；如其未及时向当地基层组织及户籍管理部门办理住所变更登记的，则仍以其户籍所在地作为送达地址。对于法人或者其他组织，一般应以其工商登记或者其他依法登记、备案中的住所地为送达地址。如搬离原登记住所地而未及时向登记机关办理变更登记的，则仍以原登记住所地作为送达地址。

① ［美］迈克尔·D·贝勒斯：《法律的原则——一个规范的分析》，中国大百科全书出版社1996年版，第50页。

（2）确立邮政专递送达标准

送达的标准，涉及送达的法律效力，法院邮政专递送达也同样面临着一些效力待定的情况，法律应确立相应的邮政专递送达标准。具体可以分为直接送达标准、转交送达标准、留置送达标准、推定送达标准。

一是直接送达标准。在邮政专递送达中，较为普遍的是直接送达模式，即由邮政送达人员将诉讼文书直接送达给受送达人。对于受送达人是自然人的，一般由受送达人本人直接签收为标准；受送达人是无民事行为能力或者限制民事行为能力的自然人，由其法定代理人签收；受送达人是法人或者其他组织，其法人的法定代表人、该组织的主要负责人或者办公室、收发室和值班室的工作人员签收的。

二是转交送达标准。转交送达的对象一般是针对自然人。如邮政送达人员根据法院所确定的送达地址实行送达时，如受送达人本人不在，该住所中与受送达人同住的、具有信函签收认知能力的人，均属于合法的收件人；这些人员签收时，原则上无需证明其身份或其与受送达人的关系，但双方互为对方当事人的除外。其他未与受送达人同住但愿意代为签收法院专递的房东、邻居、亲朋好友或同事，也可以作为代收人。在后一种情况下，代收人原则上应出示其身份证明，并表明其与受送达人之间的关系。[①] 如受送达人自己确认的送达地址为其工作场所的，其单位领导、同事、收发室人员等代为签收的，属于合法的转交送达。如自然人或法人及其他组织有委托代理人的，不论其代理权限为一般代理还是特别授权代理，代理人均为合法收件人。对于极个别的法人或其他组织也可适用转交送达，如由当地基层组织转交。

三是留置送达标准。只要邮政专递人员按照送达地址把诉讼文书留交受送达人即视为送达。留置送达可分为以下情形：第一种情形是受送达人收下诉讼文书但拒绝签收的，邮政专递送达人员在送达回证上注明受送达人已受领送达文书但拒绝签收的时间、地点等相关情况，同时拍摄当时送达的地点，即视为送达；如果有当地基层组织或邻居能够见证更好。第二种情形是受送达人不在送达地址所在地时，经送达人员催领通知后，受送达人到邮局领取时拒绝签收的，邮政送达人员在送达回证上注明受送达人拒领情况，即视为送达。如果受送达人是法人或其他组织的，其法定代表人、负责人或者办公室、收发室和值班室的工作人员拒绝签收的，邮政送达人员将所要送达的诉讼文书留置于送达场所，并在送达回证上注明送达时间、地点及拒绝签收的情况，同时拍摄当时送达的地点，即视为送达。

四是其他推定送达标准。除上述转交送达、留置送达中的推定送达外，在邮政专递送达中，还应规定其他情形可以合理推定送达的标准。如当事人选择

---

① 向明华：《法院专递问题略探》，载《学术论坛》2009年第8期。

了送达方式、确认了送达地点，本人迁徙而未报告法院的，以其选择的方式向其指定的地点送达，即视为送达；如受送达人系自然人，长期外出，但未将暂住地址告知其户籍所在地的基层组织或户籍管理部门的，则以该受送达人的户籍所在地作为送达确认地，如无人签收被退回的，视为送达；如受送达人为法人或其他组织，已搬离原经营地，但未向工商管理部门办理变更登记手续，则以其原工商登记备案中的住所地为送达地址，无人签收被退回的，视为送达。如受送达人不在送达场所，送达人员先将告知受领通知张贴于受送达人住所，由受送达人向邮局领取，如果经二次张贴催领通知后，仍未领取的，则在第三次直接将需要送达的诉讼文书直接张贴于受送达人住所地，并将张贴的告知受领通知、催领通知及文书张贴均拍摄存档，即为有效送达。

3. 规范邮政专递送达程序

在赋予邮政部门送达地位及送达效力的同时，必须规范邮政专递送达程序。具体程序可设计如下：邮政送达人员应严格按照法院所填写的送达地址进行送达；如果在邮件上的送达地址以外的场所向受送达人送达时，必须查明受送达人身份或代收人身份及与受送达人关系后，再行送达，并说明送达时间、地点及送达情况。在投递时，应由受送达人或代收人出示相应证件核对后，在邮件详情单的指定位置清晰、工整地签名或者盖章（单位公章、邮件收发专用单）并填明收件日期、具体时间。如送达后，投递员将详情单第一、二联（即回执联、名址联）撕下带回，在其背面加盖投递日戳及投递员名章，作为妥投法院专递邮件的凭证，并在规定期限内尽快将投递凭证退回法院。如遇受送达人不在送达场所，也无代收人的，则先在送达地张贴催领通知，告知在规定时间内到邮局领取；经二次张贴催领通知后仍无人签收的，则在第三次送达时，直接将相关诉讼文书张贴于送达地址，并将上述三次进行过程拍摄存档。如送达地址不明确无法送达的，或送达地址错误查无此人的，则将邮件退回法院，并说明送达情况及退回理由。

4. 规范邮政专递送达职责

在我国司法实践中，送达是法院单方的职责和诉讼义务，诉讼中由此产生的不能送达的风险和诉讼拖延责任也由法院单方承担。尤其是对受送达人的恶意诉讼行为以及规避法律的行为缺乏法律制裁，是导致送达难的主要原因之一。故笔者认为应明确送达主体各方的责任，健全责任追究和制裁机制。

（1）法院职责

立案时，法院应审查原告所提交的起诉状中各方当事人的送达地址是否明确，是否有相关的身份证明或工商登记材料；在接收诉状时，要求原告填写各方当事人的送达地址确认书，如缺乏相关身份证明但属于必须由法院才能调取的，则应由原告申请法院调取或向法院申请调查令予以调取后才予立案。如原告坚持起诉的，可裁定不予受理或驳回起诉。

在对被告进行第一次送达时，必须要求原告准确提供被告的送达地址才可进行邮政专递送达；如被告到庭应诉的，则应要求被告填写送达地址确认书，若被告提供的送达地址和通讯方式不实或错误或变更而导致不能送达，其相应的法律后果由被告自己承担。若被告拒绝提供自己的送达地址，经人民法院告知后仍不提供的，视为其放弃享有程序通知权，自然人以其户籍登记中的住所地或者经常居住地为送达地址；法人或者其他组织以其工商登记或者其他依法登记、备案中的住所地为送达地址。对被告拒绝提供或者故意提供错误送达地址的，法院有权采取妨害民事诉讼的强制措施，以体现对恶意诉讼行为的惩戒。

对第三人及其他诉讼参加人实施送达时，如系第三人主动申请要求参加诉讼，经法院准许的，可适用原告所应承担的送达义务予以规制。如系原、被告申请追加的，则对其进行第一次送达时，由申请人提供受送达人的送达地址，如无法获得准确送达地址的，则不予追加，相应责任由申请方承担；第三人或其他诉讼参加人参加诉讼后，则要求第三人或其他诉讼参加人填写送达地址确认书，以后的送达可适用被告应承担的送达义务予以规制。如系法院主动追加的，则法院必须在查明其送达地址后才能予以追加，如无法送达的，追加无任何意义。

（2）邮政部门职责

强化邮政专递送达人员的职责是改造和完善我国邮政专递送达制度的基础和保证。邮政部门为作法院邮政专递的具体送达主体，其法定职责是严格遵循邮政专递送达程序和要求，及时、有效地向受送达人送达，并在送达时予以相应的告知，完成送达事宜后及时向法院反馈情况（回寄送达回证等），提交相关资料。必要时可要求当地基层组织协助送达或提供相关信息及出具证明等。送达人员如徇私、渎职，不履行或者不正确履行法定职责，导致送达延误或送达不能，应承担相应的责任。[①] 如送达程序不规范而导致无效送达的，则送达费用由邮政部门自行承担，并在规定期限内再行送达，如因此导致无法送达需要公告送达的，则公告费用也由邮政送达部门承担等等。

（3）当事人职责

应明确作为民事诉讼的各方当事人在起诉和答辩时向人民法院提供或者确认自己准确的送达地址，是当事人遵守诉讼秩序、推进民事诉讼进程所应当承担的义务。

一是原告职责。原告起诉应当提供“明确的被告”，包括确切的送达地址，并应提交相关的身份证明资料。如在邮政专递送达时发生送达地址不明确、送达地址错误等情形而被退回时，邮政专递费用由原告承担，如原告无法提交准确送达地址的，则驳回起诉。如经邮政专递送达后获知被告下落不明须公告送

① 王芳：《民事送达制度改革构想》，载中国法院网。

达的，法院向原告释明可申请采用公告送达，如原告不申请公告送达的，则裁定驳回原告起诉。如原告无法获知被告的准确送达地址，而又无法自行调取的，可申请法院向有关部门调取。如原告不申请法院调取的，则裁定驳回起诉。法院在调取上述材料时所产生的费用由原告承担，包括向外地有关部门调查所产生的费用。

二是被告职责。在对被告进行第一次有效送达后，被告应向法院提供自己的送达地址和通讯方式，如提供的送达地址和通讯方式不实或错误或变更而导致不能送达，因此产生的邮政专递费用由其承担（可在判决书尾部关于诉讼费中予以列明），同时相应的法律后果由被告自己承担。如被告外出打工，未及时将暂时居住地告知法院，或向当地基层组织和户籍管理部门进行住所变更登记的，仍以其户籍所在地作为送达地址，并由其承担诉讼程序上甚至实体处理上的不利后果；若被告拒绝提供自己的送达地址，经人民法院告知后仍不提供的，视为放弃享有程序通知权。同时根据情节轻重可以依法采取罚款、拘留等司法强制措施，以增强司法送达的威慑力。对于企业负责人或收发人抗拒送达的，可视为送达，由企业承担不利后果；同样可以对企业负责人或收发人采取罚款、拘留等强制措施进行惩处。第三人及其他诉讼参加人的职责，可参照上述规定执行。

（4）协助机构职责

一是协助查询义务。如果原告无法准确提供被告或第三人的送达地址，向法院申请向公安机关或工商行政管理部门等查询时，公安部门或工商管理部门应履行协助义务，及时准确地提供当事人的登记或变更信息。特别是当事人的户籍所在地或工商登记住所地并非在法院所在辖区的，需要向当地的公安部门或登记住所地的工商部门查询核实的，笔者建议应建立科学合理的网上远程协助机制，在负有协助义务单位的网络系统中允许特定的机关如法院、公安、检察、海关、国家安全局等机关有权访问，针对不同的被协助单位设定相应的访问权限及口令等，如法院需要向某公安机关查询某自然人的户籍登记情况，可以直接在网上通过所设定的访问权限及口令直接进入公安机关的户籍查询系统进行查询。或者可以通过特定的协助单位的查询电话，并输入设定的单位代码及密码，确认身份后并将所要协助的材料通过传真的方式直接传至当地需要协助的单位，即可直接进行协助查询等。

二是协助送达义务。在邮政专递送达中，如经多次投递未能送达时，邮政专递人员可要求当地基层组织协助送达，当地基层组织应积极履行协助义务，包括协助代为送达、提供当事人的准确送达地址、当事人拒绝签收时的见证及下落不明时的证明等等，如不愿履行协助义务，可参照《民事诉讼法》的相关规定采取相应的罚款、拘留等司法强制制裁措施。

邮政专递送达制度涉及多个部门、多个环节，必须进行改革和完善，赋予邮政专递送达的法律地位及其效力，规范专递送达程序，完善相关部门的司法协助机制，畅通法院获取当事人信息的渠道，并明确当事人拒绝签收诉讼文书及拒绝提供送达地址的法律后果及责任承担，才能确保程序公正和诉讼效率。

（载于《浙江审判》2010 年第 12 期）

退一步海阔天空

——有限责任公司股东强制退股制度之完善

徐力英*

与其争得鱼死网破，不如退一步海阔天空。

有限责任公司作为一种重要的经济组织形式，以其设立简便、组织灵活、成本较低等特点而广受中小型企业的青睐，在现代市场经济中扮演着极为重要的角色，是个人实现其经济利益的主要载体。但其内部的利益冲突无处不在。其中，股东之间、股东与公司之间的利益冲突是结构性的、普遍性的。因而在公司法中建立多种利益冲突解决机制，及时消除各种利益主体之间的冲突和对抗，使公司能够持续稳定地处于良性运转状态，就成为公司法制度建构中的必然要求。① 但由于当前股东强制退股制度缺乏，导致股东退股无门，公司除名无据而备受诟病。此种困境之下，需要一条成本较小又相对通畅之路可以使股东主动或被动退出公司。笔者以为，在我国设立股东强制退股制度是实然选择。现笔者以有限责任公司为研究对象，谈谈构建和完善我国股东强制退股制度之具体设想。

一、现行制度检视：退股无门和除名无据之纠结

天下熙熙，皆为利来；天下攘攘，皆为利往。股东虽是基于彼此之间的信任设立有限责任公司，但目的是为了经济利益。由于公司法律关系的长期性，股东之间、股东与公司之间难免会产生各种各样的利益矛盾和摩擦，有时甚至是尖锐的冲突和对抗，从而影响公司的正常经营，有时甚至使公司的经营陷入瘫痪和破产的境地。而如何解决有限责任公司的股东内部冲突是各国法律颇为棘手的问题。纵观我国《公司法》及相关司法解释的规定，赋予了股东对公司章程更大的自治权，但没有赋予广泛的股东退股权利，导致对于当前有限责任

* 宁波市鄞州区人民法院望春人民法庭庭长，法学硕士。

① 刘德学：《股东除名权法律问题研究》，中国政法大学 2008 年博士学位论文，载中国知网。

公司普遍存在的股东内部矛盾之化解显然力不从心，公司僵局无解，股东退股无门，公司除名无据。

（一）自愿退股不顺畅

例：某小股东因公司经营一直亏损，且与其他股东不和，欲转让其股权退出公司，但无人受让其股权，而内部股东故意把股价压得很低，小股东又不甘于以如此低的股价出让，但又不符合《公司法》第75条规定的异议股东股份回购请求权的条件，因此深陷资本囚牢。

从上述实例可窥一斑：虽然《公司法》规定可以通过股东转让、公司回购等方式自愿退出股份。但事实上，因有限责任公司受人合性之限制，股权转让往往难觅买主，而内部股东又不愿受让，导致现实中自愿退股极不顺畅。

（二）强制退股范围过窄

例：某公司股东因与其他股东意见分歧，欲退出公司，刚好公司经营期满，股东会决议修改章程延续经营期限。该股东遂提起公司回购股份诉讼，要求公司回购其股份。公司同意股东退股，但同时提出公司亏损，并以公司目前无资金支付股价为由不愿回购，也不同意对股价进行评估，其他股东也不愿受让股权。

根据《公司法》第75条规定了股东强制退股制度——异议股东股份回购请求权，但同时又限制了请求权的范围及行使条件：（1）公司连续五年不向股东分配利润，而公司该五年连续盈利，并且符合本法规定的分配利润条件的；（2）公司合并、分立、转让主要财产的；（3）公司章程规定的营业期限届满或者章程规定的其他解散事由出现，股东会会议通过决议修改章程使公司存续的。此即设置了较高的门槛，救济范围过于狭窄，条件苛刻，标准不明确，操作性差，容易出现规避现象。

（三）司法解散成本过大

例：某公司中外合资，其中外方控股，具体由中方负责经营且效益不错，中方提出要求增加出资成为控股股东，外方不同意。此时，公司厂房土地遇国家规划征用，可获得巨额补偿。外方遂强行冻结该补偿款，并以二年未召开股东会为由提起公司解散诉讼，而中方不同意解散。诉讼中经多次调解无效，最终颇有发展前景的企业就此夭折。

据不完全统计，笔者所在法院近3年来共受理的公司解散纠纷38件，主要有三类情形：一类是势单力薄的小股东股权转让不成、退股不能，无奈之下提出公司解散之诉；一类是公司经营状况不错，而两派股东为争夺经营权和控股权，争得头破血流，互不相让，一方得不到，宁可两败俱伤，也不想让另一方好好经营，遂提起公司解散之诉。还有一类是少部分股东与其他股东不睦，但又不想退出公司，或故意漫天要价退出股份，以查看财务账册、在股东会上投反对票等方式阻扰公司正常经营，并提出公司解散诉讼。虽然有些股东的无理取闹，并不难获得法院的支持，但公司终究需要花费时间、精力去应付诉讼。而且由于公司解散退股方式将导致公司法人“生命”的终止和运营价值的损失，给众多的利益相关人带来损害。因此，《公司法》对公司解散的条件十分严格，通常亦难获法院的支持。因此，有些股东欲借助司法解散之诉退出公司并不容易。

（四）公司除名理由单一

虽然我国对于股东除名制度姗姗来迟，但终于在《最高人民法院关于适用〈中华人民共和国公司法〉若干问题的规定（三）》（以下简称《公司法司法解释三》）第 18 条规定了股东除名制度，即对于股东未履行出资义务或者抽逃全部出资，且在合理期间内仍未缴纳或者返还出资的，公司股东会决议可以解除该股东的股东资格。不过，公司对股东除名仅限于股东未履行出资义务或抽逃全部出资，除名理由过于单一，且必须形成股东会决议。同时，对于股东会参加人数及决议形成的多数如何确定均未予明确规定。而且对于离心股东的其他严重损害公司经营的行为或者股东无法履行股东权利和义务的情形均未纳入除名范围。

（五）强制除名制度缺失

当公司内部出现“离心股东”，处处刁难、吵闹，甚至做出有损公司名誉或利益的事端，虽然《公司法》规定可追究该名股东的损害赔偿责任进行救济，但无法从根本上保护公司和其他股东免受侵害或弥补已经受到的侵害。此时，公司和其他股东都希望该股东能够退出股份，使得公司继续正常经营存续。但是，现行公司法及司法解释仅对未履行出资义务或抽逃全部出资的股东可通过股东会决议将其除名，对于其他情形并无可以将股东强制退股的规定。解散公司虽然可以使股东从公司僵局中解放出来，但是由于一个不善良的股东，其他股东就要承受失去公司、事业被毁的重大变故，使得一个原本可能大有前途的公司受到牵连，面临解体，并不一定就是其他股东所愿意看到的，而且，这种“解脱”的途径，代价未免太大，成本未免太昂贵，也不符合公平正义的原则，所以解散公司并不是最可取的上上策。①

从上述案例可知，《公司法》及其司法解释极为有限地承认了异议股东股

① 齐爽：《有限责任公司股东除名权制度研究》，中国政法大学 2007 年硕士学位论文，载中国知网。

份回购请求权及对未履行出资义务或抽逃出资义务的股东除名权，对于其他股东强制退股及除名理由未予纳入救济范围，导致现实中许多股东内部矛盾无法有效化解。而从笔者所在法院所受理的公司解散纠纷案件为例，因不符合解散条件而被判驳回诉请的案件完全可以通过股东强制退股或强制除名予以救济，另外，对于因调解无效最终公司僵局无解而无奈判决解散的案件中，均可以通过强制退股制度替代，避免公司解体。因此，拓展股东退股之范围，放宽股东除名之理由，是化解公司股东之间矛盾而成本较小的现实需求和有效途径。

二、宏观理论盘点：契约自由和利益平衡之阐释

（一）“公司资本三原则”之思辨

资本确定原则、资本维持原则、资本不变原则素来被我国公司法学者视为大陆法系国家公司法的三项经典原则，简称为“公司资本三原则”。资本确定原则是指公司设立时，必须在章程中对公司的资本总额作出明确规定，并全部认足或募足，否则公司不能成立，这是为了确保公司成立时有充足的财产基础；资本不变原则是指公司的资本一旦确立，即不得随意改变，如确需增减资本，必须按照法定的程序进行，这是为了防止公司成立后，资本的随意增减，确保资本的真实；资本维持原则是指在公司成立过程中，公司必须保持与其资本总额相适应的财产，以维持公司的资信，这项原则也是资本三原则的核心内容，包括股东不得随意收回出资、公司不得回购自己的股份等都是资本三原则的要求。该资本三原则为公司法学者奉为公司资本制度设计之圭臬，并对我国公司立法产生了巨大影响。① 正是基于此资本三原则之要求，许多学者反对股东退股及除名。理由是：股东的投资构成公司资本，公司资本是保护债权人利益的重要物质保证，股东退股，抽走投资，会使公司的财产减少；② 而开除股东势必造成公司回购自己的股份，造成变相的股东抽逃出资，公司资本的减少。公司资本的减少就意味着对债权人债务担保的信用基础受到破坏，有损公司的偿债能力，加大债权人的风险，于债权人的利益不利。③

公司资本三原则之理论架构并非尽善尽美，而是存在着先天的理论缺陷。因为，事实上，公司成立以后，随着公司的经营，公司的资产始终处于变动之中，公司的原始资本并非一成不变。幻想只依靠公司的注册资本来维护债权人

---

① 冯果：《论公司资本三原则理论的时代局限》，载《中国法学》2001年第3期。

② 王义松：《退股的法律分析》，载《法学论坛》2006年第21卷第3期。

③ 齐爽：《有限责任公司股东除名权制度研究》，中国政法大学2007年硕士学位论文，载中国知网。

的利益只是个美丽的肥皂泡，注册资本的虚假、抽逃等使公司注册虚空变成“皮包公司”现象普遍存在，法院工作中存在的“执行难”等现象就是明显的例证，[①] 该资本三原则事实上无法保障第三者债权利益的实现。而且，随着时代的变迁，资本三原则赖以存在的社会环境已发生了质的变化，其立论的基础正在发生动摇，不仅资本三原则理论本身与现实之间出现了一定程度的脱节，其理论体系之间的不和谐因素也日益增加和显现。[②] 而我国将公司资本三原则的功能定位过高，盲目坚持资本确定原则，规定了当今世界上最高的资本最低限额，不利于公司的设立；奉行最为严格的资本制度，导致不法投资者虚假出资，或公司设立后抽逃出资，损害债权人利益，助长了资本缴纳和验资过程中的弄虚作假行为；过分强调资本不变原则，有关资本变动的规定中，增资条件过于严格，减资要求过于简单，对形式减资和实质减资不加区分，一律需践行债权人通知和债权人异议程序。在债权人债权保障机制的建设上，过于相信和依赖资本的担保功能，不注重其他制度设计，结果使债权人利益的保障仍然停留在形式上。因此，我国虽然实行了颇为严格的法定资本制，并规定了最高的公司资本最低限额，但债权人的利益并没有得到很好的保护，《公司法》原定的设计目标与现实之间出现了极大的反差。而2005年《公司法》对于有限责任股东退股权的规定已经对传统的资本维持原则进行了突破，为我国构建有限责任公司股东强制退股制度进行了有效尝试。

当有限责任公司股东之间信赖基础缺失，公司形成僵局但尚不至于走向死亡时，股东强制退股是有效的救济途径。与其争得鱼死网破，两败俱伤，不如退一步海阔天空。而股东强制退股制度之设立正是基于现实需要，更有其理论依据支撑。

（二）宏观法理溯源

1. 契约自由理论

公司契约理论的核心观点是：公司是股东与股东、股东与公司以及公司与政府之间所达成的一系列契约的结合体。有关公司的组织结构、财产利益、公司参与者的权利义务等重大事件均系该契约的当然内容。股东与股东之间的关系当然也受这个契约的约束。[③] 按照公司契约论的原理，有限责任公司作为现代公司典型形态之一，从有限责任公司股东签订投资协议，到共同拟定公司章程，到成立公司，都体现了股东之间的契约性质。契约自由在有限责任公司中

① 赵志国：《有限责任公司股东退股权制度研究》，中国政法大学2008年硕士学位论文，载中国知网。

② 谷爱平：《公司资本三原则的理论检讨》，载中国法律网。

③ 段威：《论有限责任公司股东合理期待落空原则——评英国上议院 Ebrahimi v Westbourne Galleries Ltd. 案》，载正义网。

的体现主要表现为基于人合性基础组建公司的自由和基于人合性基础丧失退出公司之自由。

（1）基于信赖基础组建公司之自由

对于有限责任公司的设立，我国除法定资本最低限额等有明确限制外，股东可以基于信赖基础自由设立。与其他国家相比，我国所规定的资本最低限额是最高的，其他国家对有限责任公司的设立条件更为宽松，正是契约自由理论在有限责任公司设立中的具体运用。

（2）基于人合性基础丧失退出公司之自由

退出公司的方式有股权转让、股东退股、公司解散等。其中由于有限责任公司的人合性要求，股权转让并非易事，而公司解散又未免成本太大。因此，股东退股应是成本较小且相对便捷的有效手段。既然法律允许契约当事人具有创设、开始这种法律关系的权利，自然也应当赋予解除这种关系存续的自由。如果股东的信赖关系遭到破坏，合作的基础也就不存在了，此时，不和谐之股东退出公司可能是其中的最好选择。即便是法律与契约没有现实规定，基于诚实信用考虑，在遇到股东不能维持此种关系时是应当允许“缔约当事人”解除这种关系的。① 而允许股东自由退股正在基于契约自由理论。对基于私法自治而构建的团体，应适用“合则来，不合则去”的原则。也就是说，成员可以进入团体，也可以因某种事由而脱离团体，这是私法团体应有的属性。公司作为私法团体之一亦是如此，不应该将限制成员加入或退出作为意图。也有人称之为“团体可分解理论”。② 人们原本为了共同目标而组成公司，但也无法避免岁月流逝、世事变迁的结果，有人可能已经心生他意，违背当初的目的理想，或者做出有损团体、阻碍目的实现之事，若不允许公司或其他成员将该名股东除名，则公司或其他股东的利益很有可能因此“离心股东”而受到损害，或陷入僵局，面临解散的后果，这对公司和其他成员来说都是不公平的。

2. 企业维持理论

企业维持作为商事法的基本原则而存在，是贯穿整个商事法的基本精神。因为企业是国民经济的基本元素，是整个国民经济持续、稳定发展的基础。企业如果破产或者解散了，不但是企业自身的损失，而且对劳动者、消费者和地区经济都有影响，甚至对整个国家的经济也会产生重大影响。所以，商事法一直……致力于防止因企业破产、解散造成不必要的损失。③ 当公司存续的利益大于股东个体利益时，在兼顾平衡股东个体利益的时候必须优先考虑公司存续

---

① 陈新：《有限责任公司股东退股制度的立论依据及其必要规范》，载《广东财经职业学院学报》2008年05期。

② 蒋大兴：《异议股东股份收买请求权的问题研究——关于〈公司法〉的修订》，载徐学鹿主编：《商法研究》第三辑，人民法院出版社2001年版，第198页。

③ 王保树主编：《中国商事法》，人民法院出版社1996年版，第19页。

利益。如果公司内部矛盾不可调和出现僵局，无法通过其他方法有效化解，但公司解散直接导致公司走向死亡成本太大，则通过股东强制退股应是最佳选择，而企业维持理论为此提供了正当性基础。

3. 利益平衡理论

公司股东退股势必关系到公司利益，公司股东利益，也可能影响到公司债权人利益及其他利益相关者的利益，因此，需要考量股东之间的利益平衡，公司与股东之间的利益平衡，其他利益相关者之间的利益平衡。

（1）股东之间的平衡

在有限责任公司中，大股东很可能滥用“资本多数决”原则，操纵公司的权力机构，侵害其他中小股东的合法权益，使得中小股东应享有的投资权益被侵害和剥夺。因此，出于平衡各方利益的需要，需要赋予股东强制制度，既可以满足大股东继续经营公司的愿望，又给受压制而希望退出的中小股东提供了救济途径，从而实现了双方的利益平衡。①

（2）股东与公司之间的平衡

公司和股东作为公司契约的缔约者，他们在契约中的地位应该是平等的当事人。作为契约的当事人，双方的权利义务应当是平等的，或者说是对等的。对他们的救济也应该是对等的、双向的。允许股东因为自身的原因或者与公司或者其他股东存有分歧时主动退出公司，相对应的，当因为某股东的问题对公司或其他股东产生利益威胁时，也应该允许公司有权要求该股东强制退股。这也是“平等”价值理念的一种体现。② 因此，在赋予股东有权要求强制退股的同时，也应赋予公司或其他股东有权要求“离心股东”强制退股的权利，许多国家称之为除名权制度。

（3）利益相关者之间的平衡

股东退股或公司解散，都可能使与公司的利益相关者的利益受到损害。而司法解散涉及利益相关者的范围更为广泛。因此，在保护股东、公司利益的同时，也要注意保护利益相关者的利益。在坚持企业维持原则的前提下，尽量避免公司解散。因此，为化解公司内部僵局，股东强制退股制度应运而生。但为达到退股股东与债权人利益同时得到合理保护，应设置相关措施予以适当限制。如股东退股须履行通知义务，债权人有权提出异议要求提前清偿债务或提供担保等。

笔者认为，退股既是股东的一项权利，同时也应是股东的一项义务，当有限责任公司的人合性基础缺失，股东之间矛盾不可调和，公司陷入僵局时，根

---

① 赵志国：《有限责任公司股东退股权制度研究》，中国政法大学 2008 年硕士学位论文，载中国知网。

② 齐爽：《有限责任公司股东除名权制度研究》，中国政法大学 2007 年硕士学位论文，载中国知网。

据资本多数决原则，少数股东应退出公司，但退出公司的股权价格应予以合理确定。

三、微观制度建构：本土化的股东强制退股制度之设计

对于有限责任公司股东之间的矛盾无法通过协商妥协、折中或股权转让等自行救济手段化解时，堵不如疏，可以借鉴合伙企业退伙制度的相关规定，规范和完善股东强制退股制度这一便捷救济通道，赋予股东和公司更多的退股自由，这不仅是资本流转的需要，更是对有限公司股东的人本主义关怀及对有限公司人合性的尊重。

（一）股东强制退股制度之界定

基于有限责任公司的人合性，需要公司股东为共同的经济目的齐心协力经营公司。当股东内部出现不和谐音符，且无法通过内部救济制度化解僵局时，需要不和谐之股东退出公司，包括股东本人要求强制退股和公司或其他股东要求该股东强制退股，故统称为股东强制退股。许多学者把退股单一地理解为股东之权利，但笔者认为，退股既是股东之权利，也是股东之义务。当股东无法行使股东权利、履行股东义务，或者僵局无解但公司尚不至于回天乏术的，与其吊死在一棵树上，不如退一步海阔天空，退出股份。如无法协商一致自愿退股，则通过司法强制介入股东退股。而《公司法》目前对于股东强制退股仅规定了异议股东股份收购请求权，且该制度操作性差，需要进一步完善；同时应适度放宽股东退股之范围，对非异议股东的单方退股则应予以明确规定；拓宽法定退股的适用情形，只要该事由确实造成股东不能、不愿或不便继续留在公司时，法律即应赋予股东以退股权。同时设立股东除名制度，即公司或其他股东因某股东的行为或个人因素妨碍或严重影响公司的发展和其他股东的共同利益时，为使公司能够继续存续和发展下去并以此维护其他股东的共同利益，要求该股东强制退股。

（二）强制退股之前提

股东退股（股权转让除外）可能会减少公司的资产，会对公司其他股东、债权人等产生影响，因此，股东虽然有退股的自由，但如果股东或公司滥用强制退股权利，会损害股东、公司、债权人及其他利益相关者的利益。因此，股东要求强制退股或公司要求股东强制退股，必须符合相应的前提条件。

1. 人合性基础缺失

我国有学者明确区分有限责任公司的资合性和人合性，将其资合性界定为法律层面上的特征，将其人合性界定为实质层面上的特征，认为实质层面上的

人合性色彩显得更为突出，也更为重要，因为公司股东间紧密的合作和信任关系及内部协商机制对于公司的设立、发展乃至于存亡命运具有更重要的意义。① 当股东之间人合性基础丧失，但公司尚有生存能力的，则股东退股显然是明智之举。因此，一般而言，股东强制退股应以人合性基础丧失为前提。当然，如果是由于股东生老病死、出国、服刑等原因无法继续行使股东权利、履行股东义务的，另当别论。

2. 穷尽内部救济

由于退股可能造成公司资产的减损，造成其他股东和债权人利益的损害，做出退股决定在许多情况下是不得已而为之。所以出于经济学的考量，如果能使纠纷的解决终止于内部并能够照顾各方利益形成了一个各方能接受的内部方案，如先进行相应的协调内部的协商购买，既不会破坏公司在原有模式下正常运转也不会损害债权人和其他相关人的利益。建议召开股东大会来讨论争议事项或章程规定其他步骤，使得退股人能够在大多数股东面前说明利益诉求，并看能否实现使矛盾解决于内部，不允许在未经内部程序就直接通过外部方式来实现退股。也就是以必要的内部救济为前置，同时可防止退股制度之滥用。②

3. 注册资本不得低于法定最低额

根据《公司法》的相关规定，有限责任公司注册资本的最低限额为人民币3万元（法律、行政法规对有限责任公司注册资本的最低限额有较高规定的除外）；公司减资后的注册资本不得低于法定的最低限额。因此，无论是股东要求强制退股，或者公司要求股东强制退股，如公司回购股东股份并按照减资程序减少资本后，注册资本低于法定最低限额的，则不应退股，对于公司僵局应另行救济。

4. 不得损害其他利益相关者权益

股东退股往往容易使债权人的利益受到损害。为平衡各方利益相关者的利益，防止股东或公司滥用退股权，对退股权利的行使必须设置相应妥当的限制条件，如公告通知债权人之义务，对退股前债务承担担保责任等。

（三）强制退股之理由

虽然根据契约自由原则，股东享有退股自由，公司或其他股东有要求“离心股东”退股之权利，但为防止权利滥用损害其他股东、公司、债权人和其他利益相关者的利益，应设定相应的限制，即规定相应的退股理由。根据股东是否主动要求退股，将股东退股理由分为股东要求强制退股之理由和公司要求股

---

① 段威：《论有限责任公司股东合理期待落空原则——评英国上议院 Ebrahimi v Westbourne Galleries Ltd. 案》，载正义网。

② 陈新：《有限责任公司股东退股制度的立论依据及其必要规范》，载《广东财经职业学院学报》2008年05期。

东强制退股之理由。

1. 股东强制退股之理由

(1) 股东无法继续履行股东义务：包括自身的身体健康原因、离婚、出国、服刑等情形；受大股东或控制股东控制无法正当行使股东权利等。

(2) 股东不愿履行股东义务：如因自身经济状况严重恶化，唯有收回投资才能继续生存；与其他股东矛盾尖锐不可调和；公司僵局无解等。

(3) 出现公司章程约定的退股事由。

(4) 其他必须退股事由。

2. 公司强制股东退股之理由

(1) 股东无法履行股东义务：因主观或客观原因无法履行股东义务，包括自身的身体健康原因、离婚、出国、服刑等情形。

(2) 股东严重违反公司义务：如股东违反出资义务；违反竞业禁止义务；不正当的代表和业务执行行为造成公司严重后果等。

(3) 其他滥用权利行为造成股东之间人合性基础丧失，或造成公司或其他股东重大损失等。

(4) 出现公司章程约定的退股事由。

(四) 强制退股之诉讼主体

有限责任公司股东强制退股制度包含股东要求强制退股和公司要求股东强制退股，因此，股东强制退股的诉讼主体包含股东、公司或其他股东。具体而言，股东要求强制退股的，该股东作为原告，以公司作为被告，其他股东可列为第三人参加诉讼。公司或者其他股东要求“离心股东”强制退股的，如通过股东会能够形成决议的，则由公司作为原告，以离心股东为被告；如股东会无法形成决议，则要求离心股东退股的股东作为原告。

(五) 强制退股之程序

有限责任公司股东强制退股之程序具体可设计如下：

1. 股东要求退股的，先向股东会提出申请，召开股东会讨论决定是否同意股东退股；如同意退股的，则公告通知债权人，赋予一定期限的异议期；如异议期内债权人提出不同意退股的意见，则由退股股东以其可退出的股份数额担保债权，在债权人的债权受偿后再退还。如股东会不同意退股的，或对于股价、支付期限、方式等无法达成一致意见的，则由要求退股的股东提出强制退股诉讼，由公司所在地法院管辖；法院受理后，公告通知债权人，同时给予债权人异议期限，通过股价协商或司法评估程序确定股价，并作出股东强制退股判决。其余股东可以作为第三人参加诉讼。

2. 公司要求股东退股的，先召开股东会，如股东会决议决定该股东退股，而该股东同意退股的，如上述公告债权人程序办理。如该股东不同意退股的，则公司可提出强制股东退股诉讼，法院受理后，按上述股东强制退股程序办理。如公司股东分歧较大，无法形成离心股东退股的一致决议，则其他股东也可提出强制退股之诉讼，至于哪一方股东退股更有利于公司的经营和持续发展，由法院根据双方所提供的证据确定。

3. 股价的合理确定。行使退股权的最重要环节就是股权价格的确定。它不仅涉及估价方法，而且估价程序也至关重要。对于股价可以通过以下三种方式确定：[①] 第一种是协商确定价格；第二种是由章程事先约定股权价格或计算股权价格的方法；第三种是由法院或公司确定的第三方有相关资格的单位对该股权价格加以评估。由法院委托专业的评估机构进行评估做到公平合理客观的评定，正确适当的资产评估不仅有利于退股人而且有利于对债权人和公司利益等保护。[②]

4. 公司回购股份后，进行变更登记。股东强制退出股份，按确定的股价由公司回购后，须向工商管理部门办理股东及股份变更登记手续。

5. 减资程序。有限责任公司收购股份后，不能长期持有本公司的股份，应按《公司法》规定的减资程序减少注册资本，办理资本减少的变更登记手续。但减资后的注册资本不得低于法定的最低限额。

（六）退股不能之救济

1. 债权人对股东退股有异议要求先行清偿债权的，则可以退股，并将股权转为债权，但该债权作为特殊债权晚于其他债权受偿。如债权人同意，也可在同意股东退股的同时，要求股东对债权人之债务承担连带或补充赔偿责任。

2. 公司无力购买，无其他救济途径可解公司僵局的，则驳回诉讼请求，并另行提起公司解散之诉。

3. 如公司减资后低于最低注册资本额的要求，则股东不能退股，可另行提起公司解散之诉。

4. 如强制退股程序中查明资不抵债的，则应驳回强制退股诉讼，转入破产程序，但债权人同意和解、重整的除外。

启动股东内部的股权强制购买制度，由股东自行打破僵局，才是盘活资本、搞活经营的有效措施。在此基础上，为确保股权强制收购的价格合理与机会平等，法院应当首先确定一个双方均无异议的收购价格，然后由争议方自行选择出售股权或者是购买股权。如果双方发生争购，由价高的一方购买；如果双方均不购买的，则法院有权将价格递减，直至交易成功。

---

① 赵旭东：《公司资本制度改革研究》，法律出版社 2004 年版，第 290 页。

② 王晶：《有限责任公司股东退股权制度研究》，西南财经大学 2007 年硕士学位论文，载中国知网。

结　语

放手，并不表示放弃，而是成全；退一步，并不意味着认输，而是海阔天空。虽然有限责任公司是基于股东之间的信赖及美好愿望而投资组建的结合体，但当股东无法履行股东义务，或股东之间丧失信赖基础时，不和谐之股东退出公司，公司能够持续稳定地处于良性运转状态，是公司法制度建构中的必然要求。

（获全国法院系统第二十三届学术讨论会二等奖；
载于《浙江审判》2011 年第 12 期）

有限责任公司清算义务人责任纠纷之探讨

徐力英*

在我国公司清算制度研究领域，“清算义务人”这一术语是伴随着大量企业进入非破产清算状态而逾期不组织清算，公司债权人权益普遍受到侵害的不正常现象孕育而生的新名词。虽然我国《公司法》中未予明确清算义务人概念及责任，但在《最高人民法院关于适用〈中华人民共和国公司法〉若干问题的规定（二）》（以下简称《公司法解释二》）中引入了清算义务人一词，同时也规定了清算义务人的相应责任，但关于清算义务人的主体、义务及法律责任未作明确规定，导致司法实践中无法统一规范裁判此类纠纷。笔者认为，要完善公司强制清算制度，必须厘清清算义务人之义务和责任，并加以规范。现笔者以有限责任公司作为研究范围，谈谈清算义务人责任纠纷的现状及如何完善该制度的一些想法和建议。

一、制度检视：清算义务人责任纠纷之现状

现行的《公司法》没有一条关于清算主体怠于或拒不履行清算义务应承担何种法律责任的规定。虽然《公司法解释二》规定了清算主体作为和不作为的侵权民事责任及未经清算注销的民事责任等，但仍没有明确清算义务人责任纠纷的案由、责任主体、责任范围、程序等问题。随着此类纠纷的日益增多，存在的问题也初露端倪：案由比较混乱，程序处理五花八门，实体处理大相径庭。以我院所受理的该类案件为例，据统计，自 2008 年至今受理涉及股东清算义务人责任纠纷案件有 12 件，其中以清算组成员责任纠纷立案的有 10 件，以股东滥用股东权利赔偿纠纷立案的 1 件，以股东滥用公司法人独立地位和股东有限责任赔偿纠纷立案的 1 件；被告下落不明适用公告送达缺席判决的有 2 件，驳回起诉 1 件，撤诉 1 件，调解 8 件，但上述案件均指向公司解散后清算义务人责任纠纷。

---

* 宁波市鄞州区人民法院望春人民法庭庭长，法学硕士。

（一）案由缺失

公司强制清算制度是《公司法》新引入的一种新类型的非诉纠纷，法律规定不尽完善。因此，许多新类型的公司诉讼也缺失案由上的规范，其中清算义务人责任纠纷就是一例。在最高人民法院《民事案件案由规定》中，涉及股东责任的案由仅有清算组成员责任纠纷等数个案由。对于清算义务人责任纠纷未予明确列入案由范围，导致审判实践中涉及清算义务人责任纠纷案件的案由五花八门。

（二）程序适用混乱

虽然当前法律及司法解释对清算义务人责任纠纷未予统一规范，但涉及清算义务人责任纠纷的案件却日趋增多，而各地法院在程序上的操作比较混乱。有些法院将强制清算非诉程序与清算义务人责任纠纷合并处理；有的法院认为必须先经强制清算程序，在清算不能的前提下才能起诉股东承担赔偿或清偿责任；有的法院则直接判令公司清偿债务，股东承担连带清偿责任等等。

（三）责任主体界定不清

关于清算义务人即清算责任主体应该是公司股东还是董事等，理论界存在较大争议。较为一致的意见是区分有限责任公司和股份有限公司来确定清算责任主体。但对于有限责任公司的清算义务人，有人认为，根据《公司法》第184条“有限责任公司的清算组由股东组成，股份有限公司的清算组由董事或者股东大会确定的人选组成”之规定，应为全体股东。但有学者认为，根据此条并不能当然推定出有限责任公司的股东为法定清算义务人。[①] 由此可见，目前我国公司法上对公司清算义务人主体的界定的确处于不清晰的状态。

（四）责任事由不尽合理

关于公司清算的民事责任，《公司法》只规定了清算人（清算组成员）在清算过程中的法律责任，却没有规定清算义务人不履行义务所应承担的法律责任。虽然《公司法解释二》规定了清算义务人之相关责任，但未对责任类型及方式加以区分，责任事由不尽合理，也不够完善，导致审判实践中针对此类纠纷找不到确切合适的法律规定，适用法条比较混乱。

---

① 刘俊海：《新公司法的制度创新：立法争点与解释难点》，法律出版社2006年版，第613页。

（五）责任范围不明

审判实践中，对于清算义务人违反法定清算义务应承担责任的范围由于缺乏明确的法律规定而存在较大争议。一种意见认为，清算义务人承担的赔偿范围为公司全部的债务。第二种意见主张，对积极损害债权人权益行为和消极行为损害债权人权益的行为所造成的实际损失承担责任。第三种意见认为，应根据具体个案情况确定清算义务人应当承担的赔偿责任的责任。

二、理论探源：清算义务人责任之法理依据

（一）清算义务人主体之界定

所谓清算义务人，是指基于其与公司之间存在的特定法律关系而在公司解散时对公司负有依法组织清算义务，并在公司未及时清算给相关权利人造成损害时依法承担相应责任的民事主体。① 虽然理论界对有限责任公司清算义务之法定主体是股东还是董事等存在分歧，但笔者认为，有限责任公司的清算义务人应由全体股东担任。理由如下：

1. 基于权利与义务之一致性。对于公司股东而言，清算义务是与公司创办权、盈余收获权相伴随的必然结果。法律赋予一定主体创建公司的权利以及从公司获取利益的权利，也必然要求这一主体在公司解散时应尽相应的清算义务，这是权利与义务对等原则的体现。②

2. 基于有限责任与清算义务之关联性。股东承担有限责任是现代公司制度之基石。但是股东承担有限责任并不是无条件的，其必须建立在股东与公司行为规范、股东人格与公司法人人格相区分、公司拥有独立的财产基础上。如果股东怠于或拒不履行清算义务的，则不能当然承担有限责任。即股东的有限责任最终与清算义务相关联，体现在公司清算完结之后。

3. 基于保障各方利益之平衡性。现代公司既具有营利性，也具有社会性，因此公司不能仅以最大限度地为股东们谋利作为唯一存在目的，还应最大限度考虑公司其他利害相关者的利益，包括职工的利益、消费者的利益、债权人的利益等。③ 清算义务的切实履行，是确保公司的财产得以保全、公司股东及债权人利益得以实现的决定条件。如不履行清算义务，对公司的劳动者与债权人等其他利益相关者的影响比对股东的影响更大。而股东比劳动者与债权人等其

---

① 奚晓明主编：《最高人民法院关于公司法司法解释（一）、（二）理解与适用》，人民法院出版社 2008 年版，第 334 页。

② 乔欣：《公司纠纷的司法救济》，法律出版社 2007 年版，第 146 页。

③ 刘俊海：《股份有限公司股东权的保护》，法律出版社 2004 年版，第 10 页。

他利益相关者更便于对公司财产的占有和处理。因此，确定股东为清算义务人，界定其义务及责任，有利于股东更好地履行清算义务，及时合法地处理公司债权债务，规范和健全公司退市机制。

（二）清算义务人权利义务之界定

1. 清算义务人之权利

从清算义务人这一概念的表述看，似乎作为清算义务人的主体，其只是应当承担组织清算的义务，并无任何权利可享受。但权利和义务作为法律体系中对立统一的矛盾体，它们往往是相伴而生并且互相渗透的。在一定条件下，某一行为既可看做是权利也可看做是义务。[①] 笔者认为，公司清算义务人的权利主要包括：一是组织清算权；二是选任清算人之权利；二是解任清算人之权利；三是确认清算方案和清算报告等权利；四是监督清算权；五是公司财产（包括财务账册、重要文件等）流失追索权；六是公司不足或抽逃资本追回权等。

2. 清算义务人之义务

民事义务是民事责任产生的前提，民事责任是履行民事义务的法律保证。要确定清算义务人的责任，必须先明了清算义务人所应承担义务的具体内容。笔者认为清算义务人最主要的义务不仅是要依法组织清算，而且要确保清算能够顺利完成。具体可分解如下：

（1）组织清算义务

在组织清算义务中，清算义务人首先应在法定期限内及时召开股东会做出进行清算的决定或决议，启动清算程序，并保证清算顺利完成。在清算过程中，清算义务人应对清算人在执行公司清算事务的各个环节履行监督检查义务，在清算人违反善良管理人义务时，清算义务人可以行使解任权。在清算人作出具体清算方案和最终清算报告后，应当由股东组成的清算义务人批准确认。清算结束后，清算报告经股东会确认，并申请注销公司登记，公告公司终止。

（2）公司财产、账册、重要文件等保管义务

公司清算，必然以公司财务资料完备为前提。具备规范、完备的财务资料是公司的基本义务，也是清算义务人之主要义务。如公司财产存在被侵占或流失现象，则清算义务人负有将侵占或流失财产追回之义务。

（3）公司资本足额维持义务

根据资本维持原则，公司在其存续过程中，应当经常保持与其资本额相当

---

① 李龙主编：《法理学》，武汉大学出版社1996年版，第197页。

的财产，非依法定程序，不得任意变动。[①] 因此，股东应负有保证资本足额维持义务，直至清算完毕才能分配公司剩余财产。如股东存在欠缴或抽逃出资情形，在公司清算时，清算义务人应及时履行追缴权，即要求欠缴或抽逃出资之股东及时补足出资，以期清算之顺利进行。

（三）清算义务人责任承担之法理基础

对于股东承担清算责任之法理依据，理论界及实务界均存在争议，主要有清算责任说、侵权责任说及法人人格否认说等各种观点及理由。

1. 清算责任说

民事责任是指民事法律关系中的义务主体违反法律规定的或者合同约定的民事义务，侵害民事权利主体的民事权利，依民法之规定而产生的一种法律后果。[②] 如果义务主体认真履行义务，权利主体的合法利益完全实现，该法律关系即正常消灭；如果义务主体不履行其义务，侵害了权利主体的合法利益，原来的权利义务关系即发生性质和内容上的变化，转化为以救济权和法律责任为内容的特殊法律关系。组织清算人对公司资产进行清理，启动公司清算程序是清算义务人的法定义务。当其积极主动地履行清算义务时，不会承担民事责任，但是如果其不履行或者不适当履行清算义务而给公司和债权人造成损失时，便会产生相应的民事责任。[③] 因此，基于不履行清算义务即产生清算责任及附随产生的各种清偿责任、赔偿责任。从这种意义上说，清算义务人未尽清算义务而给公司和债权人造成损失时应当承担相应的民事责任，是其法定义务向法律责任的转化。

2. 侵权责任说

公司解散后清算义务人未在法定期限内履行清算义务，或存在不当清算、恶意清算情形，导致公司资产贬值、毁损、流失，既侵害了公司的合法权益，同时也侵害了公司的债权人的利益。这种行为构成了第三人对债权的侵害。清算义务人应对公司债权人承担损害赔偿责任。对于此种赔偿责任，我国学者基本上都认为是侵权责任，即侵犯债权的侵权责任。因为清算义务人不履行清算义务的直接后果是造成公司本身财产的减少，从而间接侵害了债权人利益。[④] 虽然我国法律尚未就侵害债权的侵权责任做出明确规定，但清算义务人应承担侵权责任。首先，当法律规定的一项权利只有依赖义务人的积极行为才能实现，且义务人的积极行为是其法定义务时，义务人的不行为必然会导致该权利

---

① 王朋：《论有限责任公司股东的清算义务与清算责任》，载《晟典律师评论》2007 年 01 期。

② 赵旭东主编：《新公司法制度设计》，法律出版社 2006 年版，第 164 页。

③ 奚晓明主编：《最高人民法院关于公司法司法解释（一）、（二）理解与适用》，人民法院出版社 2008 年版，第 361 页。

④ 刘薇：《被吊销营业执照公司债务清偿问题的讨论》，载《人民法院报》2003 年 12 月 17 日。

不能实现。公司解散后应当依法进行清算，如果清算义务人不履行其法定的清算义务，该不作为行为将会构成对公司财产的侵害，并进而侵害债权人的利益。因此，不作为侵权在逻辑上是成立的。其次，清算义务人不履行清算义务的行为符合《民法通则》第106条规定的侵权行为民事责任构成要件。从主观上讲，清算义务人不履行法律规定的清算义务，无论是故意还是过失，都具有主观上的过错；从客观行为和结果上讲，清算义务人的不作为，必然会造成解散公司财产损失，使债权人债权得不到清偿，对债权人的财产权利是一种侵害；从因果关系上讲，公司及债权人的利益受到侵害是由清算义务人不作为行为造成的。因此，清算义务人不履行清算义务的行为属于侵权行为，应当对由此造成的损失承担损害赔偿责任。[①]

3. 法人人格否认说

公司作为独立的民事主体，应对其行为独立承担责任，即使出现了解散事由，公司在清算终结前其独立人格继续存在，债权人通常只能向公司主张债权，而不能直接要求公司股东对公司行为承担责任。但有限责任制度作为现代公司制度的基石，不是绝对的或者无条件的，超出合理的界限，就要受到法律的限制适用。公司解散后，因清算义务人不履行清算义务而导致公司无法清算的情况下，公司清算程序由于清算义务人的行为而无法启动或者没有必要继续启动，可以依据《公司法》第20条的法理精神，应当由清算义务人对公司债务承担连带清偿责任。[②]

笔者认为，清算义务人承担责任，首先是基于其不履行清算义务而产生清算责任，即当清算义务人不履行清算义务时，债权人甚至股东均有权要求不履行清算义务的清算义务人承担清算责任，在清算义务人不愿自行清算时可启动强制清算程序。因此，本文未将清算责任列入清算义务人责任纠纷案由范畴。其次是由于清算义务人违反法定清算义务，导致债权受损的，应承担侵权责任，包括不作为的侵害债权责任和作为的侵害债权责任，即本文所指向的清算义务人责任纠纷之重要法理基础。至于法人人格否认说，是基于特定情形下突破股东有限责任而要求股东对公司债务承担连带责任。在公司清算时，如果存在清算义务人出资不到位、或抽逃出资等情形，可突破股东之有限责任原则，追究清算义务人连带清偿责任，正是基于其法人人格否认制度这一理论基础。因此，笔者认为上述学说均是清算义务人责任承担之法理基础。

---

① 奚晓明主编：《最高人民法院关于公司法司法解释（一）、（二）理解与适用》，人民法院出版社2008年版，第347页。

② 臧峻月：《有限责任公司股东不进行清算的责任》，载企业与法网。

三、立法完善：清算义务人责任纠纷之规范

鉴于当前清算义务人责任纠纷诉讼虽无名而有实、却缺乏规范的现状，笔者认为亟需要确立清算义务人责任纠纷案由，明确诉讼主体及责任类型、责任方式和范围等等，相关制度设计且必须具有实践操作性，才能切实有效地促使清算义务人及时履行清算义务，保障债权合法受偿和救济，企业规范退市。具体建议如下：

（一）确定案由

随着新类型的法律关系不断涌现，法律总是相对滞后，关于案由的规定也如是。公司债权人因公司清算主体不履行清算、瑕疵清算或恶意清算，导致其债权受损而要求公司清算义务人承担相应的民事责任所提起的诉讼，可明确其案由为清算义务人责任纠纷。虽然有人认为此类纠纷包含债权人与公司之间债权债务法律关系及股东之清算义务责任纠纷，应分立主、从案由。但笔者认为，此类案件主要争议是在于清算义务人所应承担的民事责任，而债权人要求清算义务人承担责任的事由是因各种法律关系所产生的债权。如果债权是基于建设工程，属于民事案件，一般应由民一庭审理；而清算义务人责任纠纷是与公司有关的纠纷，属于商事案件，设主、从案由反而不利于法院归类审理。因此，笔者建议只要涉及清算义务人责任的，均一律以清算义务人责任纠纷作为商事案由处理较妥。

（二）明确诉讼主体

前述笔者已经论述有限责任公司应由全体股东作为清算义务人的理由，因此，在清算义务人责任纠纷案由中，应以清算义务人作为被告主体。但由于清算义务人在不履行或不适当履行清算义务时可能侵害到债权人利益，也可能损害公司职工及税务机关等主体的利益。因此，上述权益受损害方均可以作为原告以清算义务人责任纠纷为案由向法院起诉要求清算义务人承担相应责任。至于损害公司及股东利益之救济，属于内部责任承担及救济，本文将在最后一部分予以阐述。

至于是否需要将清算公司列为被告，有人认为，清算公司应与清算义务人一起作为共同被告，如原告未起诉清算公司的，法院应追加清算公司为共同被告。但笔者认为如果公司已被注销的，无论是否经过清算程序，其诉讼主体已不复存在；如果清算公司经过清算能够偿还债权人之债权的，则应首先通过清算程序来清偿债务，无须再另行提起清算义务人责任纠纷之诉；如果公司经过清算已资不抵债应进入破产程序的，则按破产程序进行；如果公司经过清算但

由于财产流失或会计账册、重要文件等资料不全等无法完成清算的，或者不当清算、恶意清算造成侵害债权人利益的，则应将公司及清算义务人作为共同被告，由清算义务人对公司债务承担连带赔偿责任。

（三）设立前置程序

笔者认为，应将自行清算程序或强制清算程序作为清算义务人责任纠纷诉讼的前置程序。即必须已经经过自行清算或法院强制清算后，清算义务人存在违反法定清算义务之情形，造成债权受损的，债权人才可以提起清算义务人纠纷之诉。一是可以通过清算程序清理全面公司债权债务，可避免债权人各自提起清算义务人责任纠纷之诉，节约诉讼成本和司法资源。二是未经清算程序，不能直接推定公司财产不足以清偿公司债务，也无法认定债权必然受到侵害。三是强制清算程序属于非诉程序，而清算义务人责任纠纷之诉属于给付之诉，两者不宜混在同一诉讼过程中进行。故笔者认为清算义务人责任纠纷之诉应以自行清算或强制清算程序作为前置程序，在经过自行清算或强制清算不能的情形下，才能受理清算义务人责任纠纷之诉。

（四）界定责任

清算义务人违反法定清算义务的主要表现有：不组织清算、瑕疵清算和恶意清算三种情形，导致的结果是无法清算、逾期清算、瑕疵清算。如清算义务人存在上述违反法定清算义务之情形，并因此造成公司债权人的债权受损，则债权人可要求清算义务人承担相应的民事责任。清算义务人责任可具体分解如下：

1. 清偿责任

（1）有限清偿责任

①清算义务人出资不到位之清偿责任：未履行出资义务的股东应在实缴资本与应缴资本的差额范围内向债权人承担清偿责任，已经履行出资义务的股东在未履行出资义务的股东不能履行的范围内向债权人承担连带清偿责任，即清算义务人应在未足额出资范围内对公司债务承担连带清偿责任。

②清算义务人抽逃出资之清偿责任：公司成立后，股东又以各种方式抽逃资本的，在公司不能清偿债务的情况下，清算义务人应在所抽逃资本范围内对公司债务承担连带清偿责任。

（2）无限清偿责任

①债务加入之清偿责任：注销公司时清算义务人承诺承担未了债务，根据契约自由原则，任何人均可以承诺承担任何人的债务，法律并不限制第三人主动加入到债务承担之中，故清算主体承诺承担公司注销后的后果，属于债务加入，应与公司共同承担连带清偿责任。

②公司资本不足不具备法人资格时之清偿责任：如果各股东首次出资额低于注册资本的 20%，也未达到法定的注册资本最低限额的，或者股东在公司成立之初尚未正常经营之前即将资本抽逃，使公司所余净资产达不到法定最低注册资本额，在这种情况下公司不具备独立的法人资格，“股东”之间实际形成合伙关系，应当按照合伙关系对共同的债务承担无限连带责任。

③财产混同、人格混同之清偿责任：公司解散后，如果有证据足以表明公司资产与股东的个人财产混同，那么此时公司以其法人财产独立承担民事责任的基础已经不能存在，公司独立人格受到破坏，在此情形下，股东不得再以有限责任原则作为公司债务的清偿规则，而应基于公司独立法律人格的不能存在而承担对公司债务予以清偿的无限连带责任。①

2. 赔偿责任

（1）连带赔偿责任

①拒不履行清算义务之赔偿责任：在公司解散后，如果股东拒不承担清算责任，包括拒不组织清算，拒不提供财务账册等清算资料，故意避而不见拒绝履行清算义务等等，导致最终无法清算，造成债权人债权无法受偿的，清算义务人应对公司债权人不能受偿的债权承担连带赔偿责任。

②公司财产减少之赔偿责任：由于清算义务人怠于履行清算义务或不当履行清算义务而使公司财产遭受毁损、贬值、灭失，导致债权无法受偿的，应该对公司债权人的损失承担连带赔偿责任。

③清算资料缺失之赔偿责任：公司解散后，清算的进行必须要以公司相关财务资料的完备为前提。清算义务人负有确保公司相关财务资料完备齐全的义务。如果因公司财务资料的缺失而导致公司清算无法进行，致使债权无法受偿的，清算义务人须就此承担连带赔偿责任。

④恶意处置公司财产之赔偿责任：公司清算结束前，清算义务人将公司财产进行非法处分，包括擅自直接或变相进行侵占或分配，导致债权人未能就公司资产实现债权的，清算义务人应承担连带赔偿责任。

⑤恶意注销之赔偿责任：公司解散后，在公司存在未清偿债务的情况下，清算义务人为逃避公司债务、谋取非法利益，在未对公司清算的情况下提供虚假的清算材料，恶意注销公司，损害公司债权人利益的，应该对其侵权行为承担连带赔偿责任。②

（2）限额赔偿责任

①逾期清算之赔偿责任：由于清算义务人逾期组织清算，使公司财产受损，如公司房产贬值等，造成债权人债权受损的，由清算义务人在因逾期清算造成公司财产贬值范围内对债权人的损失承担赔偿责任。

---

①② 吴长波：《公司清算中股东民事责任之研究》，载《兰州学刊》2007 年 05 期。

②瑕疵清算之赔偿责任：清算过程中的清算瑕疵行为主要表现逾期组织清算、对选任清算人失职未予及时监督或解任、未及时确认清算方案或清算报告等不适当履行清算义务，造成债权人的债权受到损害的，如利息损失、违约赔偿损失等，清算义务人应在债权人债权受损范围内承担赔偿责任。

3. 归责原则

关于清算义务人责任纠纷之归责原则，学术界也存在较大分歧。有学者主张适用严格责任，只要清算义务人不履行清算义务便应对公司的债务承担全部赔偿责任。① 有学者主张适用过错责任，以清算义务人有故意或重大过失为承责前提，同时适用过错举证倒置。② 笔者认为，虽然由于有的股东逃匿，无法召开股东会决定组织清算，其他愿意组织清算的股东即使没有主观过错，对外并不能免除其未履行清算义务所产生的责任。这种责任似乎更符合严格责任，但该侵权责任属于一般侵权责任，应适用过错责任。对于清算义务人这个总体而言，不履行法定清算义务，可推定其有主观过错。其他愿意组织清算的清算义务人在承担责任后可以进行内部追偿。

4. 举证责任

清算义务人责任纠纷中的举证责任主要包括侵权行为、损害后果、清算义务人主观过错及因果关系等方面。对于此类纠纷，由于债权人相对于股东来讲，对公司财产信息的了解与掌握程度上处于不对称状态，债权人很难举证证明公司解散时存在多少财产，也无法就侵权行为与损害后果之间存在必然联系及主观过错进行举证，因此，可以将公司财产状况、侵权行为与损害后果之间存在必然联系、及清算义务人存在过错的举证责任分配给清算义务人承担。即在审理此类纠纷时实行部分的举证责任倒置。具体的举证责任可分配如下：债权人的举证内容主要是债权人与公司之间的债权合法成立；公司已解散；清算主体怠于清算等。清算主体的举证内容主要是怠于清算具有法定免责事由；公司解散时的资产状况；公司资产处分的正当性等。③

（五）赋予内部追偿救济权

在清算义务人因违反法定清算义务或未足额缴纳出资或抽逃出资等情形对公司债权人承担相应的责任后，应给予其救济权利和途径，即可在清算义务人内部根据出资比例或过错进行追偿。其中已履行出资义务的清算义务人可向未履行足额出资义务或抽逃出资的清算义务人追偿；如清算义务人因违反法定清算义务均有过错的，已承担责任的清算义务人可根据过错责任大小或出资比例向其他清算义务人追偿；如清算义务人无过错的，在承担责任后可向有过错的

---

① 王欣新、赵芬萍：《谈新公司法清算制度的完善》，载《中国工商管理研究》2006年第2期。
② 冯果：《公司法要论》，武汉大学出版社2003年版，第246～247页。
③ 文勇：《公司直接民事清算责任若干问题探析》，载中国法院网。

清算义务人追偿。

目前司法实践中，大量公司解散后应当清算而不清算甚至故意借解散之机逃废债务，严重损害债权人利益并危害社会经济秩序。因此，本文通过对清算义务人责任纠纷案由之确立、责任主体之明确、责任类型及范围之界定，旨在强化清算义务人依法清算的法律责任，保障债权人受损债权的有效救济途径，以期建立一个健康、有序的法人退出机制。

（载于《人民司法》2011 年第 1 期）

浅析中国支票电子化的法律框架

——兼论支票影像交换系统的法律规范

徐望霞*

作为一种传统支付结算手段，支票是我国票据市场中所占比重最高的票据种类。根据人民银行副行长苏宁的讲话，支票是我国使用最普遍的非现金支付工具，用于在同城范围内支取现金和转账，年签发量约18亿笔，金额约350万亿元。① 但是随着我国经济规模的扩张和票据业务的数量逐年提高，我国传统支票的使用和业务处理方式也面临着极大的挑战。一方面，我国传统支票主要限于同城范围内使用，另一方面实物支票的处理效率低下，使得我国支票的使用受到了极大的限制，未能发挥其应有的金融功能。为适应支票电子化处理的需要，人民银行已于2007年6月25日建成全国支票影像交换系统，为支票在全国范围的互通使用奠定了基础。人民银行同时还制定了《全国支票影像交换系统业务处理办法（试行）》（以下简称《业务处理办法》）、《全国支票影像交换系统业务处理手续（试行）》及《全国支票影像交换系统运行管理办法（试行）》等规章，对相关法律问题做出了规定。然而，这一系列规定和其上位法——《票据法》之间尚存有不一致和无法衔接之处。因此，我国迫切需要对《票据法》进行修订以适应票据电子化和现代化的发展，并及时制定《电子支付法》为金融发展提供完善的法律支持。笔者结合美国《21世纪支票交换法案》（Check－21），拟对我国电子支票中存在的法律问题进行分析，以为《票据法》中支票电子化的相关条款修改提供一定的法律框架。

一、电子支票的法律地位和法律形式

从技术上来讲要实现对实物支票的电子化处理，首先必须实现对实物支票信息的数字化处理。目前国际上较为成熟和通用的技术手段就是利用扫描设备

* 宁波市鄞州区人民法院民事审判第四庭庭长助理。

① 苏宁：《我国票据业务发展概况及展望》，载《中国金融》2006年02期。

对支票进行影像采集，以实现支票的电子化处理。这一技术手段带来的首要法律问题就是经过影像处理形成的电子支票和原始支票的法律地位如何确定。根据我国《票据法》第 4 条第 1、2 款规定："票据出票人制作票据，应当按照法定条件在票据上签章，并按照所记载的事项承担票据责任。持票人行使票据权利，应当按照法定程序在票据上签章，并出示票据。"根据这一规定以及司法实践，出示的票据应当是实物票据原件。而该法第 7 条第 1 款更进一步规定："票据上的签章，为签名、盖章或者签名加盖章"，因此票据法的立法事实上是否认电子票据的法律效力的。但是，《业务处理办法》则采用了美国《21 世纪支票交换法案》的做法，规定：通过影像交换系统处理的支票影像信息具有与原实物支票同等的支付效力，出票人开户银行收到影像交换系统提交的支票影像信息，应视同实物支票提示付款。尽管在中国特定的法律适用环境下，这种立法上的不一致并不会造成司法上的困惑，但是却有悖于法治精神的体现，使国家立法的权威性事实上受到了行政规章的侵蚀。更重要的是由于《业务处理办法》中并未出现电子支票的概念，而只是适用于由影像交换系统处理的支票影像信息（包括支票影像及其电子清算信息），加之该规定对支票影像信息产生的"代用支票"（Substitute Checks）并未加以规定。因此，事实上还很难将支票影像交换系统下的支票影像信息和电子支票等同，这对我国推广使用个人支票、旅行支票等支付结算工具是不利的。所以，必须在法律上明确电子票据以及代用支票的法律概念和法律地位，明确电子提示和纸质票据的提示法律效果相同，并通过修改《票据法》对此予以澄清。一方面，我们应当在《票据法》中明确票据的书面形式包括"数据电文"形式，票据签章可以采取符合电子签名法要求的数据签章方式。而且应该仿照美国《21 世纪支票交换法案》的规定明确合法的电子支票和代用支票的法律形式。根据美国《21 世纪支票交换法案》的规定，合法的代用支票必须具备下列条件：（1）精确反映原始支票被截留时正反面的信息；（2）符合代用支票的行业标准（美国国家标准 X9.90）；（3）具有与原始支票相同的磁码条以便于支票清分处理；（4）代用支票生成行必须保证代用支票上包含此前该支票持有人的一切背书记录；（5）代用支票生成行必须在代用支票上留有该行标识并保留先前其他代用支票生成行标识；（6）标注"此为支票的合法副本，您可将其与原始支票等同对待"字样。修订《票据法》及其相关法规时可以借鉴上述规定拟定类似条文，并明确对支票粘单截留的具体要求以及在电子支票上加载截留相关信息、数字防伪信息等内容的具体要求。

二、支票截留的法律规范

在明确电子支票及代用支票的法律概念、法律地位和法律形式前提下，我们还必须明确支票截留行为的相关规则。对此《业务处理办法》第23条规定，系统参与者可以使用专用外挂软件或使用按照中国人民银行规定的标准自行开发软件处理支票影像信息。同时《全国支票影像交换系统业务处理手续（试行）》及《全国支票影像交换系统运行管理办法（试行）》则对支票影像截留的具体业务规则和岗位管理做出了规定。但是，由于对支票影像信息采集的技术标准缺乏《票据法》的规范，而实际操作中各家银行对纸质支票的印刷格式和防伪方式也不统一。这就使得各家银行业金融机构对法律对电子支票的制作和审查标准及由此引发的法律责任缺乏准确的预期，故而支票影像交换业务的开展要么造成电子支票的退票大量增加①，要么给将来的司法裁判埋下法律隐患。

所以，我们必须修改《票据法》对电子票据的截留进行法律规范。明确法律所认可的票据截留主体、截留的内容、截留方式、截留的基本技术规范以及由截留引起的法律责任。尤其是对于票据截留不当引起的法律责任必须给予明确规定。美国《21世纪支票交换法案》法案就规定制作代用支票的银行，以及随后传递、出示或返还代用支票的银行，应提供法案规定的保证和补偿。该保证的内容包括两个方面：（1）必须保证代用支票的接受人、任何后手的提出行或提回行、收款行、出票人、收票人、付款人、收款人或背书人所收到的代用支票符合该法案的所有要求，具备完全的法律等价性；（2）对上述有关各方均不会被要求重复付款。补偿则提供给支票提出、提回各方，所补偿的损失应是因接受代用支票产生的，且接受原始凭证不会产生的损失。而且法案还规定上述保证和补偿“随支票流转”，即任何接受代用支票或原始支票的人均获得保证，并有获取补偿的权利。可以说，正是该法案对因使用代用支票产生的法律责任进行了明确的界定，特别是对因使用电子支票而使各当事人额外承担的风险进行了责任确定，电子支票在美国才能够发挥支票特有的金融功能，在银行卡等各种现代电子支付方式中赢得发展空间和良好的推广。

不同的是在我国负责支票影像交换系统的运行者和参与者法律地位更加复杂，相关部门规章又难以规制。因此，《票据法》不仅要明确电子支票的制作者的法律责任，还必须对电子支票在制作和传输等技术环节中可能产生的法律责任交易明确。我国的支票影像交换系统是由人民银行建设并负责管理和运营，支票资金清算使用的也是人民银行建设和运营的小额支付系统。而人民银行本是行政机关，具体负责系统运行和管理的中心（在《业务处理办法》中又具体分为总中心和分中心）缺乏独立的法律地位。部分情况下负责提入和提出

① 2006年12月（影像）交换系统在北京、天津、上海、河北、广东和深圳6省市试点运行以来，跨区域业务量发展较慢，退票率较高。截至2011年5月24日，全国支票影像交换系统共处理支票业务约4.7万笔，5月全国日平均业务量仅为1200笔左右，同时5月的平均退票率却高达25.53%。且业内人士指出，25.53%的退票率还只是个保守数字。

信息的票据交换所则有独立法人制的，也有事业单位制的，还有人民银行内设机构的。一旦因使用该交换系统采集、传输、提取信息产生错误导致相关票据当事人利益损失时，如何明确这些非独立法人机构的民事赔偿责任将是非常必要的。而且这些法律责任的确定不能完全由人民银行自行制定行政规章来加以界定。

三、电子支票的签章与防伪

我国已经制定了《电子签名法》，按照该法的规定，所谓电子签名，是指数据电文中以电子形式所含、所附用于识别签名人身份并表明签名人认可其中内容的数据。因此，为方便票据的电子化处理，提高票据处理效率，在票据签章中采用电子签名的方式进行在技术和法律上都是可行的。尽管《票据法》第4条规定，票据出票人制作票据，应当按照法定条件在票据上签章，并按照所记载的事项承担票据责任。第7条规定，票据上的签章，为签名、盖章或者签名加盖章。但是，因为《电子签名法》的制定，可以把《票据法》的签名扩大解释为包括合法的电子签名。问题是什么样的电子签名是能够引起《票据法》上规定的票据行为并能够带来当事人所期望的法律后果的电子签名（签章），同时又能方便、廉价的保证电子票据交易的安全呢？

首先，对于电子签名的效力，《电子签名法》第3条第1、2款中规定："民事活动中的合同或者其他文件、单证等文书，当事人可以约定使用或者不使用电子签名、数据电文。当事人约定使用电子签名、数据电文的文书，不得仅因为其采用电子签名、数据电文的形式而否定其法律效力。"同时，人民银行也规定，商业银行应该在客户自愿原则的基础上，由银行自主向客户推广支付密码工具，同时与客户签订使用支付密码核验付款协议。《业务处理办法》第12条也规定：提入行可以采用印鉴核验方式或支付密码核验方式对支票影像信息进行付款确认。对于支付密码的效力，《票据实施管理办法》第22条规定，申请人申请开立支票存款账户的，银行、城市信用合作社和农村信用合作社可以与申请人约定在支票上使用支付密码，作为支付支票金额的条件。《支付结算办法》第123条也规定，银行可以与出票人约定使用支付密码，作为银行审核支付支票金额的条件。因此，采用电子印鉴或者支付密码作为签章方式要具备票据法上的签章效力，就必须首先在银行和客户之间存在事先的约定，同时符合电子签名法的有关规定。

其次，在实践中印鉴检验也可以是电子验印，而在网络和信息技术高度发达的今天，利用IT技术篡改图片信息、印章并不是非常困难。因此，通过图像印鉴比对付款的确存在一定的风险，一些银行对此较为谨慎，也部分导致了支票影像支付的退票率较高。因此，就目前的实际情况和已经投入的基础设施来看，支付密码在技术上是更为可取的电子签名方法。问题是法律上对支付密码作为电子签名的票据签章效力并未明确界定。而且采用支付密码核验方式的，需要付款人与出票人约定使用支付密码作为审核支付支票金额的依据，付款确认以支付密码为主，支票影像其他要素为辅。实践上受到推广支付密码的费用承担以及客户观念问题，出票人对于支付密码以及电子支票的形式存有疑虑，进而造成了电子支票在我们国家的推广并不理想。从立法的角度来讲，未来的票据法修改完全可以直接赋予支付密码等电子签名方式以等同于实际签名或盖章的效力，并对因采用电子签名方式而产生票据行为方式和行为责任做出符合《电子签名法》规定的修改。这样一方面减少了对电子签名效力方面的疑虑，另一方面法律还必须对因电子签名产生的防伪及其法律责任做出相应的修改，根据利益和责任相匹配的原则明确银行对于电子签名的安全性承担相应的法律责任，给予推广电子支票切实的法律支持。

总之，在解决上述三个方面问题的基础上，支票的传统法律规则将能够和电子媒介的支票形式相互融合，并能够更好地发挥支票安全、便捷，节约现金的金融功能。

（载于《法制与经济》2011 年第 9 期）

论法院调查取证制度改良之道

汤 涛*

引 言

“申请法院调查被告（原告）在某某银行的存款情况。”

“申请法院调查被告（原告）在第三人某某处的账目。”

“申请法院调查被告（原告）对于该项发票的抵扣税金情况。”

“申请法院向医院调查原告医疗用药的合理性。”

以上是在民事诉讼中，当事人申请法院调查取证比较典型的几种情况。其中涉及的被调查对象包括对方当事人、第三人以及国家机关或其他单位。而在审理中，又不仅仅限于以上这几种类型。往往是“当事人动动嘴，审判员跑断腿”，再加上法院依职权，或者依“私心”、“情面”、“金钱”进行的主动调查取证，法官真正是要“跑断腿”。既然如此，法院调查取证制度还有存在的必要吗?

在民事诉讼中，我国的法院调查取证制度受到诸多责难：引起司法不公、滋生司法腐败、使得双方当事人利益失衡，违反法官中立原则。在某些案件中，尤其是在可调查可不调查的情形下，容易被无良法官利用。但不能够因为存在“个案”，即将该项制度彻底否定。如果能到找到改良的路径，去伪存真，法院调查取证制度仍然应当保留。

一、制度缘起：由来已久，根深蒂固

（一）职权主义语境分析

按照民事证据调查程序依据的主导控制主体不同，可以把民事证据调查程

* 宁波市鄞州区人民法院民事审判第三庭审判员，法学硕士。

序分为当事人主义和职权主义。

处分权主义和辩论主义是当事人主义的核心和基调。[①] 所谓处分权主义，即当事人应当在民事诉讼程序启动、诉讼终了和诉讼对象的决定等方面拥有主导权；所谓辩论主义，即指作为法院判断对象的主张受当事人的限制，证据资料只能来源于当事人。作为广义的辩论主义包括了处分权主义。在该诉讼模式下，当事人双方展开积极的诉讼活动，主动对自己的主张收集提供证据，可以按照自己的意志充分处分其权利。相反，法官在诉讼中则处于消极中立的地位，仅维护法庭的诉讼秩序，对当事人违反有关规则的行为予以纠正。在此诉讼模式下，当事人不需要得到法院的事先批准，可以积极主动地收集提供证据来支持自己的主张，而法官却无权为查明案件事实真相依职权主动地调查取证，只是根据法庭上当事人双方的举证和辩论作出最终的裁判。在这种证据调查收集的关系中，当事人的主导作用以及法官职权的受限制性，充分地反映出当事人主义诉讼模式的特征。[②]

职权主义民事诉讼模式多为大陆法系国家或地区采用。这种诉讼模式的特点是：在民事诉讼中，法官具有高度的积极性和主动性，发挥着重要的职能，积极发现案件的事实真相，诉讼以法官对案件的调查为主线进行。尽管当事人双方在诉讼程序中具有平等的诉讼权利和义务，但是由于法官是诉讼程序的积极参与者，因此受到法官的诸多控制。在诉讼过程中，法官拥有比当事人更多更广泛的职权或干预权。

在职权干预型诉讼体制下，发现案件真实是职权干预的一个十分重要的理由。法院的裁判必须建立在真实的基础上，既然如此，法院就可以借助公权力主动发现案件真实而无需受当事人意志的左右，因为当事人总有自己的利益，为其利益所左右总是只提出有利于己的事实，而掩盖不利于己的事实。我国民事诉讼法正是基于这种认识和理念强调了法院对证据收集调查的职权。

英美法系将民事诉讼视为当事人之间的竞技，反观大陆法系，并不把民事诉讼看成单纯是当事人之间为了胜诉而进行的竞争，而是强调利用国家司法权来解决纠纷。故虽然大陆法系也采纳辩论主义，但并没有贯彻到调查取证领域。[③]

---

① 中国法学会诉讼法学研究会主编：《诉讼法理论与实践》（1996 年卷），中国政法大学出版社 1997 年版，第 347 页。

② 冯雷：《当事人举证与法院查证关系之重构——从民事诉讼模式角度分析》，载《安徽教育学院学报》2002 年第 5 期。

③ Baym，N. K.（1996）"The Emergence of Community in Computer－Mediated Communication." In Johes，Steven（ed）（1996），Cybersociety－Computer－Mediated Communication and Community，Sage.

（二）司法能动语境分析

从历史上看，一直存在着司法能动性与司法相对抑制性之争，但是长期以来，司法多以一种相对消极的面目出现。

所谓司法能动性就是“一种司法哲学观，是法官在司法过程中采取的一种灵活方法，秉承一定的法律价值，遵循一定法律规则，创造性地适用法律，理性地作出判断，从而不断地推动社会政治、经济、法律、文化等的变革和发展”。①

司法能动性体现在微观和宏观两个方面，在宏观上，司法能动性表现为最高人民法院就个案审理作出具有普遍适用效力的司法解释；微观上，司法能动性集中表现为法官在个案中依照自由裁量权能动地评判证据，正确的认定事实，能动的适用法律。②

法院调查取证作为司法能动性的一个具体体现，经历了由强到弱的过程。

在我国的民事诉讼历史上，法院依职权收集和调查是一种传统，是传统民事审判方式的特征之一。无论是在作为革命根据地的陕甘宁边区，还是 1949 年解放以后《民事诉讼法（试行）》以前，独立收集、调查证据都被视为一项法院当然的权力。1982 年制定的《民事诉讼法（试行）》在这方面同样继承了这一传统，规定“人民法院应当按照法定程序，全面地、客观地收集和调查证据”（第 56 条第 2 款）。③

1991 年的《民事诉讼法》进行了修改，将“人民法院应当按照法定程序，全面地、客观地收集和调查证据”，改为“当事人及其诉讼代理人因客观原因不能自行收集的证据，或者人民法院认为审理案件需要的证据，人民法院应当调查收集。人民法院应当按照法定程序，全面地、客观地审查核实证据”，但依然保留了依职权独立调查收集证据的权力，即“人民法院认为审理案件需要的证据，人民法院应当调查收集”。④

2001 年 12 月，最高人民法院颁布了《关于民事诉讼证据的若干规定》（以下简称《证据规定》），这一规定受民事诉讼体制转型意识的影响，在职权干预方面有所弱化，比较突出的是，通过解释进一步限制了法院依职权调查收集证据。该规定第 15 条对《民事诉讼法》第 64 条规定的“人民法院认为审理案件需要的证据”做了限制性解释：“人民法院认为审理案件需要的证据”是指以下几种情形：（1）涉及可能有损国家利益、社会公共利益或者他人合法权益的事实；（2）涉及依职权追加当事人、中止诉讼、终结诉讼、回避等与实体争议无关的程序事项。该规定第 16 条还明确，除本规定第 15 条规定的情形

---

①② 张榕、陈朝阳：《中国司法能动性的开启及其规制——以最高人民法院〈民事证据规定〉为中心的分析》，载《厦门大学学报》2004 年第 5 期。

③④ 张卫平：《论人民法院在民事诉讼中的职权》，载《法学论坛》2004 年 9 月第 5 期。

外，人民法院调查收集证据，应当依当事人的申请进行。[①]

《证据规定》虽然通过司法解释限制了法院独立调查收集证据的权力，在民事诉讼体制转型方面有所进步，但受《民事诉讼法》的限制，这种转型还是十分有限的。规定“涉及可能有损国家利益、社会公共利益或者他人合法权益的事实”，法院可以独立调查证据就说明了这一点。“国家利益、社会公共利益或者他人合法权益”正是职权干预的根据所在。[②]

我国民事证据调查程序总体来说经历了从超职权主义模式到职权主义模式再到职权主义和当事人主义相结合的模式的一个过程，法院的调查取证权力在不断地被限制和细化。

二、现实困境：或存或废，各执一词

法院调查取证制度存废之争由来已久，众说纷纭。

（一）存在即合理

1. 我国传统文化的积淀和影响

法院调查取证制度在我国有着悠久的历史，忽然之间为了适应潮流而“从一个极端走到另一个极端”的“大跃进”的做法是不符合事物发展规律的。同时也会在实践中给法官和当事人造成困扰和不适应；另一方面，面对社会形形色色的案件，当事人出于客观举证能力和“官本位”思想的残留，也希望法院能在一定的程度上给予取证。

2. 民事诉讼正确裁判的要求

虽然我们已经确立了法律真实的基本理念，摒弃了客观真实的严格要求，但是，法律真实并不等于说就可以不顾案件真实情况，而应当是在尽一切可能接近客观真实基础之后，才允许法院认定的事实与客观事实有些出入，否则，一味强调法律真实，必将导致法官的懒惰和裁判依据荒谬的事实基础。无可否认，一个正确的法院裁判必须以正确的事实认定为基础，但是由于诉讼本身的对抗性决定了当事人必然隐瞒甚至歪曲于己不利的事实，那么法院在认定事实的时候，必须做出权衡和判断，而权衡和判断又是以调查为基础的。因此，法院进行调查取证是民事诉讼作出正确裁判的要求。

3. 当事人取证能力受制约

就目前社会经济政治发展情况，完全由当事人调查取证，发现案件事实的做法过于超前，因为我国律师制度发展尚不完善，很大程度上制约了当事人调查取证的能力。此外，某些特殊证据，仅仅依靠当事人的能力完全无法获得，

---

①② 张卫平：《论人民法院在民事诉讼中的职权》，载《法学论坛》2004 年 9 月第 5 期。

比如，国家保密档案、涉及他人隐私的证据，如果允许任何当事人都可以自由取证，则不利于秘密的保护，在没有完善的信用体制之前不可能任由当事人自行取证。这就决定了法院在当事人无法获得这些证据时进行必要的调查取证。①

（二）废除正当时

1. 打破利益平衡，破坏居中地位

法院主动去调查、收集证据，进行过度干预，也偏离了其中立裁判者的立场、地位，打破当事人之间的力量平衡，使当事人和社会公众有充分的理由怀疑法院审判行为及其结果的公平性；就是说，即使法院的自行调查取证在实体上并未造成审判不公，但在程序上却完全存在这种可能性，存在产生审判不公的制度缺陷，因而损害民事诉讼及其裁判结论在人们心目中的可信度与权威性。

2. 扰乱自由心证，导致审判不公

法院依职权调查收集证据难免使法官对自己调查收集取得的证据先入为主，产生情感上的偏向。对当事人所提供证据之合乎己见者过度放大。对不合乎者则轻视、忽略，因而不利于法院正确认定案件事实和作出公正判决。废除民事诉讼的法院调查取证制度，符合当今司法体制改革的世界大趋势。

3. 滋生司法腐败，损害司法权威

一是在符合法律规定的情况下，当事人及其代理人由于调查取证权的疲软与乏力，遇到障碍而请求法院调查取证，但法院为了维护另一方当事人的非正当利益而不予理睬；二是法院为袒护一方当事人的非正当利益而依职权进行调查取证。因此，民事诉讼中法官调查取证职权的设定极有可能损害民事上审判的实质正义。从长远的影响来看，无疑会严重损害司法的权威性。

（三）改良最稳妥

英国法理学家边沁曾说："法律的目的，是也应当是，在最大可能的程度上，实现最可能多的人的幸福。"

现代程序法理念所崇尚的程序正义，就是通过审判权对诉权及作为诉权外观的诉讼权利的保障而实现的。因而，民事诉讼的舞台上，权利始终是备受瞩目的主角，而权力，"从诉讼的一开始，就注定要甘当默默无闻的配角"② 但甘当配角并不是说不起任何作用。即使是在当事人主义诉讼模式下，西方国家的民事诉讼理论和实践仍然把发现真实作为民事诉讼的目的。③ 因此，具体制

---

① 肖建华、施忆：《论民事诉讼中的司法能动性》，载《法治论丛》2007 年第 22 卷第 2 期。

② 姚莉：《论当事人主义审判模式》，载《法学家》1998 年第 6 期。

③ 邱联恭：《程序选择权论》，台湾地区三民书局出版社 2001 年版，第 268 页。

度并没有孰优孰劣，只有能够接近真实，才有可能达到法律所追求的实质正义。不能因为法院调查取证有可能出现司法腐败等情况，则将“孩子与洗澡水一同倒掉”。仓促废除法院调查取证制度，我们首先要遭遇到相应的制度（如审前准备、审级之间的相互独立关系、法官独立）无法协同运作造成的理念与社会期待的极大反差，还要面对因为司法的不作为造成程序公正和实体公正的双重失落。

强大的审判权是正当程序的前提，管理着法庭运作，维系着社会和个人利益之间的平衡。如果审判权缺位，那么司法就无法健全地运作。同时，司法的不作为冲击着程序的正当性根基，当事人对司法权力的信任基础坍塌，司法权威受到极大的质疑，进而造成权力不作为——信任基础缺失——权力不作为的恶性循环。在案件双方的事实完全对立、情绪极端对抗时，审判权不能处于弱势，必须为社会输出看得见的正义。如果实践中的事实认定常常偏离了“truth”（真实），引起不满和上访，造成剧烈的社会反弹，我们应当反思以程序理念批评实体正义之利弊。因为正义的最终评判者是民众，而不是裁判者自己。①

从世界各国民事诉讼法改革的潮流看，一方面，随着时代的发展、社会的进步，当事人私权自治的理念深入人心，当事人主义已成为现代民事诉讼制度的基本特征。但另一方面，为了更好的发现案件真实，同时进一步提高诉讼效率，加强法官对诉讼的控制成了各国国家民事诉讼制度改革的共同趋势。我们不能为求得其他次要的、甚至是虚幻的价值，而牺牲了查明真相这一目的。实际上，某种单一的诉讼理念在现代民事诉讼制度中已很难立足，已经不存在纯粹的当事人主义或法官职权主义，两种制度在逐渐融合，两大法系也在互相借鉴对方的经验。因此中国在进行民事诉讼改革，强调当事人举证责任时，切忌忽视法官的职权，而走向另一个局端。当前的改革任务不应该是仅仅强调当事人举证，限制法官查证，而是按照现代民事诉讼制度的一般法理，结合我国的现实国情，正确地划分当事人与法官在调查取证上各自的作用并完善相关的保障和约束机制，以便在二者之间找到一个适当的平衡点。

三、改良之道：当强则强，该弱则弱

作为混合式民事诉讼模式的代表国家，日本在明治维新后，积极地借鉴西方的法律制度，最初学习法国法，后转向全面吸收德国法，仿照1877年的德国民事诉讼法典，起草自己的民事诉讼法，充分重视和强调法官在民事诉讼程

① 肖建华：《审判权缺位和失范之检讨——中国民事诉讼发展路向的思考》，载《政法论坛（中国政法大学学报）》2005年第23卷第6期。

序中的职权作用。然而，在二战结束后，由于日本被美国占领和管制，因此其各方面（包括法律和司法制度）都受到了美国的强烈的影响。英美法系所奉行的当事人主义在日本得到不断地渗透，日本的民事诉讼中体现出了浓厚的当事人主义色彩，致使职权主义模式和当事人主义模式在日本的立法和司法实践中得到很好的结合。在民事诉讼中，当事人的处分权和辩论权受到高度的尊重，诉讼过程则主要由法院操纵。在调查收集证据方面表现为同时发挥法院和当事人的作用。

弱化法院在证据收集活动中的职权性与主动性，使当事人及其诉讼代理人的举证活动成为民事诉讼中证据的主要来源，符合民事诉讼价值要求的理性选择。①

本文认为，我国应当参照日本民事诉讼法改革的思路，对于调查取证方面在充分保证和激发当事人举证意识和取证能力的基础上，适当发挥法院调查取证制度的优越性，对我国的法院调查取证制度进行改良。

（一）强化程序性事项调查，弱化实体性证据收集

法院依职权所进行的调查取证在范围上包含了两种情形：一是属于法院程序控制的事项；一是涉及实体权利义务的事项，前者如是否属于法院主管、管辖、有关人员的回避、当事人诉讼行为能力、当事人能力、当事人举证是否已过举证时限等，法院拥有独立调查取证权，以此来控制诉讼程序的变化，即使在当事人主导诉讼体制中，法院也拥有这种职权，没有这种权力，法院便无法控制诉讼程序的正常和正当进行。②

因此，对于法院调查取证制度的改良，应首先将程序性事项与涉及实体权利义务的事项区分开来，对于前者，仍然应该赋予法院以主动收集的权力，而对于后者，应当严格控制在依当事人申请的启动程序进行。杜绝法官依照职权主动进行证据调查和收集。

（二）强化当事人取证能力，弱化法院调查范围

我国法律及司法解释在明确规定当事人的举证责任时，并没有适时地规定保障其充分举证的手段、程序及相关配套设施，使得当事人的举证能力相对于责任而言，显得力不从心。具体表现在：（1）当证据为对方当事人或第三人持有时，对方当事人或第三人出于自身利益的考虑，往往拒绝提供证据。当对方当事人的身体状况就是证据时，如对方当事人的伤残情况，想检查对方当事人的身体状况就更难了。（2）当证据为证人证言时，证人因种种原因往往在法庭

---

① 齐树洁、黄斌：《论民事诉讼中的证据调查》，载《河南省政法管理干部学院学报》2002年第4期。

② 张卫平：《论人民法院在民事诉讼中的职权》，载《法学论坛》2004年第5期。

通知其出庭作证时拒绝作证，有的甚至连书面证言都不愿出具。现实证据收集过程中还存在证人出庭率过低的问题。(3) 当当事人所需证据为有关单位所掌握时，有些单位或者以仅同意律师调查取证为由，拒绝当事人调查收集或者认为只有法院才能调查收集证据，以其内部有规定只向法院提供为由，拒绝向当事人或律师提供证据。

在出现了以上的情况，当事人往往申请法院来进行调查取证，即本应由当事人自行收集或者提供证据，由于主观或者客观的原因，只能由法院出面进行调查。不但浪费了司法资源，也会导致审判不公。应当将法院调查取证的范围严格限制在当事人确实无法取得的证据的情形。可以用其他方式替代取证的，即应当认定不符合申请调查取证的条件。如到医院调查取证医疗情况，可以用证人证言形式替代，不应允许。

(三) 强化调查取证保护制度，弱化法院主动职权

1. 在当事人调查取证上，应当强化制度措施予以保证

(1) 建立调查令状制度。调查令在司法实践中发挥了重要作用，该调查令制度其实类似于国外的文书提出命令，但比之更为灵活，可调查范围更为广泛，其目的在于补强当事人取证的强制力，又避免法院直接介入取证，减轻法院取证负担，有利于保持法院的中立地位。

(2) 明确规定当事人及案外人对当事人有协助调查的义务。这一点现行法律已有规定，但缺乏有效的配套措施保障其实施。在此应借鉴国外的经验，规定协助调查是每个公民对国家应尽的一项公法上的义务，对违反此义务者规定相应的制裁措施。

(3) 规定证人有出庭作证的义务。证人无法定理由，拒绝出庭作证的，当事人可以申请法官对其进行罚款，情节严重的可以处于司法拘留。同时强调证人作证的真实义务，如果故意作虚假陈述，法官可以对其进行罚款或是拘留。

(4) 建立国家机关信息公开制度，使社会公众获取相关信息有径可循。实际上，与民事诉讼相联系的信息，少有与国家秘密相关者，司法实践中，国家机关、部门常以此为借口拒绝当事人及其诉讼代理人向其取证，其实只是出于维护一种国家机关、部门高于“老百姓”的传统“尊严感”。

(5) 建立程序保密制度，规定当事人及其诉讼代理人，对获取的有关国家秘密、商业秘密、个人隐私的证据材料的保密义务。

2. 在法院调查取证制度上，应该弱化法院的主动性

法院主动调查取证的，即主要涉及程序事项的，应当向各方当事人发送通知书，明确告知法院主动调查的事项及范围等。

对于一方当事人申请调查取证的，在法院决定不予进行调查时，现有法律赋予了该方当事人以复议权，但却忽视了另一方的权利。本文认为，为了防止

司法腐败，防止正义的天平被无故偏向一边，杜绝法官为一方当事人私利调查的情况，应当赋予另一方以异议权。法院同意一方当事人调查取证的申请时，应当将决定书发放给另一方当事人，给予对方当事人一定的时间提出异议，如果对方当事人有异议的，可以提出书面异议书，由法院审委会决定异议是否成立，异议成立的，应当撤回该决定书；不成立的，则由法院依申请进行调查取证。

结　语

法院调查取证制度在我国民事诉讼中源远流长，经历了历史和时间的考验，不断的进行了改良，除非有有力证据能够证明废除带来的更大的司法利益，能够促使法院输出更多的公正正义，否则，并不能轻易将其抛弃。随着时代的发展，对法院调查取证制度不断完善和修改，才是保证审判公正、维护社会和谐的正道。

（载于《宁波审判研究》2011年第4期）

反思与抉择

——试论“执行难”背景下的立法选择

蔡淑妃*

一、现实印象：“不给力”的法院强制执行

“执行是法律之终局及结果”，① 就一名普通的当事人而言，其选择司法诉讼途径维护自己的权益时，除了希望得到一个公平公正的判决，更希望的是通过判决的履行来获得自己最终的利益，故当一方当事人不按生效法律文书履行义务时，法院强制执行成了其权益的最后保障。可以说法院强制执行工作是生效法律文书得以实现、国家法律得以贯彻的重要环节，也是司法权威、司法公正衡量的重要标准，但是这样一项举足轻重的法院工作，多年来却一直肩负着一座大山，甚至面临着诸多指责，“纵观当今世界，没有一个国家像我国这样重视执行工作，法院执行队伍之强，执行力度之大，执行标的额之多，执行结案率之高，执行人员遭伤、残、亡之重，都可列在世界各国榜首，但没有一个国家像我国这样却在无休止地指责法院，并不加分析地由法院承担‘执行难’的全部责任”。② 这是2004年3月11日，时任最高人民法院执行办公室主任葛行军做客强国论坛两会专区，就“依法惩罚犯罪，努力解决‘执行难’”问题与广大网友进行交流时所用的一段十分无奈且又令人深思的沉痛道白，这段话时至今日，仍是对执行工作极好的概括。

（一）努力与回报的反差

笔者在基层法院执行部门工作近三年，纵观近三年的执行工作，深有感慨，以下是笔者所在法院近四年的执行工作数据（不含行政非诉执行案件）：

---

* 宁波市鄞州区人民法院执行局审判员。

① 拉丁法彦。

② 强国论坛两会新闻，载人民网。

年份	2007 年	2008 年	2009 年	2010 年
执结数	2349 件	3120 件	4305 件	4611 件
同比增幅	6.12%	32.82%	37.98%	7.1%

从以上数据可见，沉重的办案压力压在执行法官肩上，几乎每位执行法官都在超负荷运转，笔者所在的执行局 2010 年办案件数超过 300 件的执行法官有 8 名，最多的一位 2010 年办案 599 件。这样的办案压力当然不仅仅是笔者所在的法院，根据最高人民法院工作报告显示，自 2007 年至 2010 年，执行案件结案数分别为 214926 件、2225419 件、2446027 件、2508242 件，几乎平均每年都在以近 5%的速度增长①，案件数量的不断增长，使执行法官身心俱疲，甚至付出了巨大的健康代价②。

然而与此成鲜明对比的是，社会公众对执行工作的理解却日益降低："执行难"成为了老百姓法院执行工作的印象，但他们的认为"执行难"却是在"法律白条"、权益无法实现的认识基础上；是在执行法官"前腐后继"③、执行乱象时有发生的基础上，继而甚至发出"司法不公"的呐喊。

"横看成岭侧成峰"，社会公众对"执行难"问题的看法存在偏颇，但我们却也不能否认部分生效法律文书难以实现的"执行难"的问题近几年来也一直伴随着执行工作的进程，如果不对这一问题加以有效解决，继续让社会公众对执行工作继续失去信任，这不仅会损害司法的公平和权威，更会限制法院发挥解决社会纠纷的作用，给法院工作带来极大的负面影响，正如伯尔曼所说："法律必须被信仰，否则它将形同虚设。"

（二）"执行难"的真实现状

"执行难"到底难在哪，笔者试从一名执行法官的角度来分析如今"执行难"的表现：

1. 案件逐年增多，立法供给不足日益显现。正如上文所述，执行案件数量逐年攀升，虽然在法院系统近几年案多人少的矛盾十分明显，但就执行工作而言，另一方面困扰执行法官的便是执行法律法规始终显得乏力且杂乱，经常使执行法官在执行中遇到问题时找不到相应的法律依据。如现在全国上下正开展的反规避执行活动，由于对部分反规避执行行为进行制裁缺乏立法上的支持，利用现有的执行措施又达不到预期的执行效果，往往会让执行陷入困境。

2. 公民法制观念淡薄、社会诚信机制缺失。我们不能否认社会经济发展

---

① 载《最高人民法院公报》。

② 宁波市余姚法院执行法官冯鑫海常年在执行工作岗位上加班加点，2010 年 12 月 29 日上午 8 时左右，年仅 46 岁的他累倒在了自己的工作岗位上，载新华网。

③ 《武汉市中院六名执行法官因腐败落马》，载新浪网。

的同时，社会诚信的机制却没有同步建立起来，部分债务人法制观念淡薄，视法律和法院判决书为儿戏，甚至公开肆意对抗法院执行。根据浙江省高级人民法院的司法统计，当事人的自动履行率①从 2009 年的 58.18%降到了 2010 年的 56.11%。与此同时，暴力抗拒事件也屡见不鲜，执行法官在执行活动中，经常遭到辱骂、围攻，甚至人身自由和生命也曾受到严重威胁，正常的执行活动常常被迫停止，2010 年发生在广西梧州市长洲区暴力抗拒执行事件②仍然令人震怒。

3. 部门保护主义干扰，协助单位不配合。有些部门往往从维护本部门的经济利益出发，对执行工作设置种种障碍，甚至干扰执行工作正常有序地进行。笔者所在地区，若要在国土资源部门查封一块土地，需在国土局经过六个不同部门协助方可查封，查封效率可想而知。执行工作是一项系统性工作，光靠法院单打独斗绝对不可行，执行工作需要金融、工商、国土等行政管理部门的配合。目前在我院实施的综合治理执行难工作体系确实起到了一定的作用，但各部门本身管理制度的缺陷以及相互紧密配合还未真正形成，还有待于在今后的工作中加强与改进。

4、当事人对执行工作缺乏信任，信访压力激增。如杨与龄先生所言“民事强制执行者系实现债权人私权之程序”，③ 而程序本身而言，是行使者一种选择，有选择就是有自由裁量，而在我国执行工作中这种自由裁量权更为突出，立法的供给不足，给予了执行法官大量的自由裁量权，往往可以由一个执行法官决定一个案件的命运，而当事人却缺乏对这种权力的监督，在执行腐败偶有发生的情况下，当事人对法院执行工作的信任度日益降低，甚至产生“信访而不信法”的错误趋势，使执行工作面临巨大压力。

二、回顾反思：“执行难”的立法原因

“执行难”并不是一个新话题，但却一直是个热话题，对于“执行难”的成因分析历来就是实务界及学术界讨论的热点：有经济社会方面的原因，我国目前正处于市场经济快速发展并积极转型的时期，优胜劣汰的市场竞争形成了部分被执行人，但相应的社会诚信机制未建立，加之社会人口流动的加大，致使“老赖”横生；有法院内部本身的原因，执行机制存在缺陷，部分执行法官机械办案甚至办“人情案”、“关系案”的执行乱现象；有当事人本身原因，申请人防范风险意识不强，被执行人暴力抗拒执行现象频生等等，各家都从不同

---

① 当事人自动履行率二结案数（民商事一审）一民商事执行收案数/结案数（民商事一审）。

② 梧州市长洲区人民法院在强制执行一起案件时，遭到被执行人陈宏生用硫酸泼洒执法干警，造成六名干警被硫酸烧伤，其中，该院院长廖克东和执行局局长吴志斌受重伤。载新浪网。

③ 杨与龄：《强制执行法论》，中国政法大学出版社 2002 年版，第 3 页。

的角度，对“执行难”问题的成因进行了分析。尽管各家对“执行难”成因的分析不尽相同，但无一例外都提到了一点：那就是我国现行强制执行立法的不完善。

（一）我国强制执行立法的现状

1. 我国没有单独的强制执行法，关于执行程序的基本立法被放在了《民事诉讼法》中，形成单独一编，强制执行程序亦被视为了民事诉讼程序中的一部分。但是《民事诉讼法》268 条的规定中执行程序的立法仅为 34 条，所占比例仅为 12%，且多为原则性规定，而如上所述我国每年要办理的执行案件却多达 200 多万件，相比之下执行程序所承担的重担与其在《民事诉讼法》中的地位明显不符，大量的程序操作无“法”可依。

2. 为解决并规范大量的执行程序问题，我国先后出台了众多司法解释：1992 年发布的《关于适用〈中华人民共和国民事诉讼法〉若干问题的意见》中有关强制执行的条款、1998 年《关于执行工作若干问题的规定（试行）》、2000 年《关于加强和改进委托执行工作的若干规定》、2004 年《关于人民法院民事执行中查封、扣押、冻结财产的规定》和《关于人民法院民事执行中拍卖、变卖财产的规定》等等。除了相关司法解释，各地方各部门也相应出台了部分地方性法规、部门规章及各法院的执行工作细则，但如此众多的司法解释却没有一个完整的体系，显得杂乱无章。

3. 尽管有众多司法解释，然而在执行工作中仍需要适用众多其他的实体法，如因执行处理标的物涉及夫妻财产、家庭共有财产、受赠财产、继承财产等，则要适用《民法通则》、《婚姻法》、《继承法》、《合同法》等实体法的有关规定；因拍卖、变卖执行标的物涉及共有人、股东、合伙人、知识产权人、承租人等主体的优先购买权，则适用实体法关于优先购买权的规定。

如果形象的概括我国目前强制执行立法的现状，那么他就像一个天生营养不足的小孩，到处寻找食物，却只能用以缓解目前的饥饿状态，远没有到丰衣足食的地步。

（二）现行执行立法对执行工作的影响

由于民事执行程序不同于民事审判程序，所以执行机构不能简单地援引《民事诉讼法》中关于审判程序的规定来办理执行案件。同时由于强制执行关涉被执行人财产权和自由权的剥夺和限制，也关涉到其他利害关系人的合法权益，仅仅由最高人民法院通过司法解释来规范执行活动，也不能完全实现执行畅通的局面。

我国现行执行程序依附在民事诉讼程序中，使执行权在立法的边缘化带来的实践效应便是执行权的粗放化与松散化行使，从而使之对于“执行难”与

“执行乱”的局面之形成，难辞成因之一之咎。[1] 强制执行立法供给不足的现状对执行工作的影响是显而易见的：对执法者而言，民事诉讼法中的执行程序规定过于原则性、纲领性，缺乏可实际操作性，如民事诉讼法的执行程序编中虽然规定了银行、信用合作社和其他有储蓄业务的单位有协助人民法院进行强制执行的义务，但对于上述单位拒绝协助执行的不利后果则无明确的规定；而司法解释、地方性法规虽然为数不少，但是似乎都“各自为政”，而且问题是在各个不同部门、不同时期的不同规定中，其内容必然存在一定的重合或重复，一方面既有一定的矛盾和冲突，另一方面也难免有一些空白和漏洞。一系列的司法解释，虽然在指导司法实践方面起到了积极作用，但是司法解释的系统性和有效性与法律都是无法相提并论的。更何况面对执行过程中层出不穷的问题，涉及的法律问题方方面面，无怪乎执行法官在执行过程往往觉得无“法”可依，执法无据。而随之而来的当然是“被执行人难找、被执行人财产难寻、协助执行人难求、执行标的物难动”的“执行难”问题。强制执行立法这一源头性问题不加以有效改变，相信无法从根本上解决“执行难”的问题。

三、权衡与选择：单独制定强制执行法

从 1999 年中共中央转发《关于解决人民法院“执行难”的报告》以来，实务界与理论界十几年一直都在不断探索，力求真正解决“执行难”：学术界提出了诸如加大社会普法教育、完善社会诚信体系、建立执行工作联动机制等对策；法院一方面加强自身建设，不断深化执行工作改革，加大执行工作力度，另一方面也积极争取党委支持，加强与工商、国土等部门的协作，但十几年过去了，“执行难”这一老大难问题至今仍未得到解决。但多年的努力也让各方明白造成“执行难”的成因在我国是相当复杂的，解决这一问题需要在法院主导下、社会各界长期共同努力才能化解，而首要解决的根源问题便是强制执行立法的何去何从。

（一）单独制定强制执行法的必要性

纵观世界各国和地区的立法例，民事强制执行的法律不外乎以下三种立法体例：一是将民事强制执行法列入民事诉讼法中，作为独立的一章，如德国；二是单独立法，称为《强制执行法》或《民事执行法》，如我国台湾地区；三是将民事执行制度与破产制度合并编制成混合法典，如瑞士，[2] 而我国正是采用了第一种立法体例，正如上文所述，我国现行强制执行立法已呈现一方面供

① 汤维建：《单独制定强制执行法的思考（上）》，载《人民法院报》2010 年 2 月 9 日。
② 任群先：《执行为什么难》，载《诉讼法学》2004 年第 3 期。

给不足，一方面又缺乏系统的体系的弊端，完善和改革现行强制执行立法迫在眉睫，但对第三种混合法典而言，我国破产法好不容易从民事诉讼法中分离出来，若再与执行程序相混合，不符合我国现有的立法国情，故笔者认为，在目前“执行难”的背景下，单独制定强制执行法似乎已成不二的选择，理由如下：

1. 强制执行程序的特有属性，在现有立法体例是难以充分体现。民事强制执行的行使体现的是国家对私权利的强制救济，目的是为了保护债权人的合法权益，使生效法律文书所确定的义务能得以实现，所以执行程序具有强制性、对抗性，且前提必须要有生效的法律文书。而民事诉讼程序体现的是国家审判权，是确定民事权利义务的程序，这与执行程序有着本质的区别，把执行程序寄居于民事诉讼法的立法例，不能充分体现执行程序的特性，且民事诉讼法的基本原则也不能全盘应用于执行程序，如民事诉讼强制双方当事人地位平等，而执行程序则强制保护债权人的利益；民事诉讼强制谁主张谁举证，执行程序则由被执行人负有申报财产的义务。故只有单独制定强制执行法才能充分体现强制执行程序的特性。

2. 单独制定强制执行法能扩充执行程序法律条文，形成完整的立法体系。事实上，上个世纪八九十年代，理论界曾刮起对强制执行立法的研究浪潮，并且理论界基本达成共同要单独制定一部强制执行法，最后由中国政法大学杨荣馨教授主持拟定了《中国强制执行法（试拟稿）》，理论界的研究热情也积极的推动了最高人民法院拟定《民事强制执行法草案》，并最终形成了草案第四稿，虽然最终未能付诸实施。但无论上述哪部拟稿，相比与如今民事诉讼法中 34 条执行程序的规定，执行程序的容量和篇幅都得到了极大的扩充，专家建议稿甚至设置了 300 多个条文，将“独立执行”、“依法执行”、“执行有据”、“协助执行”、“检察监督”等原则一一予以规定，并将这些原则贯彻整部立法，形成了较为完整的立法体系。这样的单独立法，便于执行法官全面而完整的掌握执行程序的相关规定，也限制执行法官任意解释执行规定的倾向，同时对于限制人身自由等执行措施在立法层面上予以支持，更符合立法法的规定。

3. 单独制定强制执行立法，有利于司法资源的科学配置。司法资源是有限的，而且是紧缺的。有限的司法资源必须在大致均匀、合理地在各个案中各个程序中予以分配，否则对当事人而言是不公的。仅占民事诉讼法 12％执行程序法条，要应用于每年 200 多万的执行案件，本身就是对司法资源的不合理配置。因此这也决定了必须把国家强制力保证执行、实现民事权利义务和其他权利义务视为一种特定的社会关系，创建一个新的综合性，并能指导执行工作的法律规范，从而使有限的司法资源得到合理的、科学的配置。

（二）单独制定强制执行法的可行性

无论在理论上或是司法实践中，单独制定强制执行法已有了充足的基础：

1. 从理论方面而言，自上个世纪八九十年代起关于强制执行理论的探索和讨论就从未停止过，并且随着执行问题的越来越突出对它的研究也呈现出逐渐繁荣和深入的趋势，涌现出了一大批相关的论文和专著，由杨荣馨教授主持的《中国强制执行法（试拟稿）》也早已形成，强制执行制度中的主要问题和核心内容都得到了进一步的充实和论证，这为强制执行的单独立法奠定了扎实的理论基础。而且从强制执行单独立法的理论基础到强制执行法的基本原则和体系构建等重要内容在进行了深入探讨后，结合执行机关的设置、执行程序和措施等方面都达成了一定范围内的共识。①

2. 从司法实践而言，针对司法实践中存在的问题，最高人民法院同期颁布的诸多司法解释及各类地方性法规，经过不同时间、不同程序的司法实践的反复检验，其中的缺陷与不足问题都已经有了较为充分的显露，为单独制定强势执行法提供了丰富的经验；另一方面法院系统内容执行机制的改革，在执行管理体制、执行机构设置、执行权运作、执行方式方法上也为单独立法提供了第一手实践经验，这些都为强制执行的单独立法奠定了坚实的现实基础。

综上所述，所有这些理论准备和现实基础都充分表明，我国制定独立的强制执行法的时机已经成熟，我们既有必要也完全有能力制定出一部符合中国国情的、独立的、完备的强制执行法，来解决日益突出的“执行难”问题。

（三）博弈中的强制执行单独立法“前奏”

强制执行单独立法势在必行，但真正要出台一部法律之前，其所涉及的原则性、根本性问题仍值得反复斟酌，就强制执行法而言，其立法原则、执行权性质的界定等立法“前奏”问题，仍在不断博弈之中。

1. 关于民事强制执行法的基本原则。基本原则是指导并贯彻于某个领域或某部部门法的整个法律制度或相关程序，规范该领域内的所有活动，体现该领域核心精神的纲领性和准则性内容。是某个领域或某部部门法中重要的纲领性和准则性的指导规范，基本原则的内容既要反映本领域或本部门法的根本宗旨，同时也要指导和统领其具体内容的安排和设计。故未来的民事强制执行法也会规定一些基本原则，指导和统领整部民事强制法。但并非所有的原则都可以列为强制执行法的基本原则，这就需要立法者的权衡考量：例如当事人不平等原则，执行程序中双方当事人的地位是不平等的，但是否应将此原则予以列

① 详见沈德咏主编：《强制执行法起草与论证》（第一册），中国法制出版社 2002 年版；黄松有主编：《强制执行法起草与论证》（第二册），中国人民公安大学出版社 2004 年版；杨荣馨主编：《强制执行立法的探索与构建》，中国人民公安大学出版社 2005 年版等。

入，杨荣馨教授主持的《中国强制执行法（试拟稿）》就未对该原则予以采用；又如检察监督原则，权力必须予以监督，这历来的共识，更何况拥有较大自由裁量权的执行权，如果缺乏监督，那由“执行乱”引发的“执行难”问题便不可估量，但是执行权如何监督，是否要完全主张检察机关的监督，还是内部监督为主？这都需要在制定单独立法前予以明确。

2. 关于执行权性质及构成的探讨。民事执行权的性质及构成问题，这是构建民事强制执行制度并进行民事强制执行立法的基础，因为民事执行权的性质决定着民事执行机构的设置和民事执行程序的构建①。民事执行权作为审判权的保障，主流观点认为其属于司法权②，但它又有别于一般的司法权，除了启动是依当事人之申请外，其在行使过程中有很强的主动性，同时又具有行政权的单向性，正因为如此，才有必要在民事审判程序之外设立独立的民事执行程序、有必要进行民事强制执行单独立法。但民事执行权的构成，在学术上仍有较大争议，有观点认为其应为二权说，即民事执行权由执行实施权和执行裁判权构成；另一观点为三权说，即除了执行实施权和执行裁判权外，还包括执行命令权，而采用何种观点，直接影响着执行机构的设置问题，而如今在司法实践中，有的执行局设立执行实施科和执行裁决科二科，也有设立另含执行综合科的三科模式，至于未来强制执行法采取何种观点，这也将是利益权衡的过程。

当然单独制定强制执行立法过程中肯定会碰到不止这些问题，鉴于文章篇幅，笔者也不再一一赘述。但令人可喜的是在我国民事诉讼法面临全面修改的历史契机下，在“执行难”问题不断引起人们注意下，学界和实务界又再次强烈关注将强制执行程序从民事诉讼法中分化出来、单独制定“强制执行法”，尽管这不能完全解决“执行难”问题，但至少也预示着我们在强制执行立法上将迈出最重要的一步。

（载于 2011 年 5 月浙江省高院《强制执行立法研究》，
获宁波市法院系统第十四届学术研讨会优秀奖）

① 杨荣馨、谭秋桂：《标本兼治，解决“执行难”——民事强制执行法专家建议稿起草问题研究》，载《政法论坛》第 22 卷第 4 期。

② 虽然对于执行权的定性有许多的争议，但主流的观点仍认为其为属司法领域，详见江伟、赵秀兴：《论执行权的性质与执行机构的设置》，载张启楣：《执行改革理论与实证》，人民法院出版社 2002 年版，第 75～77 页。

执行难困境下的执行担保若干问题探析

谢贤芳*

审判和执行是人民法院最为重要的两大职能。而与审判不同，目前我国司法系统的执行工作体现出“重实践、轻理论、重实体、轻程序”的特征，执行领域的理论研究无论是数量还是质量都远远落后于审判领域。之所以如此，是因为在执行领域，无论是法院还是当事人，往往更关注案件是否有效执行而不是执行中的程序完善或理论积累，而执行法官的办案能力也更多的来自于实践经验而不是书本学习，很多执行制度并未严格地按照有关法律法规的规定予以实施，甚至根本无法得到法律法规条文上的支持。

执行担保就是一项典型的根源于执行实践活动的执行制度。对于该制度的运行模式，各法院操作不一、形式各异。目前我国立法中没有对于执行担保的统一规定，仅有的几个相关条文也分散在各法律、法规、司法解释中，这给各法院运行执行担保制度带来了一定的困难。

执行担保的制度主条文规定在《民事诉讼法》第208条中：“在执行中，被执行人向人民法院提供担保，并经申请执行人同意的，人民法院可以决定暂缓执行及暂缓执行的期限。被执行人逾期仍不履行的，人民法院有权执行被执行人的担保财产或者担保人的财产。”该条文在1991年《民事诉讼法》中为第212条，且2007年的修改对其没有任何文字变动。而《最高人民法院关于适用〈中华人民共和国民事诉讼法〉若干问题的意见》（以下简称民诉意见）第269条规定：“民事诉讼法第二百一十二条（修改后为二百零八条）规定的执行担保，可以由被执行人向人民法院提供财产作担保，也可以由第三人出面作担保。以财产作担保的，应提交保证书；由第三人担保的，应当提交担保书。担保人应当具有代为履行或者代为承担赔偿责任的能力。”

由上述两条文可见，执行担保是指在执行过程中，被执行人、案外人向人民法院提供担保物或案外人提供保证担保，经申请执行人同意，法院决定暂缓执行的一种制度。

---

* 宁波市鄞州区人民法院执行局执行实施科科长。

一、执行担保与《担保法》中担保的比较

（一）就设立制度的目的而言，《担保法》的担保（以下简称民事担保）与执行担保有着本质的不同

民事担保的主要目的是在经济活动中，债务人以提供担保而保障债权人债权实现、获取债权人信任，从而促进资金融通和商品流通、发展经济；而执行担保是在案件执行过程中，被执行人为暂缓法院的强制执行措施，自愿提供担保来获取申请执行人和法院的认可。执行担保本质上是私权利与公权力的“交易”，被执行人避免被采取强制执行措施，申请执行人权益更受保障，法院提高案件有效执行的可能，减少矛盾，避免执行过程中的不稳定因素。

故在执行领域，执行担保并不是依据《担保法》所运行，其运行是基于长期的司法实践活动，并由民诉法加以确认。事实上如果在执行担保中生搬硬套《担保法》规定，很容易发现其中的逻辑困境，反而会削弱执行担保的作用。①

（二）形式上执行担保可以借鉴、参照民事担保

《担保法》规定了保证、抵押、质押、留置、定金五种担保方式，后两种不可能被执行担保所采用。执行担保实践中有如下三种典型的担保方式：

1. 被执行人为暂缓执行，以自己的财产的作为担保，承诺多少时限内履行义务，否则法院可执行担保物。但法院的对被执行人的执行不限于担保物，只要发现被执行人有其他财产，仍可执行其他查明的财产。

2. 被执行人与案外人为暂缓执行，案外人以自己的财产的作为担保，被执行人承诺多少时限内履行义务，否则法院可执行担保物。提供担保物可以将房屋、土地等不动产或车辆、船舶等可以进行查封登记的大宗动产由法院办理查封手续，也可以将动产直接交由法院质押，在被执行人逾期未履行的情况下，案外人的担保责任仅限于所提供的担保物，不足部分仍可执行被执行人。

3. 被执行人与案外人为暂缓执行，案外人提供保证担保，被执行人承诺多少时限内履行义务，否则法院可直接执行保证人。案外人一旦提供保证，在时限内被执行人未履行义务的，法院可执行被执行人和保证人，其执行限于案件的执行标的，此时担保人即相当于被执行人。

实际上只要有明确的财产可供执行，执行难度不大，无论法院还是申请执

---

① 虽然《最高人民法院关于人民法院执行工作若干问题的规定（试行）》第84条规定：被执行人或其担保人以财产向人民法院提供执行担保的，应当依据《担保法》的有关规定，按照担保物的种类、性质，将担保物移交执行法院，或依法到有关机关办理登记手续。但笔者认为该规定没有写明需要“依据”的实际内容，故该“依据”的含义更接近于“参照”。

行人都不大愿意暂缓执行，故被执行人自我担保的情况相对较少。而后两种情形，前者俗称物保，后者俗称人保，在实践中也有几种担保共同存在的情况，也有多人提供同种担保的情况，笔者认为只要各方同意，执行担保的形式可以灵活多样，不必拘泥于固定的模式，毕竟在执行中，内容一般是重于形式的。

二、执行担保若干问题释疑

（一）是否可以为保证担保人再提供担保

在被执行人未在约定期限内履行义务的时候，法院应当及时裁定执行保证担保人或担保物，而在执行保证人时，还有可能又出现其他案外人为保证人提供执行担保。

关于能否为保证担保人再提供担保的问题，由于法律并未有禁止性的规定，如果发现保证人无财产可供执行而再提供更为可靠的担保可以保障申请执行人的权益，如确有必要，仍然可以允许，但应当避免让申请执行人误认为法院随意允许担保，拖延执行。因此对于再担保，法院应当保持必要的被动，尽量让申请执行人表现出主动接受再担保。

（二）执行担保是否区分一般担保与连带担保

由于在民事主体设立担保过程中，可能存在部分主体并不完全知晓担保的相关规定，导致一方的权利或义务过于膨胀的情形。这种情形是违法民事公平原则的，也是《担保法》的立法本意中希望尽量避免的，故《担保法》规定一般担保与连带担保区别是为了让不甚知晓法律的民事主体不被过分侵害利益。

但这种平衡民事担保领域各方的利益的措施在执行担保领域显然没有现实的必要，因为执行担保中，法院主持的作用就是必须让申请执行人和被执行人、担保人均充分知晓执行担保的含义及可能的后果，并对自己提供或接受担保做出正确的、自愿的意思表达。所以在执行担保中，保证人提供的均为连带担保，一旦被执行人未及时履行，法院均可直接执行担保物或保证担保人的财产。

如果存在两个以上的保证担保人或同时存在物保和人保，除非在提供担保时明确表示各自担保的份额或额度，除物保仅在担保物范围内提供担保外，其余保证担保人均对全案未履行标的额承担连带保证担保责任。

（三）执行担保是否有担保期间

《担保法》第25条、第26条规定了保证的期间，但笔者认为执行担保不受保证期间的限制。

担保法中的保证期间是为了督促债权人及时主张权利，避免“在权利的温床上”懈怠主张权利。但执行担保制度一旦启动，即意味着个人以担保行为换取暂缓执行的效果，此时未履行的被执行人不但侵害了申请执行人的债权，也侵害了正常执行秩序，故无保证期间有利于执行工作开展、维护当事人合法权益。

（四）执行担保人提供担保后导致案件无法执行的，是否构成妨碍执行

在实践中，对于担保人的上述行为如何认定存在争议。笔者认为，由于执行担保人提供担保后产生延缓执行的效果是获得了申请执行人与法院认可的，是执行领域中执行担保制度的当然结果，即使使得依然不能有效执行，那么其担保行为本身是不能构成妨碍民事执行活动，但如果担保人在提供执行担保的过程中，存在夸大、隐瞒、虚构事实，或者转移财产的，导致案件无法有效执行的，那么该行为构成妨碍民事执行活动，情节严重的还可以追究刑事责任。

执行担保是被执行人、担保人自我处分权利下引发的法律后果，体现了民事执行领域的自愿原则，一旦需要执行担保人或物，执行机构应当依据《民事诉讼法》第 13 条、第 208 条等规定，裁定执行被执行人或担保人提供的担保物或直接执行担保人。该裁定一定程度上增加了被执行人或物的范围，是执行领域对审判领域既判力的补充和扩张。

由于在提供执行保证担保的情况下，担保人根据上述裁定书等同于被执行人，故法院可以对其采取任何必要的强制执行措施，甚至在担保人有能力执行而拒不执行的、情节严重的情况下，可以根据《刑法》第 313 条追究其拒不执行判决、裁定罪的刑事责任。①

三、实践中的执行担保

实践中，执行的首要问题是执行难，难就难在找不到财产、找不到人，但找到了人，如果没有财产，还是无法有效执行。所以归根结底还是查找财产的难度太大，执行难的主要问题在于：

1. 支付制度不完善，财产流转难以控制，非法转移财产得不到有效制约；

2. 人口流动性大，被执行人下落不明多；

① 关于担保人可能承担的刑事责任，参看《全国人民代表大会常务委员会关于〈中华人民共和国刑法〉第三百一十三条的解释》：“……（二）担保人或者被执行人隐藏、转移、故意毁损或者转让已向人民法院提供担保的财产，致使判决、裁定无法执行的；……”及《最高人民法院、最高人民检察院、公安部关于依法严肃查处拒不执行判决裁定和暴力抗拒法院执行犯罪行为有关问题的通知》“对下列拒不执行判决、裁定的行为，依照刑法第三百一十三条的规定，以拒不执行判决、裁定罪论处。……（二）担保人或者被执行人隐藏、转移、故意毁损或者转让已向人民法院提供担保的财产，致使判决、裁定无法执行的。……”

3. 金融机构设置障碍，不允许基层法院执行案件的法官通过人民银行统一查询银行存款，迫使大量的执行力量消耗在反复查询各银行的过程中；

4. 未建立统一执行模式，调查财产效率较低，各法院、执行机构、执行员往往各自为政，调查财产中重复性工作多。

最终执行难的困境导致了大量无法有效执行的案件堆积到法院。故当前，执行工作中的主要矛盾存在于确无财产可供执行与申请执行人迫切希望法院能够保障其权益之间。由于相当多的执行案件无法得到有效执行，申请执行人对法院执行工作的意见颇大，并且由于执行工作本身的性质所决定，执行工作真可谓是“两头不讨好”：执行不力，申请执行人要反映；执行到位了，被执行人又要吵闹法院。由此也产生了许多不稳定因素，增加不少信访案件。

这些矛盾都并非是简单地通过法院执行人员的解释可以消除的。这类案件中，即使法院采取最后、最严厉的强制措施——司法拘留十五日，往往也依然无法保障申请执行人的权益。况且司法拘留对于申请执行人而言没有任何实际意义。

实践中，司法拘留往往沦为承办法官推卸执行责任、以程序到位换取执行终结的捷径。因此在案件执行中，不是拘留越多就说明执行力度越大。相反，迫使被执行人以提供物保、人保来减少司法拘留，有效地增加申请执行人实现债权的可能反而是执行中值得推广的执行方式。毕竟在不涉及司法威严等问题的前提下（由于不得重复司法拘留等限制的存在，一旦被执行人被司法拘留，司法拘留结束后便不再畏惧强制执行，甚至有的被执行人戏言“十五天可赚几万、几十万”），司法拘留对于申请执行人和被执行人双方是“双亏”的，而提供担保、避免司法拘留则是“双赢”的。所以在实践中，执行担保很多是案外人提供担保而争取被执行人不被司法拘留，申请执行人对于这种确实能够增加执行可能的执行方式是很容易接受的。

故实践中应灵活采用执行担保制度以增加执行可能，维护当事人合法权益。

三、执行担保制度的规范

执行担保制度的优势在于其在执行实践中能真正有效地增加可供执行的财产，也就是从根源上增加执行可能。但也正是因为该制度将本来并非被执行人或物“拉进”执行案件中，对担保人或担保物的权利人而言，是一种权益的合法侵害，所以在执行担保制度的实施中，必须要对该制度予以必要的规范，否则，滥用该制度或运用不规范，极容易导致非法的侵害公民的合法权益。

就执行担保的规范问题，笔者认为法院应当主要审查以下几方面：

（一）是否自愿

保证担保人或担保物的所有人是否自愿为被执行人提供担保是法院审查的重要内容之一。提供执行担保是一种自愿承受强制执行的自我权益放弃行为，如果一旦出现并非自愿提供担保的情形，对提供担保一方的权益损失非常明显。

1. 案外人的身份核查

案外人提供执行担保一般情况下应当由本人到法院办理，法院应当严格审查其身份情况，对于无法提供有效身份证明的案外人应当依职权不准予提供执行担保。

2. 能否委托他人办理执行担保手续问题

对此问题，笔者认为由于没有相反的强制性规定，只要能够确认案外人是自愿提供执行担保的，就可以允许。但由于如果仅仅凭委托书办理，即使委托书载明执行担保的具体细节，法院也很难通过委托书确认签名真实性，一旦出现伪造签名的情况，可能导致执行回转。故一般情况下对于委托他人提供执行担保，法院应当慎重，尽量要求其本人办理，如果确实不能本人办理的，也应当就委托代为办理提供担保的意思表示进行公证，由持有公证书、委托书的人代为办理执行担保手续。

3. 胁迫问题

理论上担保人提供担保可能是在遭受胁迫的情况下，故法院为尽到审慎义务，应当在担保笔录中单独就是否自愿、是否受到胁迫等进行询问担保人，并告知有关法律后果，必要的也可以单独询问以确保系自愿提供担保。

至于如果确有证据证明担保人提供担保系因受到胁迫，只要法院已经尽到了严格的审查义务，那么由于法院和申请执行人均在充分询问的情况下信任担保人的担保意思表示，故该担保依然可以成立，申请执行人也可以依法获得所执行的担保人财产的所有权（除非有证据证明被执行人就是胁迫人或指使、参与胁迫），而并不存在需要执行回转的问题，至于担保人的损失，可以向胁迫人主张。

4. 申请执行人的身份核查

申请执行人是接受担保的一方，其权益仅因接受担保而受到侵害的情况较少，所以对于申请执行的身份核查可以较为简单，原则上应当本人表示接受担保，但经过特别授权的代理人也可以代为接受。

（二）是否有履行能力

理论上只有有代被执行人履行的能力的人才能为申请执行人提供担保，而有履行能力这个概念比较模糊，故实践中一般在标的额较小的案件中提供人保即可，但对于标的额较大的案件，则尽量要求提供充分价值的物保。

对于提供物保的，应当要求就本人财产提供执行担保。但由于即使持书面财产凭证，也可能存在与实际权利状态不符的情况，故法院对于财产的审查应当做到全面、细致，有可能的尽量到权利登记机关核实，并且考虑到财产变现的成本及双倍利息罚则的问题，担保财产的价值可以适当超过执行标的。

对于担保物的财产价值问题，实践中还有一种观点认为应当要求提供物保的一方提供财产价值的评估报告。笔者认为虽然要求提供评估报告的方式虽然能避免过分高或低价值担保物的出现，但在实践中，由于提供执行担保一般较为仓促，严格要求提供评估报告并不现实，并且由于是否接受担保时需要申请执行人认可的，而申请执行人根据其社会生活经验判断，完全可以对一般的财产进行价值评估，即使面对一些难以估价的古董、奢侈品动产，申请执行人无法进行价值判断的也完全可以不接受担保或要求提供其他形式的担保，所以要求提供价值评估报告没有必要。

另外，在执行担保财产过程中，其他权利人依然可以提出执行异议，程序上与其他对财产权利提出执行异议没有区别。但执行该财产后，其他权利人提出异议的，法律应当保护申请执行人的权益，其他权利人只能通过起诉担保人来保障权益。

（三）是否知晓执行担保的法律后果

民事担保的双方均是私主体，由于民事担保的复杂和多样，故《担保法》的主要作用是规范担保行为，减少纠纷。但与民事担保不同的是，执行担保是特殊的执行制度，设立执行担保的三方是法院、申请执行人、被执行人，在法院主持下，各方的权利、义务非常明确，法院有义务将提供、接受担保的有关权利、义务、法律后果完整、详细的告知各方当事人，并就告知情况记载在担保笔录上，由各方决定是否愿意或接受担保。同时各方签名予以确认，作为之后强制执行或追究刑事责任的依据，愿意或接受何种形式的担保。有条件的，还可以对担保过程进行录音、录像，避免被执行人、担保人以没有明确了解执行担保的法律后果为名拒绝履行、吵闹、信访。同时也应当将有关的救济途径进行告知。

综上，合理、规范地运用执行担保制度，既能充分保障申请执行人的合法权益，使得债权人的债权能获得最大实现可能，又能有效缓解采取强制执行措施的对被执行人可能带来的不良后果，以此减少不稳定因素的产生，同时也是法院提高执行效率、化解当事人之间矛盾冲突的有效手段。对该制度，我们应当秉承灵活多样、严格规范、保障权益、有效执行的宗旨予以推行。

（载于《宁波审判研究》2010年第12期）

浅谈交通事故案件中“城镇居民”的理解和认定

王 刚[*]

一、引言

2004年5月1日，《最高人民法院关于审理人身损害赔偿案件适用法律若干问题的解释》（以下简称《人身损赔解释》）实施，该解释第25条、第28条、第29条、第30条规定了被扶养人生活费、死亡赔偿金的计算法则，这些规定，将受害人在生命健康权受到侵害时系“城镇居民”或者“农村居民”予以分类，据此适用差距较大的标准进行赔偿。但审判实践中，如何确定受害人是按农村居民，还是按城镇居民的标准赔偿？各地的相关规定不尽相同。目前，对于“城镇居民”的不同理解和适用，已严重影响到司法实务，对其进行正确的界定，具有重要的现实意义。

《最高人民法院民一庭关于经常居住地在城镇的农村居民因交通事故伤亡如何计算赔偿费用的复函》规定：“人身损害赔偿案件中，残疾赔偿金、死亡赔偿金和被抚养人生活费的计算，应当根据案件的实际情况，结合受害人住所、经常居住地等因素，确定适用城镇居民人均可支配收入（人均消费性支出）或者农村居民人均纯收入（人均年生活消费支出）的标准。”笔者认为，该复函虽系最高人民法院对交通事故损害赔偿个案请示的答复，并非司法解释，但因目前尚无如何认定“城镇居民”的有关规定，故在同类型案件的审判中可参照适用。笔者结合最高人民法院的相关规定，粗浅地谈谈对“城镇居民”的理解和认定。

---

* 宁波市鄞州区人民法院民事审判第一庭副庭长，法律硕士。

二、“城镇居民”不等于“非农业人口”

众所周知，我国的“非农业人口”和“农业人口”是二元制户口管理结构的户籍制度下产物。根据1958年1月9日发布的《户口登记条例》和1955年9月5日粮食部关于《市镇粮食定量供应凭证印制使用暂行办法》的命令等法律法规的相关规定，“非农业人口”是居住、工作、生活均在城镇并且其户籍也落户在城镇的人，也被称为“市镇居民”。随着社会的发展，国家政治生活中越来越多地引入了“城镇居民”、“农村居民”的概念，“非农业人口”“农业人口”的提法已逐渐被淘汰，《人身损赔解释》也摒弃采用“非农业人口”而用“城镇居民”。

“非农业人口”认定为“城镇居民”，审判实践中基本不存在争议。但能否据此认为“城镇居民”即等同于“非农业人口”？笔者认为，答案是否定的。因为“城镇居民”更多地强调“居”的要素，指城镇常住人口，即在城镇有固定的居所并居住，在城镇有固定的职业和稳定的收入及生活来源并且户口落户在城镇的人员；或者户口虽未在城镇落户，但其已在城镇居住、工作、生活并且达到一定期限的人员。因此，是否属于“城镇居民”并不以或并不仅仅以户口或户籍为标志。“城镇居民”不仅包括户口登记为“非农业人口”的人员，而且也包括居住在城市或小城镇，户口登记为“自理口粮户口”、“蓝印户口”、“地方城镇居民户口”的人员以及户口虽尚未在城镇落户，但在城镇居住、工作、生活达到一定年限的人员。

三、“城镇居民”的认定标准

既然“城镇居民”不宜简单地以是否系非农业户口为标准进行认定。那么，“城镇居民”的认定标准到底是什么？笔者认为，具备下列条件之一的受害人可按“城镇居民”标准获得赔偿：(1)具有非农业户口；(2)经常居住地在城镇，主要收入来自于非农业生产；(3)本人虽不具有非农业户口，亦无收入来源，但与其共同生活的直系亲属或配偶经常居住地在城镇，主要收入来源于非农业生产。

(一)户口标准

交通事故受害人具有“非农业家庭户”户口，且事故发生前一年内在城镇居住的，认定为“城镇居民”，毫无争议。但若受害人事故发生前在城镇居住生活不满一年的，是否按“城镇居民”标准赔偿，实践中存在一定争议。在此，可分为三种情况加以分析认定。第一种情况，受害人原户籍登记为“农业家庭户”，但因某种原因，户籍登记又变更为“非农业家庭户”，但其住所仍在原来的农村，居住和生活的环境并未立即改变。笔者认为，生活在农村而户籍登记为“非农业家庭户”，一般都有法定的原因，其在农村居住生活并非一成不变。此类情形的“非农业家庭户”，包括因城市扩大的土地统征、兴修公路的征地、工业或其他建设工程征地等国家各种征地行为造成的失去土地而国家未进行城镇住房安置的农民。户籍登记为“非农业户口”的赔偿权利人按“农村居民”标准予以赔偿，明显不合理。第二种情况，户籍登记为“非农业家庭户”，原在城镇生活退休后或因其他原因到农村生活，应按照“城镇居民”标准计算赔偿费用。第三类，户籍登记为“非农业家庭户”，而在农村从事农业集约化生产的人员，其收入虽来源于农业或农村，但其所从事的是将农业作为一个产业来经营，已经不是一般意义上的农民进行的农业生产，即使在农村长期居住，对其也应按“城镇居民”对待。

综上，笔者认为，凡户籍登记为“非农业家庭户”的受害人，无论其在交通事故发生前是否在城镇居住满一年，应一律按照当地“城镇居民”标准计算赔偿费用。

（二）经常居住地和主要收入来源标准

1. 经常居住地标准

《最高人民法院关于适用〈中华人民共和国民事诉讼法〉若干问题的意见》第 5 条规定：“公民的经常居住地是指公民离开住所地至起诉时已连续居住一年以上的地方。”笔者认为，受害人的经常居住地是否在城镇系认定其是否“城镇居民”的一个重要标准。受害人应举证证明其在城镇连续居住满一年。但因目前法律未对“城镇”的定义作出明确的界定，法官和学者对“城镇”如何认定又存在很大的分歧。争议的焦点集中在以下几方面：（1）主城区城中村的农民是否可直接认定为城镇居民；（2）主城区以外的乡镇中心区是否属居民住地中的“城镇”的范畴；（3）在企业工作并居住，且企业不在主城区范围（如在较偏远的乡下或在工业园区），是否可认定为城镇居民。笔者认为，城中村大部分村民因其地理位置优势，收入一般都高于城镇居民中的普通工薪人员。在发达城市的非主城区乡镇与主城区并没有太大的差异。同时，一般制造业的企业（包括上市公司）都处于非主城区范围。故上述三类人员宜认定在城镇居住。

具体的举证要求如下：（1）暂住证或者居住证以及当地公安派出所出具的证明等；（2）街道、居委会、小区出具的证明等；（3）房屋权属证书；（4）房屋出租人出具的证人证言，房屋租赁合同书，房租缴费收据等；（5）各种缴费证明，如取暖费、电费、水费、卫生费、物业费等等的缴费凭证；（6）其他如受害人同事、朋友的证人证言等。

2. 主要收入来源标准

是否按城镇居民标准赔偿交通事故受害人及其近亲属的损失，主要收入的来源当然是衡量的一个重要标准。笔者认为，农业户口受害人的主要收入来源于非农业生产是作为其主张按“城镇居民”标准赔偿的一个重要依据。这里的非农业生产是指除农业、林业、牧业、副业、渔业之外的生产。农业也包括种植业；林业包括造林营林；牧业包括牲畜或家禽的饲养；副业包括大田生产以外，附带经营的事业，如养猪、养鸡、编席、采集药材等；渔业包括开发、利用和培育各种水生生物资源的生产事业。

具体的举证要求如下：(1) 用人单位出具的工作证明，与用人单位签订的劳动合同、工资单、考勤记录、职工花名册等；(2) 工商、税务等行政管理机关缴纳管理费的凭据；(3) 工作单位的负责人、同事的证人证言；(4) 交纳社会保险的凭证和管理机关的档案记录等。

需要说明的是，在城市居住的农业户口受害人，若主张按“城镇居民”标准赔偿，应同时提交经常居住地在城镇和主要收入来源地为非农业生产的证据，二者不能或缺。否则，仍然应按“农村居民”标准赔偿。

（三）与“城镇”近亲属共同生活标准

这里有两种情况，一是具有农业户口的未成年子女随其父或母在城镇生活或上学，至交通事故发生时已连续一年以上，其父或母的住所在城镇，主要收入来源于非农业生产。笔者认为，该类人员虽没有城镇户口，但其父或母在城镇居住生活，主要收入亦来源于非农业生产，按城镇居民的标准获得赔偿更为合理。二是具有农业户口且原在农村生活的人员，后因亲属关系来到城镇，与其亲属共同生活，因遭遇交通事故而受伤或死亡的。这类人群，包括本人没有收入来源，但随其配偶生活，其配偶经常居住地在城镇，主要收入来源于非农业生产的；老人到城市，为儿女带小孩，父母到城市接受子女赡养等等情形，如其在交通事故发生时已经在城镇连续居住一年以上，笔者认为，应按照“城镇居民”标准赔偿。

四、结语

在道路交通事故人身损害赔偿案件中，将受害人划分为“非农业人口”和“农业人口”，并对应司法解释规定的“城镇居民”和“农村居民”标准赔偿，的确对那些生活在城镇、主要收入来源于非农业生产的“农业人口”不公。这些人是城镇中的一个特殊群体，部分人实际年均收入已同于甚至高于城镇居民年均收入。目前各地对“城镇居民”的认定标准不尽相同，差距也较大。因此，为避免同类案件不同判的情形发生，有必要出台司法解释对“城镇居民”

的认定标准予以明确，以消除各地法律适用不统一的现状。

参考文献：

[1] 杨立新：《在人身损害赔偿问题上应当消灭城乡差别》，载杨立新民商法网。

[2] 王利明、程啸、尹飞：《人身损害赔偿疑难问题——最高法院人身损害赔偿司法解释之评论与展望》，中国社会科学出版社 2004 年版，第 538～571 页。

（载于《法制与经济》2011 年第 10 期）

建设工程价款优先受偿权若干问题浅析

薛海蓉*

伴随着我国房地产建设的迅速发展，建设工程领域拖欠工程款问题日益突出，它影响了建筑企业正常的生产经营，威胁了建筑工人的生存利益。为追讨工资，出现了2007年春节国务院总理温家宝亲自为农民工讨薪的讲话，出现了2009年广西贵港农民工欲集体跳楼讨薪事件，2010年感动中国人物孙水林亦是为讨要工程款而酿成了悲剧，工程款拖欠问题已经严重影响了社会的和谐稳定。为解决此问题，1999年10月1日生效的《合同法》第286条首次规定了建设工程价款优先受偿，但由于现实中工程款拖欠问题的复杂性，该条文亦缺乏操作性，各地法院在司法实践中对该条文的理解不统一。2002年6月11日，最高人民法院公布了《关于建设工程价款优先受偿权问题的批复》（以下简称《批复》），对承包方的优先受偿权作出进一步规定："一、人民法院在审理房地产纠纷案件和办理执行案件中，应当依照《中华人民共和国合同法》第二百八十六条的规定，认定建筑工程的承包人的优先受偿权优于抵押权和其他债权。二、消费者交付购买商品房的全部或者大部分款项后，承包人就该商品房享有的工程价款优先受偿权不得对抗买受人。三、建筑工程价款包括承包人为建设工程应当支付的工作人员报酬、材料款等实际支出的费用，不包括承包人因发包人违约所造成的损失。四、建设工程承包人行使优先权的期限为六个月，自建设工程竣工之日或者建设工程合同约定的竣工之日起计算。"此项解释规定优先受偿权的对抗效力、范围、行使期限，但规定仍然过于原则，在司法实践中的理解与适用不统一，缺乏可操作性，不能充分保护承包人的建设工程价款优先受偿权。

一、建设工程价款优先受偿权的性质认定

在分析建设工程价款优先受偿权的性质之前，我们先来了解一下优先权的

* 宁波市鄞州区人民法院民事审判第三庭审判员，法律硕士。

历史。优先权制度源于罗马法。在早期的罗马法中，优先权设立的目的，或为维护公平正义，或为应事实之需要。[①] 随着罗马帝国的强盛和扩张，罗马法慢慢扩张影响了东方和西方，有的国家规定在民法典中，有的国家规定在特别法中，均体现了国家保护弱势群体的立法目的和对人的生存权的人性关怀。建设工程价款优先受偿权的性质的认定，对于承包人建设工程价款的保障以及保持现行法律体系的逻辑连贯性的意义重大，对此各界的争议颇大，概括下来主要有以下三种观点：

1. 留置权说。此说法的主要依据首先是国家工商行政管理局、建设部于1991 年联合制定的《建设工程施工合同管理条例》第 28 条的规定中“由于甲方（发包方）违反有关规定和约定，经办银行不能支付工程款，乙方（承包人）可留置部分或全部工程…”，以及《合同法》第 287 条规定“本章没有规定，适用承揽合同的有关规定。”因此，建设工程合同作为一种特殊的承揽合同，留置权既适用于承揽合同，建设工程价款优先受偿权必然为一种留置权。此种观点随着《物权法》的颁布实施，对留置权的标的物限定为动产，已不存在继续争议的必要。

2. 法定抵押说。此种观点主张建设工程价款优先受偿权属于一种法定抵押权，若发包人拒付工程款，则承包人对其所建工程享有抵押权，从而可以优先受偿。理由在于优先受偿权的特征与抵押权的特征相符，尤其是梁慧星教授从立法的过程来说明该项权利的性质，认为“从该条款设计、起草、修改、审议直至正式通过，始终是指法定抵押权。”[②] 法定抵押说赞同者众，但该种学说存在的问题在于：首先，法定抵押权理论与我国目前的抵押权立法体系不协调，我国法律并没有法定抵押权的规定。其次，不动产抵押以登记为生效要件，而建设工程价款优先受偿权不以登记为生效要件，如果将其认定为承包人的法定抵押权，将导致无法确定在承包人的抵押权与发包人的其他债权人的抵押权之间谁具有优先性。一方面是经登记、成立在先的抵押权，一方面是未经登记、成立在后的抵押权，规定后者优先于前者，从抵押权的角度来说有失公平。

3. 优先权说。优先权是债权人基于法律的规定对债务人的全部或特定财产享有优先受偿的权利。该观点认为建设工程优先受偿权性质上为优先权，是独立于传统担保物权种类之外的一种优先权，其主要是为了维护社会公平、保护弱者权益。虽然我国还没有统一的优先权制度，但在有关法律中已经有优先权的相关规定，如《海商法》规定的船舶优先权，《民用航空法》规定的民用

---

① 王全弟、丁洁：《物权法应确立优先权制度——围绕〈合同法〉第 286 条之争议》，载《法学》2001 年第 4 期。

② 梁慧星：《合同法第二百八十六条的权利性质及其适用》，载《人民法院报》2000 年 12 月 1 日。

航空器优先权等。笔者以为，将建设工程价款优先受偿权的性质界定为优先权，不仅符合优先权的历史渊源，也符合立法目的，有利于保护承包人的权利。首先，建设工程价款优先受偿权是针对建设工程中发包方拖欠工程款的严重现象，为了维护社会的公平正义而设定的，建设工程价款中相当一部分是人工工资，关系人的生存权，通过利益平衡赋予一方优先权，其立法目的与优先权制度是相吻合的；其次，《批复》第 4 条规定："建设工程承包人行使优先权的期限为六个月……"，该规定直接称优先受偿权为"优先权"，可以看出我国虽然没有确立独立的优先权制度法律制度，但立法者显然是接受优先权制度的；再者，建设工程价款优先受偿权符合优先权的法律特征，其基于法律规定而产生，不以登记为成立要件，优于一般债权及担保物权受偿；最后，优先权制度已为世界许多国家所接受，说明优先权制度本身适应了法律调整实际生活的需要。以上种种说明，建设工程价款优先受偿权定性为优先权更为适宜。

二、建设工程价款优先受偿权的行使

1. 行使建设工程价款优先受偿权的主体。《合同法》第 286 条规定的建设工程价款优先受偿权的主体是工程承包人。然而，由于建筑市场的管理欠缺规范、制度不健全，建设工程中违法转包、分包、借用资质施工的现象普遍存在，然则非法转包人、分包人、实际施工人是否享有优先受偿权，相关规定并不明确。根据《最高人民法院关于审理建设工程施工合同纠纷案件适用法律问题的解释》第 26 条的规定："实际施工人以转包人、违法分包人为被告起诉的，人民法院应当依法受理。实际施工人以发包人为被告主张权利的，人民法院可以追加转包人或者违法分包人为本案当事人。发包人只在欠付工程价款范围内对实际施工人承担责任。"该条赋予了实际施工人直接起诉发包人要求支付工程款的权利，故笔者以为，实际施工人可以成为优先受偿权的主体；同理，非法转包人、分包人亦能成为优先受偿权的主体。如梁慧星教授指出，该条文是为了通过保护工程承包人的权益来解决农民工得不到工资的问题。只有非法转包人、分包人、实际施工人成为优先受偿权的主体，才能使农民工的权益受到保护，否则，与法律及司法解释规定的精神是相违背的。[1]

2. 行使建设工程价款优先受偿权的客体。建设工程价款优先受偿权是否及于建设用地使用权。《合同法》第 286 条没有规定优先受偿权是否及于建筑物所依附的土地使用权。梁慧星教授指出："法定抵押权的标的物为承包人施

---

① 梁慧星：《合同法第二百八十六条的权利性质及其适用》，载《人民法院报》2000 年 12 月 1 日。

工所完成的，属于发包人所有的建设工程（不动产）及其土地使用权。”① 笔者虽对优先受偿权性质属法定抵押权的意见不予认同，但对优先受偿权及于建筑物之土地使用权的意见深以为是。《物权法》第182条规定：“以建筑物抵押的，该建筑物占用范围内的建设用地使用权一并抵押。以建设用地使用权抵押的，该土地上的建筑物一并抵押。”可见法律规定了房地一并处分的原则。实践中，“房地不分离”的原则也一直被认同和适用，如果建设工程与之依附的建设用地使用权分离，建设工程的折价、变现均存在实现的障碍，势必影响优先受偿权的实现。所以，从建设工程价款优先受偿权的立法背景及法律属性考虑，其客体应当包括建设用地使用权。

关于建设工程价款优先受偿权是否包括未竣工工程，根据《物权法》的规定，在建工程可以作为物权标的抵押，自然可以成为优先受偿权的客体，且在司法实践中已被广泛认可，故于此不再赘述。

3. 行使建设工程价款优先受偿权的范围。《批复》规定：建筑工程价款包括承包人为建设工程应当支付的工作人员报酬、材料款等实际支出的费用，不包括承包人因发包人违约所造成的损失。此处的规定仍然不够明确，造成适用中难以操作。实践中主要存在以下问题：其一，承包人的利润是否属于优先受偿权的范围。基于优先受偿权是实际支出的费用，将利润包含在优先受偿权范围内也不符合维护承包人和农民工基本权利的立法目的，所以利润不应优先受偿。其二，垫资款能否优先受偿。垫资施工是建筑市场的普遍现象，是发包人与承包人双方达成的一致。为此《最高人民法院关于审理建设工程施工合同纠纷案件适用法律问题的解释》第6条规定：“当事人对垫资和垫资利息有约定，承包人请求按照约定返还垫资及其利息的，应予支持，但是约定的利息计算标准高于中国人民银行发布的同期同类贷款利率的部分除外。当事人对垫资没有约定的，按照工程欠款处理。当事人对垫资利息没有约定，承包人请求支付利息的，不予支持。”据此规定，垫资行为被认定为合法，其性质与承包人实际支付的费用一致，没有理由被排除在优先受偿权的范围之外。最高人民法院的法官解释也认为，垫资是承包人在我国目前市场条件下不得已而为之的行为，同时也是一种国际惯例。如果承包人垫付的资金确实已经物化到建设工程中去了，这部分资金应该纳入到《合同法》第286条所称的“工程价款”的范围，并且应该优先受偿。当然，垫资款如果没有用于工程建设上，则该款的性质不为垫资，也不应受优先受偿权保护。

① 梁慧星：《合同法第二百八十六条的权利性质及其适用》，载《人民法院报》2000年12月1日。

三、建设工程价款优先受偿权行使的例外

法律明确规定了建设工程价款优先受偿权优先于抵押权等担保物权，同时规定了一个例外，给予商品房消费者特殊保护，《批复》第2条规定："消费者交付购买商品房的全部或者大部分款项后，承包人就该商品房享有的工程价款优先受偿权不得对抗买受人。"制定该条的主要理由在于：消费者的利益属于生存利益，该利益涉及最基本的人权，而承包人的利益属于经营利益，两者相较，消费者的生存权利应当优先。若果允许承包人行使优先受偿权，无异于用消费者的资金清偿发包人的债务，等于将发包人的债务转嫁给广大消费者，严重违背特殊保护消费者的法律政策。① 该条规定消费者权利优先的同时，也对消费者权利优先的条件进行了限制，即交付全部或大部分的购房款。

1. 对消费者的认定。《批复》中的"消费者"应与《消费者权益保护法》第2条规定的"消费者"做同一解释，即为生活需要而购买房屋的消费者，而非广泛意义上的房屋买受人，因为有些房屋买受人并非单纯用于消费居住，可能会有其他经营性用途。如果不是因为生活需要而购买房屋，如用于投资和经营需要购房，不是《批复》中所称的消费者，则不能优先于建设工程价款受偿。实践中，由于房屋登记制度的不断完善，区分购房是用于生活需要还是其他需要是可行的，具有可操作性。

2. 大部分款项的判定标准。此处"大部分款项"的说法不够科学，最高人民法院法官在接受《建筑时报》记者的采访时对此解释："大部分款项"的概念是指超过房屋总价款50％的款项。② 司法实践中通常以支付购房款的50％以上为判定标准。但是，按消费者支付购房款的多少来确定消费者的权利是否优先于建设工程价款优先受偿权，本身是不合理的。现实中，由于房屋价格的不断上涨，购房款多数以按揭贷款方式支付，生活需要购房能够一次性付款或支付50％以上购房款的消费者在少数，该规定事实上存在着原则贯彻不完整、不彻底的缺陷。笔者认为，基于生存权利优于经营权利的考虑，消费者为生活需要购买房屋，只要支付了购房款，无论比例多少，均应优先建设工程价款受偿，支付价款的数量差异不应成为优先权成立与否的条件，至多只能影响消费者对抗的行使方式。对于付款超过50％的消费者，有权取得房屋交付的优先权，付款未超过50％的，仍有权获得购房款返还的优先权。

3. 不动产预告登记制度的建立。物权法实施以前，没有规定统一的预告

---

① 杨永清：《建设工程优先受偿权司法解释的理解与适用——兼谈与该权利有关的几个重要问题》，载王利明主编：《判解研究》2002年第3辑（总第9辑），人民法院出版2002年版，第23页。

② 雷建威：《建设工程价款优先受偿权若干问题的探讨》，载中华全国律协主编：《律师事业与和谐社会——第五届中国律师论坛优秀论文集》，中国政法大学出版社2005年版。

登记制度，因此建设工程价款优先受偿采纳的是“消费者交付购买商品房的全部或者大部分款项”这一并不好掌握的要件。《物权法》实施后，应当根据物权公示原则重新进行调整。消费者通过预告登记制度可以更好地维护自身的合法权益。对于预售商品房，消费者通过将预售商品房买卖合同到相关登记部门办理预告登记，即可保障其将来交房请求权的实现。建设工程价款优先受偿权虽然源于法律的直接规定，但其本质上仍然是一种债权，而办理了预告登记的交房请求权则具有物权的效力，是一种物权化的债权，在这种情况下，不论消费者交付的购房款是全部或大部分，甚至是一小部分，只要办理了预告登记手续，具有了准物权的效力，此时消费者的权利完全具有对抗建设工程价款优先受偿权的效力。

（载于《宁波审判研究》2011 年第 10 期）

立案调解的实践探微与制度完善

厉国平*

调解是根植于我国历史文化传统并经过长期司法实践证明有效的纠纷解决方式，在我国审判制度中有着极其重要的作用。宁波市鄞州区人民法院为进一步提高立案工作的法律效果和社会效果，深入推进社会矛盾化解，通过人民调解前置，立案庭加强立案调解措施，成功地将一大批矛盾纠纷化解在立案窗口前沿。近两年来，先后通过立案调解结案 778 件，为当事人减少诉讼成本约 230 余万元。

一、"2＋2＋2" 立案调解机制的建立

为加强立案调解工作，2008 年 11 月鄞州区法院开始依托立案大厅筹建"人民调解工作室"，由鄞州区法院和鄞州区司法局联合招聘人民调解员两名，人民调解员的工资由两单位共同支付，实行"以奖代补"机制，以激励人民调解员的调解热情，人员调解员接受两单位共同管理。由于人民调解员法律知识缺乏，又没有专人负责进行业务指导，调解室设立之初效果并不理想，截至 2009 年 6 月，两名人民调解员月调解案件仅 10 件左右。加之当时没有配套建立人民调解司法确认制度，达成的调解协议无法得到相应的司法确认，一方当事人反悔的要重新进入诉讼程序，调解协议成了一纸空文，不但没有给当事人带来便利，反而给一些案件的当事人增加了诉累。

为改变这一状况，2009 年 7 月鄞州区法院成立了由法官主持的诉讼调解和人民调解员主持的人民调解相结合的"2＋2＋2"立案调解机制，该机制的构建模式为审判员、人民调解员和书记员各两名，由审判员指导人民调解员的调解工作，人民调解员主持下达成的调解协议，当事人要求司法确认的，由审判人员制作民事调解书进行司法确认，实现了人民调解和诉讼调解之间的无缝对接。

调解室的人民调解与企事业单位、社会团体、乡镇人民政府的调解组织既

---

* 宁波市鄞州区人民法院小额速裁庭副庭长。

有相似之处，又有区别。相同点在于两者性质一样，主持调解的同为人民调解员，所达成的调解协议均不具有法律效力；不同点在于本院调解室的人民调解程序与诉讼程序紧密对接，人民调解所达成的协议经审判员审查、确认转化为民事调解书，具有法律强制力。

"2+2+2" 立案调解机制的具体程序为：

第一步，审查：当事人直接到调解工作室申请调解的，或当事人在诉讼服务中心信访、法律咨询时愿意通过调解解决纠纷的，或立案时当事人同意暂缓立案先行调解的，经审查符合法律规定的，均由人民调解员先行调解。人民调解不成功的，当即办理立案手续，进入诉讼程序。立案后可能通过调解解决的，也可委托人民调解员调解。

第二步，受理：当事人申请调解的，经当事人书面确认，调解工作室立即予以登记；已经立案的，立案人员将卷宗移送调解工作室，予以登记，并立即发送起诉状副本等法律文书。当事人申请财产保全的，由审判员完成财产保全程序。

第三步，调解：尚未立案的案件一般由人民调解员承办，已经立案的案件一般由审判员承办。审判员也可将已经立案的案件委托人民调解员调解，也可与人民调解员联合调解，但不参与调解不成功以后的审判程序。

第四步，确认：尚未立案的案件当事人双方达成调解协议，当事人要求人民法院出具调解书予以确认的，立即办理立案手续，并由审判员审查后出具法律文书。已经立案的案件经人民调解员调解，双方达成调解协议的，由审判员审查后出具法律文书。

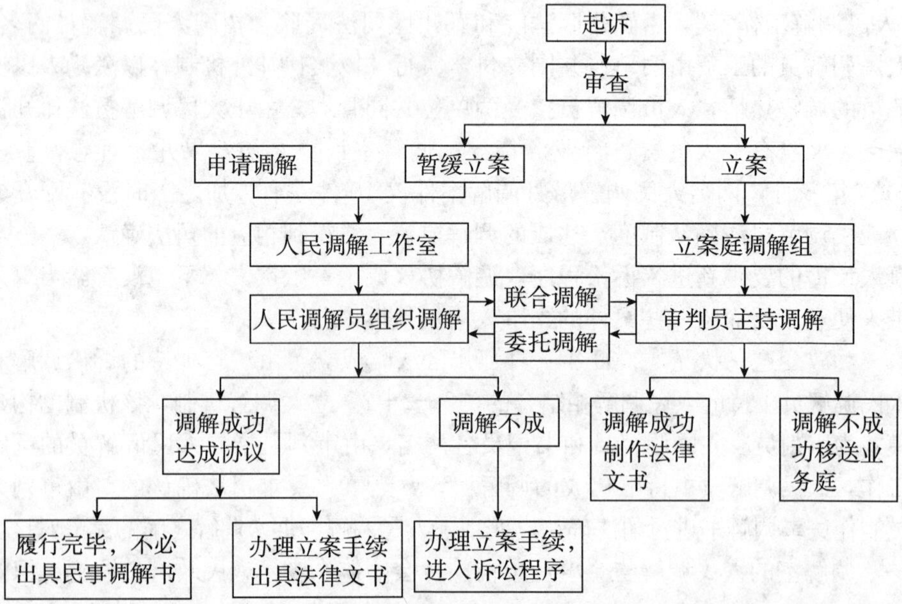

"2+2+2" 立案调解机制运行程序图

二、“2＋2＋2”调解机制功效多视角考察

立案调解机制中包含着多种调解方式，即人民调解、诉讼调解、联合调解、委托调解等，立案庭根据案件情况或独立操作，或混合运用，在充分尊重当事人自主选择权的前提下，积极引导当事人选择调解方式，也使审判人员与人民调解员能合理分工，协同作战。

“人民调解室”虽然设在法院的立案大厅内，但立案调解工作却远远延伸到调解室之外。对当事人上班不方便请假的，调解工作室安排在节假日进行调解。对比如继承、赡养、房产分割等家庭成员之间产生的纠纷，人员调解员与当地居委会一起上门调解。而对一些在外地上班无法及时赶回的，人员调解员通过电话、视频等方式进行调解。多种调解方式的运用充分考虑了当事人自身的情况，拉近了与当事人之间的距离。

鄞州法院“2＋2＋2”的调解机制实施两年来，收到了很好的社会效果：

一是直接降低了当事人诉讼成本。在该模式下对于立案后当事人愿意先行调解的案件，如调解成功且案件未进入执行程序的，民事案件免收任何费用，商事案件只收取减半诉讼费中的10％～20％。因为通过立案调解诉讼成本较低，越来越多的当事人主动选择立案调解来解决纠纷。

二是有利于实现“案结事了”。有些矛盾纠纷诸如相邻关系纠纷、家庭成员间和亲戚之间的纠纷等，不宜通过诉讼或法官直接出面调解，人民调解可使当事人双方迅速怨消气散，履行协议一次到位。而直接立案进行诉讼程序反而容易激起当事人的对抗情绪，不利于矛盾的化解。据统计，鄞州法院通过立案调解结案的案件，80％以上已经履行完毕。

三是有利于缓解基层法院“案多人少”的压力。近几年，鄞州区法院“案多人少”矛盾十分突出，2008年共受理各类案件13743件，2009年为13858件，2010年为13456件，一直居高不下，如果没有立案调解的合理分流，与日俱增的案件数量将使审判工作无法承受。

四是提高了案件调解成功率。特别是在该模式下，人民调解与诉讼调解实现了无缝衔接，在调解过程中联合调解、委托调解等多种调解方式并用，使一些调解难度大的矛盾纠纷得以顺利解决。

五是减少了涉诉信访工作压力。近几年，涉诉信访案件不断上升，当事人不服一审、二审、再审裁判，案结事不了，牵制审判工作的大量精力，通过诉讼解决纠纷的方式越来越凸显出现实的局限性，而通过立案调解解决的案件，使矛盾纠纷解决在诉讼程序之前。鄞州法院通过立案调解的778件案件，无一例转化为涉诉信访案件，社会效果非常明显。

“2＋2＋2”的立案调解机制的优点在于：

一是人民调解与诉讼调解协同的顺序性比较好。纠纷解决机制的协同，最为常见的办法就是设定不同的纠纷解决先后顺序机制，逐步引导纠纷的解决。这些年大量的案件涌入人民法院，与基层调解组织弱化，不能有效发挥调解作用有一定的关系。在人民法院设立“人民调解室”有效地弥补了这一缺陷，利用当事人双方解决纠纷的意向，通过创造不同的机制与平台，使得纠纷能够更好的消弭。

二是人民调解与诉讼调解协同的角色定位比较好。不同纠纷解决模式的协同，深刻地反映不同模式纠纷解决过程中当事人“合意性”解决强度和第三者有拘束力“决定”解决强度的交融互动上，从而形成“合意性——决定性”之轴。[①] 在纠纷解决的模式设计中，要克服与弱化裁判者决定性作用，在合意的过程中实现利益博弈的复杂平衡关系，又要将权威性与终局性的司法程序植入到纠纷解决的模式平台之中。“2＋2＋2”的立案调解机制，以促进当事人自行解决纠纷为常态和途径，以司法的终局性为纠纷解决的保障和手段，既有当事人合意性的始发意义，又有司法程序决定性的终局效力。

三是人民调解与司法调解协同的交互性好。一种纠纷解决方式，可以有效推进后一种纠纷解决方式。通过人民调解过程中当事人双方之间的反复协商与沟通，可以让双方当事人明晰争点所在以及各自的所处的法律位置，哪怕在人民调解过程中无法达成一致，但案件进入诉讼调解或者实体审理后，之前的这个过程也能让当事人对诉讼的预期结果有一定的认识，对诉讼风险、诉讼成本等有一个大致的判断。

三、“2＋2＋2”立案调解机制的问题与改良

“2＋2＋2”立案调解机制在实践中也存在不少问题，具体表现在以下几个方面：

一是人民调解员的组织保障与资金保障不到位。目前，人民调解员的组织关系还没有理顺，鄞州区法院与鄞州区司法局在衔接上存在一定的问题，人民调解员的收入与乡镇的人民调解员的收入存在差距。鄞州区法院的两名人民调解员，以案定补的金额仅为每案 50 元，以每月平均调解 20 案计算，每月的收入仅为 1000 元，远远低于乡镇人民调解员的工资收入。并且，人民调解员相对固定，虽然有利于人民调解员树立工作责任心和使命感，但由于人员的局限性，不利于在调处如医疗纠纷、建设工程纠纷等特殊的案件中发挥更多的优势。

---

① ［日］棚濑孝雄：《纠纷的解决与审判制度》，王亚新译，中国政法大学出版社 1994 年版，第 7 页。

二是人民调解员的法律素质和调解技能有待提高。新形势下，人民调解工作的难度越来越大，加之人民调解协议与民事诉讼相衔接后，调解的程序、文书等规范性要求不断提高，因此对调解员的综合素质及调解技能的要求也越来越高。人民调解员队伍素质、技能与新形势的要求相比还有一定的差距，人民调解员整体年龄偏大、素质偏低、知识老化，是摆在我们面前一个亟待解决的问题。

三是人民调解与诉讼衔接机制有待完善。《民事诉讼法》、《最高人民法院关于适用〈中华人民共和国民事诉讼法〉若干问题的意见》设专章规定了调解，但内容简单，过于原则，缺乏法官和当事人必须遵守的程序和规范。连最新颁布的《人民调解法》也只是对于调解程序的粗略规定，没有具体的实施意见及方法。

现代在纠纷解决理论的研究成果表明："作为纠纷解决的最终和最高机构，国家所要掌握的应当是最终解决权而不是最先解决权，这应成为纠纷解决机制整体重构过程中的基本原则。"[①] "2＋2＋2" 立案调解机制是在司法实践中探索出来的一条新模式，符合这一原则的要求，特别是在该机制中人民调解与诉讼调解相辅相成，相得益彰的成效是值得肯定的。基于上述该调解机制尚存在的问题，也应适时对该机制进行改良。

一是要吸收新鲜血液，鼓励年轻人、有专门技术的人员从事人民调解工作，严格把好人民调解员的入口关，建立起一支专职调解员与志愿者相结合的调解队伍，实现人民调解员岗位职数"2"不变，但人员的适时更新。在矛盾纠纷的解决过程中，必须确定一种力量来维系这个解决程序的持续运作。而这种力量，就是纠纷解决权威的确立。在早期人类社会形态中，"高龄、卓越的体力和智力、门第和雄厚的财力"[②] 便是这种权威的具体体现。纠纷解决机制的有效协同，就是要针对个案特点，找到对应纠纷解决的权威的第三者。前些年，人民法院一直在尝试成立医疗法庭、交通法庭等专业审判庭，但由于人民法院机构设置的限制和复合型人才的短缺，这种尝试并没有取得实际成效。基于人民调解员选任的灵活性，完全可以针对一些技术性强的个案，引入具有专门知识的人员作为人民调解员，这样能更好地发挥其技术特长。

二要将人民调解员的培训作为一项制度常抓不懈。任何社会目标的实现都依赖于相关社会条件的成熟，除了物质保障外，限制立案调解最大的社会条件就是人民调解员的业务素质还不能适应调解工作的需要，因此，必须有针对性地组织培训，减少培训工作的盲目性和形式性，增强培训的实效性。如采取专题讲座、以会代训、评阅人民调解协议书、组织人民调解员旁听庭审等各种有

---

① 何兵：《现代社会的纠纷解决》，法律出版社 2003 年版，第 191 页。

② ［英］坎南编著：《亚当·斯密关于法律、警察、岁入及军备的演讲》，陈福生、陈振骅译，商务印书馆 1983 年版，第 37 页。

效形式，加强对人民调解工作的业务指导和培训，不断提高人民调解员的业务水平和政治素养。在加强业务培训的同时还需要相关的制度跟进，如建立完善的考核、评比制度，做好台账、档案工作等必备工作，对人民调解员的调解案件应登记造册，每月制作调解案件报表。对已经结案的案件，按照档案要求装订成册，及时归档。

三是对人民调解与诉讼的衔接机制进行探索。在这方面，鄞州法院已制定并实施了《宁波市鄞州区人民法院关于立案调解工作若干规定（试行）》、《宁波市鄞州区人民法院关于人民调解工作的若干规定（试行）》等相关性文件。同时为理顺民事诉讼与人民调解的关系，实现诉讼调解与人民调解的有效对接，健全和规范与非诉讼的司法确认程序，现在正在制定《宁波市鄞州区人民法院关于建立诉讼调解与人民调解对接机制的实施意见》，拟用决定书代替调解书确认人民调解协议，目前已经形成初步意见。

（载于《浙江审判》2011 年第 7 期）

论离婚中夫妻共同股权的分割

郑儿君*

离婚是婚姻关系的当事人终止其婚姻关系的行为，涉及当事人的人身关系及财产关系等重大问题，因而夫妻共同财产分割伴随着离婚这一行为而发生。在财产构成方面，股权已作为无形财产分割中的重要一项，目前我国的《婚姻法》对夫妻共同股权分割并没有作出特别的规定，只是在《最高人民法院关于适用〈中华人民共和国婚姻法〉若干问题的解释（二）》（以下简称《婚姻法司法解释（二）》）依据2004年修订的《公司法》作了简单规定。但2006年的新《公司法》与2004年的《公司法》相比有了很大的变化，这使得以2004年《公司法》为基础而制定的《婚姻法司法解释（二）》中关于夫妻共同股权分割的规定难以在司法实践中予以适用。因此，如何在审判实践中解决好夫妻共同股权的分割具有重要意义。

一、股权及夫妻共同股权的基本理论

股权，有广、狭二义。广义的股权，泛指股东得以向公司主张的各种权利，故股东依据合同、侵权行为、不当得利和无因管理等法律关系对公司享有的债权亦包括在内；狭义的股权，则仅指股东基于股东资格、依据《公司法》和公司章程规定而享有的、从公司获取经济利益并参与公司治理的权利。① 在本论文中，笔者采用狭义的股权概念。股权的取得不仅包括股东向公司出资而取得，还包括因继承、受赠与、夫妻共同财产分割等原因而取得。综上所述，笔者将股权界定为股东因出资、继承、受赠与、夫妻共同财产分割等原因而取得股东资格，进而对公司享有的各种权利。

夫妻共同股权是指婚姻关系存续期间，夫妻一方或双方获得的股权或者一方或双方用夫妻共同财产投资合伙、股份合作制企业、公司而获得的股权，但

---

* 宁波市鄞州区人民法院立案一庭书记员。

① 刘俊海：《现代公司法》，法律出版社2008年版。

双方另有约定或法律另有规定的除外。

二、夫妻共同股权归属的认定

夫妻共同股权除夫妻双方有约定外，自双方登记之日起，婚姻关系就已经开始，在此期间取得的股权为夫妻共同股权。只有在婚姻关系终止或夫妻一方已死亡时，共同财产制才予以终止，才会导致夫妻共同股权的分割。另外，计算股权取得的时间应当以权利取得的时间为准，而不应以取得财产的具体时间为准。如一方婚前以个人财产出资取得股权，即使股权证书是在婚后取得，也应当认定为夫妻个人婚前财产而非共同财产。根据我国《婚姻法》及相关司法解释的规定，夫妻共同股权包括以下几种情形：

1. 婚前双方共同投资获得的股权。如果夫妻双方在婚前即形成一种合作关系，每人各拿出一部分财产共同投资设立公司或因买卖共同取得股权，并且在双方结婚后该股权仍然存在的，该股权也应当认定为夫妻共同股权，在离婚时作为夫妻共同财产予以分割。[①]

2. 婚后以共同财产投资或买卖取得的股权。在婚姻关系存续期间，夫妻一方或双方都可能将其共同所有的财产进行投资，设立有限责任公司或股份有限公司，并取得股权。对于这种股权，其财产来源是夫妻共同所有的财产，因此这种股权应当认定为夫妻共同股权。

3. 婚姻关系存续期间因继承或受赠而获得的共同股权。在婚姻关系存续期间一方或双方因继承或受赠与而取得的股权，是否可以认定为夫妻共同股权，应视情况而定。一是根据我国《婚姻法》第 17 条第（4）项的规定在婚姻关系存续期间明确赠与双方的股权，只要没有特别约定，应认定为夫妻共同股权。二是在婚姻关系存续期间由夫妻中的一方继承或受赠与所得的股权，需分两种情况。一种是《婚姻法》第 17 条第（4）项被继承人或赠与人没有明确表示只能归一方的，应认定为夫妻共同股权而非夫妻个人股权。另一种是根据《婚姻法》第 18 条第（3）项被继承人或赠与人明确表示只归夫妻双方中的一人所有的，应认定为夫妻个人股权而不能作为夫妻共同股权。《婚姻法》中对于因继承或赠与而取得的股权是以共同所有为原则，以个人所有为例外。

三、离婚时有限责任公司夫妻共同股权的分割

有限责任公司是公司制度发展过程中出现最晚的一种公司形式，它兼具了

---

① 赵承珍：《离婚时夫妻股权分割问题研究》，安徽大学 2006 届硕士论文。

无限公司和股份公司的优点，同时又克服了他们的不足。[①] 有限责任公司的人合性与资合性的特点对夫妻共同股权的分割必然会产生影响，理由为：一是有限责任公司的人合性，股东人数具有限制，公司的成立是建立在股东之间相互信任基础之上，公司的资本由全体股东认缴，股东的出资证明书不得自由流通转让，股东的股权转让须征得其他股东同意，其他股东享有优先购买权，股东对公司以其出资额对公司承担有限责任。有限责任公司的人合性要求公司股东之间存在一种相互了解、相互支持的关系，使公司保持和谐、稳定的关系，而夫妻共同股权的分割可能会使原股东退出、新股东加入或公司股东之间持股比例的变更，使得原来的公司平衡会被打破。[②] 二是有限责任公司从其本质上来说仍是一种资本的联合。[③] 公司在资本制度上实行资本确定、维持、不变三原则，对公司的设立有最低资本额的要求。正是由于有限责任公司的资合性，股东可以通过出让股权来收回出资，为夫妻共同股权的分割提供了可能性。但夫妻共同股权的分割可能会引起原股东的退股、新股东入股或公司原有结构的变更，使公司利益受到损害，所以在夫妻共同股权分割时有必要对其进行适当的限制，使夫妻共同股权在公平的得到分割的同时，又能保证公司的利益不受到侵害。

（一）离婚时夫妻双方同为股东时的股权分割

《婚姻法司法解释（二）》第16条只对夫妻一方为公司股东时的股权分割作出了规定，而未对夫妻双方同时为公司股东时股权的分割作出规定。如夫妻双方同为公司股东时，股权的分割其实质就是同一公司内部股东股权的转让。新旧《公司法》对公司股东内部股权转让并未作限制性规定，只是表述上略有所不同。旧《公司法》第35条规定："股东之间可以相互转让其全部出资或部分出资"；新《公司法》第72条规定："有限责任公司的股东之间可以相互转让其全部或者部分股权。公司章程对股权转让另有规定的，从其规定。"新、旧《公司法》对公司内部股权转让的不同之处体现在旧《公司法》称之为"出资"，新《公司法》称之为"股权"。因股东之间股权的转让属于内部转让，对公司的人合性不产生影响，目前大多数国家未对股东之间股权的转让有所限制。从新旧《公司法》的规定来看，旧《公司法》对股东之间的股权转让采取的是股东之间可以自由转让股权的全部或一部，无须经股东会同意这一立法例；而新《公司法》对股东之间的股权转让采取的是原则上股东之间可以自由转让其股权的全部或部分，但公司章程可以对股东之间转让股权附加其他条件这一立法例。针对夫妻双方同为公司股东时夫妻共同股权的分割，笔者认为可

① 赵旭东：《公司法学》，高等教育出版社2003年版。
② 王晓云：《析离婚夫妻共同无形财产之股权分割》，中国政法大学2006届硕士论文。
③ 石少侠：《公司法教程》，中国政法大学出版社1997年版。

以根据股权的分割方法并结合《公司法》的股权转让之规定进行分割，具体表现为：[1]

1. 直接分割。夫妻双方同为公司股东，或是双方分别持有一定比例的股权，分别是两个独立的公司股东，或者是双方因共同投资而共同持有一定比例股权，而且双方同时登记为公司股东。对于第二种情形，在离婚分割股权时就可以采取直接分割的方法，将共有股权按一定比例直接分割，双方分别持有一定股份，分别登记为两个股东。

2. 股权转让。当夫妻共同股权由一方持有，而另一方也为公司股东时，双方离婚进行股权分割可以采取股权全部或部分转让的方法。此方法适用的前提是夫妻双方中持股方不愿意持有全部股权，可由双方协商，由另一方取得持股方的全部或部分股权。在按照这种方法分割股权时，就涉及《公司法》中关于股东之间股权的规定，由于夫妻双方都是公司股东，因而股权可在双方之间自由转让，持股一方可将全部股权转让于非持股一方，也可转让部分，具体比例由双方协商。

3. 作价补偿。当非持股一方不要求分得股权时，可由持股一方根据其应当分给非持股一方的股份比例对股权进行折价，以货币方式支付给非持股一方。此时，持股一方可以通过向他人转让股权获得价金也可以从自己的其他财产中获取等值的货币支付给其配偶。

四是拍卖分割价金。当夫妻双方都不愿意再持有股权时，可将股权通过拍卖或其他方式转让给他人，所得价款由二人分割。

（二）夫妻一方为公司股东时的股权分割

《婚姻法司法解释（二）》第16条规定了夫妻一方持有有限责任公司股权，而另一方并不是该公司股东时股权的分割办法。该条规定有两个特点：第一，该条规定是在旧《公司法》第35条的基础上对夫或妻一方为公司股东时的股权分割作出了规定，但是新《公司法》中关于股东向股东以外的人转让股权的法律规定与旧《公司法》存在很大的差异，因而会导致法律适用上的差异。笔者认为，新《公司法》是在2005年全国人民代表大会常务委员会通过的，是国家的基本法。《婚姻法司法解释（二）》是2003年最高人民法院通过的司法解释，从法律位阶上讲，《公司法》在司法解释之上；从颁布时间看，新《公司法》后于司法解释，新法优于旧法。因此在夫妻共同股权分割时应先适用新《公司法》，并借鉴原司法解释中所区分的几种情况。第二，该条规定纯粹针对离婚时夫妻双方就该股权转让份额和转让价格达成一致意见这种情况而适用的。笔者认为，当夫妻一方为公司股东时的股权分割可分为情况对待，具体

---

① 王晓云：《析离婚夫妻共同无形财产之股权分割》，中国政法大学2006届硕士论文。

如下：

1. 夫妻之间已就股权转让达成一致的情形。根据《婚姻法司法解释（二）》及新《公司法》股权转让的规定，可分以下三种情况进行股权分割。第一，该有限责任公司全体股东过半数同意，且放弃同等条件下的优先购买权。根据新《公司法》有关有限责任公司股东转让股权的规定，离婚案件中，夫妻之间就夫妻共同股权转让达成一致时，还需要经该公司全体股东过半数同意，并且放弃同等条件下的优先购买权后，夫妻中股东一方的配偶方可成为该有限责任公司的股东。第二，该有限责任公司全体股东过半数不同意，不同意转让的股东愿意行使优先购买权。如果夫妻之间达成协议后，该公司全体股东过半数为不同意该转让行为，但愿意以同等价格购买该股权。此时，应当根据《公司法》的有关规定，保护其他股东的优先购买权，同时将转让该股权所得的财产作为夫妻共同财产，依法进行分割。第三，该有限责任公司全体股东过半数不同意，不同意转让的股东也不愿意购买该股权。新《公司法》规定，股东向股东以外的人转让其出资时，必须经全体股东过半数同意；不同意转让的股东应当购买该转让的股权，如果不购买该股权，视为同意转让。因此，在夫妻之间达成协议后，该有限责任公司全体股东过半数不同意转让，却又不愿意购买该股权的，应当视为同意转让，夫妻中股东一方的配偶可以成为该公司的新股东。

2. 夫妻之间无法达成一致的情形。如果夫妻双方无法就股权分割达不成一致意见，法院该如何处理？夫妻双方对股权分割达不成一致意见的原因有两种可能：第一，在股权转让份额上，双方都不想要股权或双方都想要股权；第二，在转让价格问题上，双方无法达成合意。笔者认为，对于第一种情况，可以由双方就股权归属进行竞价，由出价高的一方获得股权，另一方获得相应的经济补偿。如果协商成功，那么这种情形属于夫妻双方就股权分割达成一致意见的情况，可直接适用《婚姻法司法解释（二）》第 16 条及新《公司法》的相关规定。如果有任何一方不愿意采取竞价方式，即认准了某一个目标，即便再高的补偿也不动摇，那么只能由法官裁决平分股权。当然，由法官裁决“分得”一般股权的非股东配偶方，其对一半股权的享有只是暂定的享有，这种由法官裁决的平分还必须经过股权转让的法定程序。对于第二种情况，就转让价格达不成一致意见，可以由夫妻双方约定由第三方机构评估，从而确定补偿金额。在进行股权分割时，对股权的公平估价非常重要，因为一般来说，非股东配偶处于弱势地位，法律对非股东配偶必须给予特别的保护。而由第三方对股权价值进行评估，虽然要耗费一定的成本，但在双方协商不成的情况下，至少可以确保公平。

综上，离婚中夫妻共同股权分割作为夫妻共同财产分割的一部分，不仅涉及《婚姻法》、《公司法》等法律的协调与统一，而且涉及婚姻当事人的合法权益与第三人利益的矛盾及协调。因此，我国关于夫妻股权的分割在立法与司法实践中遇到了许多难点与争论点，需要予以解决。由于本人的水平有限，对该问题研究的深度不够，但是，我深信随着立法技术的提高，立法者对夫妻共同股权认识的加深，对夫妻共同股权的处理会更加完善，夫妻共同财产的分割也将更加公平合理。

（载于《宁波审判研究》2011 年第 7 期）

困境中的完善之路

——非监禁刑适用的研究

沈 勇*

一、概况

（一）非监禁刑的概述及主要种类

从现行我国的刑罚制度来看，我国刑法规定的刑罚有主刑和附加型两类。其中主刑有以下五种：1. 管制。期限为3个月以上2年以下，数罪并罚不得超过3年。2. 拘役。期限为1个月以上6个月以下，数罪并罚不得超过1年。3. 有期徒刑。期限为6个月以上15年以下，数罪并罚不得超过25年。4. 无期徒刑。5. 死刑。附加刑有以下三种：1. 罚金；2. 剥夺政治权利；3. 没收财产；针对外国人，还有驱逐出境。

在这些刑罚中又可以分为监禁刑与非监禁刑。非监禁刑从其字面意思来看，系在监狱外对犯罪人所适用的刑罚。虽然我国现阶段对于非监禁刑尚无一个公认的定义。随着我国刑罚制度改革的推进，有越来越多关于非监禁刑问题的研究，关于非监禁刑的定义，结合理论界及实务界的较为认同的观点，可以定义为“由审判机关决定的对罪行比较轻的犯罪人在监狱之外适用的各种刑罚方法以及在执行刑罚过程中对于罪犯适用的各种非监禁性的执行刑罚制度与方法的统称”①。现代非监禁刑主要包括以下两个方面内容：1. 非监禁刑刑种，包括管制、罚金、没收财产、剥夺政治权利、驱逐出境；2. 非监禁刑制度，包括缓刑、假释、暂予监外执行和赦免等。

（二）非监禁刑发展概况

刑法的发展史从某种角度说就是一部刑罚从严酷到轻缓的历史，人类社会

---

* 宁波市鄞州区人民法院执行局助理审判员。

① 王宏玉：《非监禁刑问题研究》，中国人民公安大学出版社2008年版，第8页。

从蒙昧发展到文明，刑罚也从以肉刑、死刑为中心的刑罚结构发展到以死刑、自由刑为中心的刑罚结构再发展到以自由刑为中心的刑罚结构。总体而言，刑罚政策是朝着轻缓化的方向发展。但是在这个大趋势引导下，出现了“轻轻重重”两极化的刑事政策，对于某些重大犯罪及危险的罪犯采取严格的刑事政策，该刑事政策主要针对对象是恐怖主义犯罪、跨国有组织犯罪、毒品犯罪以及海盗犯罪等，对于该类犯罪的严厉打击，有利于国家维持正常的社会秩序；而对于那些罪行比较轻、未成年人犯罪等，则采取宽松的刑事政策，更能够收到刑罚教育改造的目的，更能够以有限的社会资源收获更大的刑罚效益。在这样的刑罚轻缓化的大环境下，非监禁刑在现代发展中越来越体现出其自身特有的优势，也越来越为国际社会所重视。特别是在 20 世纪 60 年代后期以来，减少监禁性特别是短期监禁刑，一直以来都是欧洲各国刑事政策的核心目标。1990 年在古巴哈瓦那召开的第 8 届联合国预防犯罪与罪犯待遇大会上，通过了《非拘禁措施最低限度标准规则》（又称《东京规则》），该规则倡导各国在本国法律制度内采用非拘禁措施，从而降低使用监禁办法的程度，并使刑事司法政策合理化，同时考虑到尊重人权的义务、社会正义的需求以及改造罪犯方面的需要。①

二、我国非监禁刑的发展基础

（一）非监禁刑的优点

非监禁刑相对监禁刑来说，拥有许多独有的优势：非监禁刑行刑成本相对于监禁刑一般较低，能够使监狱及看守所拥挤的状况得到相当程度的改善，国家可以对在那些监狱里的罪犯实施更加有效的矫正；通过非监禁刑惩罚罪犯，罪犯能够避免在监狱里交叉感染；通过非监禁刑惩罚罪犯，罪犯本身的家庭链条仍然能够得到有效地维系，有利于罪犯的改造和减少对罪犯家庭成员的负面影响；通过非监禁刑惩罚罪犯，使罪犯能够继续工作，不仅能够解决犯罪后重新融入社会难的问题，同时也能够用其收入赔偿被害人的经济损失。

（二）现阶段在我国发展非监禁刑的基础

目前，我国的刑罚适用模式仍以监禁刑为主体，非监禁刑适用较少，如有也大部分适用于一些未成年人犯罪中。传统观念认为的刑罚目的就是惩罚犯罪，传统观念在人们头脑中已经根深蒂固，人们对犯罪及罪犯深恶痛绝，认为不对其加以惩罚，难以法律的显示公正，难以弥补对受害者的伤害。但是在我

① 参见《联合国人权公约和刑事司法文献汇编》，中国法制出版社 2000 年版。

国发展非监禁刑也有深厚的基础。

1. 发展非监禁刑在我国有相当的理论基础，意大利法学家贝卡利亚认为："刑罚的目的既不是要摧残折磨一个感知者，也不是要消除业已犯下的罪行。刑罚的目的仅仅在于：阻止罪犯再重新侵害公民，并规诫其他人不要重蹈覆辙。"[①] 这一点得到了我国刑法学界的普遍认同。惩罚与教育是我国刑罚的主要目的，这一点在《监狱法》有明确的体现，该法第3条规定："监狱对罪犯实行惩罚和改造相结合、教育和劳动相结合的原则，将罪犯改造成为守法公民。"只有更大功能的发挥刑罚在教育和矫治犯罪方面的功能，才能使更多走上犯罪歧途的人能够重回社会。

2. 我国法治的完善及对人权保护的日益重视为发展非监禁刑提供了思想基础，我国在过去制定刑事政策时往往重点在于对罪犯的打击和社会的控制，在对人权的保护方面则往往不够重视。但是随着社会的发展，我国也越来越关注人权的保护。我国已经加入了20多个国际人权公约，近几年来我国相继发表了《中国人权状况》《中国改造罪犯的状况》等有关人权状况的白皮书，更值得欣喜的是第十届全国人民代表大会第二次会议通过了《宪法修正案》，首次将"人权"概念引入《宪法》，明确规定"国家尊重和保障人权"。

"和谐社会"的构建和"宽严相济"刑事政策的确立为我国非监禁刑的发展提供了更加宽广的道路。从新世纪开始，我国进入了全面建设小康社会、加快推进社会主义现代化的新的发展阶段。党的十六大在规划全面建设小康社会的奋斗目标时明确提出："我们要在本世纪头二十年，集中力量，全面建设惠及十几亿人口的更高水平的小康社会，使经济更加发展、民主更加健全、科教更加进步、文化更加繁荣、社会更加和谐、人民生活更加殷实。"在全面建设小康社会的过程中促进社会更加和谐，既反映了我国国情和现代化建设的实际需要，又反映了广大人民群众的强烈愿望。

"和谐社会"的成功构建离不开法治的保驾护航，作为社会治安最后一道防线的刑事审判工作，在维护社会和谐方面也起着不可忽视的作用。宽严相济刑事政策，是党中央在构建社会主义和谐社会新形势下提出的一项重要政策，是我国的基本刑事政策。它对于最大限度地预防和减少犯罪、化解社会矛盾、维护社会和谐稳定，具有特别重要的意义。宽严相济的刑事政策的提出，世界刑事政策的趋势与我国实际相结合的产物和表现，标志着我国刑事政策水平迈向了一个新的高度。宽严相济的刑事政策要求针对轻重不同的犯罪和犯罪行为人，分别采取宽、严不同的处罚，"宽"的政策使罪犯重返社会为非监禁刑的发展提供了有力的保障。总之，加大非监禁刑的适用，不仅是司法实践的客观需要，更是我国在新的历史条件下刑事政策的必然选择和内在要求。

---

① [意] 贝卡利亚：《论犯罪与刑罚》，黄风译，中国大百科全书出版社1993年版，第47页。

三、困境中的发展：

虽然现在我国社会各界对于非监禁刑发展的重要性有了一定程度认识，各地对于社区矫正等非监禁刑手段正进行积极的试点工作，但是非监禁刑在我国的发展进程还是相对的缓慢，这是有其各方面综合原因的。长期以来重刑主义思想和我国现阶段犯罪率居高不下的现状、对社会舆论的过度重视以及对监禁刑实际效果缺乏研究等情况都成为阻碍我国非监禁刑发展的不利影响。

（一）我国现阶段犯罪率居高不下的状况阻碍非监禁刑的发展

当今我国经济还没有完全走出全球经济危机的影响，上升的不仅有失业率，还有犯罪率。中国社科院发布的 2010 年《法治蓝皮书》显示，2009 年中国犯罪数量打破了 2000 年以来一直保持的平稳态势，出现大幅增长。其中，暴力犯罪、财产犯罪等案件大量增加。据蓝皮书，2009 年 1 到 10 月，中国刑事案件立案数和治安案件发现受理数大幅增长，刑事案件数增幅在 10%以上，治安案件数增幅达 20%左右，全年刑事立案数达到 530 万件，治安案件数达到 990 万件。正是由于这种犯罪率居高不下的状况，使得我国的刑罚不能很快轻缓下来。而且犯罪率居高不下又使得我们特别寄希望于刑罚的震慑效果，希望通过较重的刑罚来震慑社会上一些潜在的犯罪人，并对那些已经犯罪的人给予严厉的处罚，使得他们在被处罚之后不敢再犯。这样就导致审判机关在适用非监禁刑时非常的谨慎，不敢甚至不愿适用非监禁刑。

（二）重刑主义的传统对于非监禁刑的影响

我国有着非常漫长的封建历史，而且我国封建制社会特别重视刑罚，重刑主义思想在整个封建制社会中代代相传。导致我国一直受重刑主义传统的印象，非常注重刑罚的一般预防。

建国后，特别是从 1983 年开始的几次“严打”运动，无不体现了我国的刑事政策受重刑主义的影响。当时我国的刑事政策坚持贯彻“从重从快”的方针，把犯罪率上升归结于立法不够严厉和司法的打击力度不够。虽然这几次的“严打”运动在当时遏制犯罪率上升方面起到了一定的效果，使得这期间的犯罪率得到了控制，但是对于制约我国非监禁刑的发展影响巨大。

（三）社会舆论对非监禁刑发展的阻碍

我国目前法治还不是十分健全的状况下，社会舆论也对司法起着一定的导向作用，有着古老的“重刑主义”思想以及以惩罚为主要目的传统的人民大众对于非监禁刑的适用方面往往会提出疑问，为什么犯了罪的人不是关押在监狱里面而是要放在社区里，即使理解这样有利于使罪犯能够改好以便之后更好的回归社会，但是一旦出现罪犯没有改好并且对社区造成危害的个例时，就有可能引发社会舆论对此的关注，从而影响到司法机关对非监禁刑的适用。

另外，媒体特别是网络媒体的兴起，对于我国非监禁刑的发展也起到了一定的不利影响。现实中一些媒体往往热衷于报道法院尚未审结的案件，将法院尚未依法认定的证据和事实进行报道。特别是一些网络媒体由于缺少相应的监督在报道案件的时候，使用了许多带有强烈定性引导意味的标题。这些爱憎分明的话语，将普通的刑事案件，变成一个容易引起社会误解、充满争议性的话题，使得法官在审判过程中不敢在法律允许的范围内对其进行轻判。如轰动一时的“药家鑫案”，尽管药家鑫有自首情节，也有多名的法学专家发表意见认为药家鑫罪不至死，但在众网民的口诛笔伐中、在众多媒体的舆论监督下，药家鑫还是被判了死刑。笔者有在最高人民法院从事死刑复核四年的经历，也认为药家鑫的作案手段残忍，但是如果不是舆论和网民的“过度关注”，药家鑫完全有可能不被判处死刑立即执行。

（四）司法机关在一定程度上公信力的缺失也制约着非监禁刑在我国的发展

改革开放至今，司法机关在一定程度上公信力的缺失，是所有从事法律职业人不想面对但又不得不面对的问题。非监禁刑采取的是对罪犯不关押、非监禁或是通过罚金等其他的方式，惩罚性相对监禁刑而言要轻得多，特别是罚金刑的适用尤其会造成社会的误解。

采取非监禁刑对犯罪分子进行处罚，需要法院有较强的社会公信力，才能使当事人以及社会各界对法院的判决信服。否则当事人就会怀疑该判决中是否存在“权钱交易”等其他的不法现象。

（五）对监禁刑预防犯罪的实际效果缺乏研究

我国的刑罚体系是以限制自由刑为中心，监禁刑在我国现行的刑罚体系中占据着及其重要的地位。对于那些罪行比较轻微的罪犯是适用监禁刑更能有效地对其进行改造，使其不致再危害社会，还是适用非监禁刑更能达到这一目的，缺乏有效地研究实证，致使法院在审判之时多流于之前经验和判例，从而使非监禁刑的适用受到影响。

四、完善构想

随着我国社会主义政治、经济的发展、刑罚适用对象的变化以及我国非监禁措施的初期实践经验为非监禁刑的适用和推广提供了广阔的前景。

对于我国非监禁刑，可以从程序和实体两个方面加以完善。

（一）程序完善之路：增设非监禁刑判决程序

首先在程序方面，设立专门非监禁刑判决程序。2012 年对《刑事诉讼法》进行了较大的修改，完善了关于适用简易程序审理刑事案件的规定。修改后的《刑事诉讼法》第 208 条规定："基层人民法院管辖的案件，符合下列条件的，可以适用简易程序审判：（一）案件事实清楚、证据充分的；（二）被告人承认自己所犯罪行，对指控的犯罪事实没有异议的；（三）被告人对适用简易程序没有异议的。人民检察院在提起公诉的时候，可以建议人民法院适用简易程序。"

增设非监禁刑判决的程序，可以借鉴《刑事诉讼法》关于简易程序的规定，对于案件基本事实清楚，主要证据确实、充分，被告人自愿认罪伏法，且最终处刑只能是主刑为有期徒刑以下的刑罚的轻微刑事案件。针对此类案件可以由检察院在向被告人及其辩护人充分说明非监禁刑程序的法律性质和相关的法律后果后，征得被告人及其辩护人的同意，在向法院提起公诉时附上书面简易，之后由法官根据检察院递交的起诉材料进行书面审理，决定是否适用该程序并最后作出裁判。

设立专门的非监禁刑判决程序一方面有利于节约司法成本，对于此类非监禁刑判决程序可以免去法院专门的开庭程序。另一方面，从程序上对监禁刑案件和非监禁刑案件在审判之前就进行分类，有利于公众对法院对该类案件判决的信服。

（二）实体完善之路

1. 完善我国的管制刑

根据《刑法》规定，管制就是由人民法院判决，对犯罪分子不予关押，但限制其一定自由，交由公安机关管束和人民群众监督改造的刑罚方法。管制刑在我国刑罚体系中居于主刑的地位，但是在现时的审判实践中管制的适用则非常之低，这与管制刑在执行过程中缺乏有效的监督管理机制有很大的关系。笔者认为，首先，应当将管制刑的执行主体从公安机关分离出来。我国现阶段，公安机关承担着重要的社会治安任务，同时还承担着刑事案件的侦查、预审、提请逮捕、交通管理等各方面的工作，导致公安机关往往无法顾及其管制的执行工作。从而使得管制的执行效果出现很大的偏差。将我国的管制刑的执行明确纳入到社区矫正的范畴，可以提高管制刑的执行效果。其次，明确受刑人逃避管制的惩罚规定，我国《刑法》中对于管制刑受刑人应当遵守的内容有明确的规定，但是对于受刑人逃避管制的惩罚规定缺失。对于受刑人逃避管制刑的惩罚制度的确立，从而使得管制刑的执行过程保持必要的震慑力，保证管制刑执行的效果。

2. 扩大罚金刑的适用

限制罚金刑在我国发展主要有以下两个原因，第一是罚金刑在我国的刑罚体系中，仅仅作为附加刑存在，制约了罚金刑的适用。第二是绝大多数犯罪分子在法院判决前后是被羁押的，由于其人身自由被限制，对其罚金刑的执行比民事、行政案件复杂困难得多。罚金刑执行难的问题，使得很多判决了罚金刑的案件，最终流于形式无法实现，从而在审判实践中制约了罚金刑的判处。

要克服这两个缺点，首先要提升罚金刑在我国刑法体系中的地位，将罚金刑提升为主刑的一种。陈兴良教授就主张将罚金刑提升作为主刑的一种，但又可以作为附加刑适用。① 并在分则中作出具体的规定，明确可以单独适用罚金刑的具体罪名。如此规定不但让法官判处罚金刑有明确的法律依据，而且有利于提升法院判决的公信力，克服群众中存在的思想障碍，从而提高罚金刑的适用率。其次罚金刑执行难问题是一个世界性问题，从我国现在的经济发展状况和法制建设情况来看，要根本上解决罚金刑执行难的问题的可能性很小。但对犯罪需判处罚金刑的，可以通过对于不同的受刑对象分类处理，来缓解执行难问题。对于经济条件较好的个人和单位，或是个人条件相对较差但亲属朋友愿意为其代付罚金的，可以实施罚金预缴制度，受刑人如果缴纳了该罚金也从一个侧面说明其有悔罪诚意，还可以保证罚金刑的顺利执行，减少法院强制执行费用的支出，节约司法成本；对于那些经济条件较差的受刑人，由于其无力一次性支付所需支付的罚金，可以采取日罚金、周罚金、月罚金的形式来解决这一矛盾，此类罚金刑的适用延长了受刑人关于罚金刑的执行期间，使其经常可以感受到罚金刑的存在，从而起到惩罚效果。

3. 完善社区矫正制度，进一步扩大社区矫正的适用

社区矫正是目前世界上许多国家所适用的一种非监禁刑模式，是与监禁矫正相对的行刑方式，是指将符合社区矫正条件的罪犯于社区内，由专门的国家机关在相关社会团体和民间组织以及社会志愿者的协助下，在判决、裁定或决定确定的期限内，矫正其犯罪心理和行为恶习，并促进其顺利回归社会的非监禁刑罚执行活动②。

随着我国城市化建设的不断深入，我国各地社区矫正实践发展迅速，社区矫正的试点城市不断增多，社区矫正的规定也不断地在完善，如北京颁布了《北京市社区矫正工作实施细则》，上海也颁布了《上海市社区服刑人员分类矫正暂行规定》等。但我国的社区矫正工作也存在着各种各样的困难。首先，我国社区建设起步较晚，而且社区建设水平和经济发展水平一样，地区性差异十

① 陈兴良：《刑法适用总论》（下卷），法律出版社 1999 年版，第 238 页。
② 参见《关于开展社区矫正试点工作的通知》（司发〔2003〕12 号）。

分明显，对于那些经济欠发达地区的社区矫正往往受困于经费和人员等各种因素无法正常的建立起来；其次社区民众对于受矫正人员的接受程度，如果社区民众对于受矫正人员抵触情绪强烈，则社区矫正工作无法达到意想中的效果；再次农村社区矫正中的问题，农村社区的发展相对于城市社区来说相对来说更为的滞后，软硬件、社区志愿者等各方面的条件更为缺乏，社区矫正工作开展的难度更大。

要进一步扩大社区矫正的适用，除了加快经济建设，促进社区矫正的硬件不断的完善外，还需加大社区矫正的宣传力度，使得社区群众更好的理解社区矫正的重要性，主动接受本社区的矫正人员，积极配合社区对矫正人员的改造工作。在农村社区中，虽然在设施、专业人员方面无法在短期内达到城市社区的水平，但是我国农村社区有其自身的优势，农村社区的成员之间的关系更为稳定且彼此之间更为的熟悉，所以相对于城市社区来说，对于接受本社区的矫正人员更为容易；其次在农村社区中，有效利用村规乡约以及家族作用可以更大有利于受矫正人员的管理和约束。

4. 重视刑事和解的作用

2012 年 3 月 14 日第十一届全国人民代表大会第五次会议通过了《全国人民代表大会关于修改〈中华人民共和国刑事诉讼法〉的决定》。在新修改的《中华人民共和国刑事诉讼法》第 277 条规定：“下列公诉案件，犯罪嫌疑人、被告人真诚悔罪，通过向被害人赔偿损失、赔礼道歉等方式获得被害人谅解，被害人自愿和解的，双方当事人可以和解：（一）因民间纠纷引起，涉嫌刑法分则第四章、第五章规定的犯罪案件，可能判处三年有期徒刑以下刑罚的；（二）除渎职犯罪以外的可能判处七年有期徒刑以下刑罚的过失犯罪案件。”

刑事和解，作为一项新型的刑事案件处理机制，对于妥善化解社会矛盾，积极解决社会纠纷，保持社会稳定具有十分重要的意义。刑事和解案件以轻刑案件为主，被告人认罪态度较好，有积极悔罪表现，并且取得了被害方的谅解，各地法院对其适用非监禁刑的比例普遍较高。故积极推进刑事和解，对于我国非监禁刑的适用有着非常好的促进作用。

结　语

非监禁刑所包含的尽量将罪犯与普通人同等对待，以不剥夺其自由的方式促进其再次融入社会，成为一个合格的社会成员的价值取向，是人类社会文明发展的一次重要的抉择。彼得·克尔波特金曾经说过：“人类很少敢于向对普通人一样对待囚犯，但是他每这样做一次都会由于其勇敢而受到褒奖。”[①] 我国的法治建设在改革开放之后步伐显著加快，不断有各个方面的先进法治思想引入，并逐步为广大民众所接受和重视。非监禁刑的发展适应国际社会刑罚轻缓化的发展潮流的必然选择，也将在我国法治建设进程中写下浓厚的一笔。

① 彼得·克尔波特金：《在苏联和法国监狱》，转引自郭建安等译：《各国矫正制度》，中国政法大学出版社 1998 年版，第 226 页。

试论公司并购中目标公司少数股东利益的保护

——以上市公司收购为研究对象

戴宏良*

一、问题的提出：公司并购及目标公司少数股东的利益

公司并购是市场经济条件下公司对外扩张并扩大经营规模的重要手段。并购一词来源于英文的“M&A”，即 Merger & Acquisition。Merger 通常译为兼并，即为公司法中的合并，其主要包括吸收合并和新设合并；Acquisition 通常译为收购，是指一家公司在证券市场上用现款、债务或股票购买另一家公司的股票或资产，以获得对该公司的控制权，根据收购对象的不同，可以将其区分为股权收购和资产收购。

公司并购是现代经济生活中一个极其重要的现象，是市场经济高度发展的产物。“它作为企业产权交易的形式，是企业由资产经营向资本经营转化的有效扩张手段，在欧洲、美国、日本等国和地区的跨国公司中十分流行，成为公司经营战略的一项重要措施。”① 自 20 世纪 90 年代以来，我国公司也逐渐开始引入该种经营机制，发展规模逐渐放大，但法律调控体系尚需完善。

在公司并购中，最需要保护的是目标公司的广大股东，股东是公司的投资人，保护股东的合法利益是《公司法》第 1 条规定的立法宗旨之一。我国公司制度和资本市场法治的主流是健康的，但是我国当前投资者权利保护工作仍显脆弱，投资信心经常遭遇沉重打击，少数股东权益经常受到侵害，股东权益保护工作长期处于边缘化状态。② 在广大股东中，占据绝大多数的是持股数量较少的少数股东，他们的利益保护问题长期以来就是公司法及证券法等所要解决的问题。本文拟就公司并购中目标公司少数股东利益的保护问题以上市公司收购这一现象为研究对象，作一浅显的分析，以求教于方家。

---

* 宁波市鄞州区人民法院邱隘人民法庭副庭长。

① 甘培忠：《企业与公司法学》，北京大学出版社 2007 年版，第 513～514 页。

② 参见刘俊海：《现代公司法》，法律出版社 2008 年版，第 175 页。

二、上市公司收购中目标公司少数股东的弱势地位

（一）上市公司收购概述

上市公司收购伴随着资本主义市场经济的产生和发展走过了一个多世纪，为资本主义社会酝酿了五次购并浪潮，极大地促进了社会生产力的发展。在我国，上市公司收购是指投资者公开收购股份公司已经依法发行上市的股份以达到对该股份公司控股或兼并目的的行为。[①] 上市公司收购主要涉及收购人和被收购公司两方主体，收购人为了取得或控制一家上市公司的控制权，其购买的标的物是上市公司的股票而不是上市公司本身，因为上市公司作为企业法人是证券市场的主体而不是客体，但是取得一家上市公司的控制权就好像把这家上市公司购买下来一样，因而可以把为取得或巩固上市公司控制权而购买上市公司的股票，形象地称之为“上市公司收购”。由于被收购的上市公司是收购人所意欲取得控制权的目标，因而可以将这里的被收购公司称之为“目标公司”。随着我国证券市场的不断发展，上市公司收购在我国也呈现出蓬勃增长的势头，对其的法律规制也亟待进一步完善。

（二）少数股东的界定

作为公司存在基础的股东，根据不同的标准，可以对其进行不同的分类。其中，根据股东对公司控制程度的不同，可以把股东分为少数股东和多数股东。

所谓少数股东（Minority Shareholders）是指凭借其股份上的表决权不能控制公司的股东。少数股东在通常情况下也有学者称之为中小股东、小股东。反之，多数股东（Majority Shareholders）是指凭借其股份上的表决权能够控制公司的股东。多数股东也叫做控股股东、控制股东或者大股东。[②] 划分多数股东与少数股东的标准是对公司的控制制度，而不是某一具体的持股比例，因为在股权广泛分散的当今公司中，尤以上市的大公司为甚，持有股份低于50％，甚至不足10％也有可能控制公司并从而成为公司的“相对控股”的控股股东；多数股东与少数股东的划分是以每一具体事件为标准的，是对这一具体事件的控制程度。“因为对某些股东单个考察时，是少数股东，不是控制股

---

① 张雁云：《上市公司收购行为中涉及的中小股东权益的保护》，载《商业文化（学术版）》2007年第4期。

② 本文所采用的“少数股东”这一概念及上述的这一分类，主要受到了吴晓峰：《公司并购中少数股东利益保护制度研究》一书的启发。吴晓峰：《公司并购中少数股东利益保护制度研究》，法律出版社2008年版。

东，但是在股东大会决议某一具体事件时，这些少数股东为了某些共同的利益联合起来，并且在此后的表决里达到了左右股东大会决议的能力，则应该将参加联合的股东视为多数股东。”① 所以，在一定程度上多数股东与少数股东的划分在对公司控制权的问题上，较大股东、中小股东的划分更加的科学和严密。“当然，在一般情况下，一个股份公司的多数股东是比较固定的，总是某个股东或某些股东在操纵着公司的内外事务，而其他中小股东因为太分散，所以无法联合起来与他们抗衡。”②

各国公司的股权结构都是不均衡的，但是在我国这种不均衡更加的突出，其典型地表现为“一股独大”的现象，在上市公司这样的大型公众公司中也普遍存在“一股独大”的现象。在上市公司股权结构未有根本改变的当今，可以说绝大多数的公众投资者都属于本文中的少数股东。

（三）少数股东在上市公司收购中的弱势地位

根据《公司法》“同股同权”的原理，每一股份所享有的权益是相等的，作为公司的出资者，少数股东与多数股东的法律地位应该是一致的，他们都是公司的所有者，都享有《公司法》和公司章程规定的内容相同的股东权。但是，实践中，人数众多的少数股东往往是公司决策中的“弱势群体”。少数股东无法决定董事会的部分或全部成员，也无法决定公司的经营管理或者对公司的经营管理产生重大影响的股东，其在公司的经营管理中处于弱势地位。在上市公司的收购中，其同样处于弱势地位。“在证券市场高度发达的今天，公众投资者日益增多，他们往往没有足够的时间、精力和财力去获取上市公司的信息，从而成为证券市场中的弱者。”③ 著名的“争夺战”理论将上市公司的整个收购过程比喻为收购人与目标公司管理者围绕目标公司展开的一场激烈的争夺战。在这场争夺战中，少数股东的利益往往是最容易被侵害的。

少数股东弱势地位的成因，概括起来可以分为三个层面。

第一，少数股东自身的层面。在上市公司的收购中，目标公司的少数股东处在极度的信息不对称之中。收购人、目标公司管理者以及证券经营机构在市场上居于主动的强者地位，目标公司的少数股东在信息的拥有以及投资的判断能力上与收购人及目标公司的多数股东都存在很大的差异，在信息的掌握分析上，收购人可能会有一个专门的团队去研究达到收购目的的战略战术，而少数股东往往缺乏相关的信息和专业知识。当收购人的收购行为发生时，少数股东无力与之讨价还价，也很难在股份的出售上做出可维护自身权益的明智选择，也不可能在多数股东以协议方式出售股份时享有收购人提供的优惠待遇和获得

---

①② 吴晓峰：《公司并购中少数股东利益保护制度研究》，法律出版社 2008 年版，第 33 页。
③ 吴高臣：《论上市公司收购中一致行动的法律规制》，载《法律科学》2001 年第 4 期。

高回报的收益。对于公司的多数股东和管理者而言，少数股东因为持股比例的原因，往往对上市公司的控制能力和欲望比较小，“搭便车”的现象普遍存在，所以很难实现对其的监督。

第二，多数股东和公司管理者的层面。多数股东对少数股东的“掠夺”是一个普遍性的话题，“掠夺”（Expropriation）是指控股大股东利用控制地位通过损害少数股东的利益增加自身利益的行为，这是多数股东强加于少数股东身上的不利影响。[①] 具体到上市公司收购，在公开要约收购中，多数股东一般具有较强的讨价还价能力，并且由于其较早掌握收购的内幕信息，收购过程中的大量交易、股价波动都会给其提供内幕交易牟取暴利的机会。[②] 在面对面的协议收购中，多数股东仍然可以得到收购人提供的优惠待遇，少数股东却没有这种力量。

正如前文所述，上市公司的收购过程是一场“争夺战”，在公司面临收购时，董事、经理等公司管理者就面临一个困境：一旦收购成功，原来的董事可能被逐出董事会，失去原有的利益。所以，在上市公司收购行为发生后，目标公司的管理者常常滥用其控制权，以维护目标公司控制权为借口采取反收购措施。有时，尽管收购可能有利于公司、有利于全体股东，但董事会为了保住自己的利益，就会滥用控制权拒绝收购或采取其他不利于股东的措施以阻碍收购。面对侵害，少数股东只能做一个旁观者，无法改变弱势地位，很多情况下，少数股东根本做不到高价位出售股票、实现利益最大化，反而是收购人与多数股东、目标公司管理者都打着维护公司和广大少数股东利益的旗号，使少数股东误判形势而错过了高价售股的良机。[③]

第三，收购人的层面。收购人发动一次收购，一般由投资专家花费超过数月甚至几年的时间调查、寻找目标公司，其掌握了大量的信息。而目标公司的股东却只能在相对短的时间内作出判断；另外，收购人拥有金融、投资、法律等方面的专家来分析和处理获得信息，而少数股东中绝大多数不具备这些专业知识。所以，无论在信息获得量、信息处理时间、信息处理的专业知识方面，少数股东都处于弱势地位。[④] 这是在收购完成之前，因收购人层面的原因导致少数股东处于弱势地位。

在收购完成后，目标公司的少数股东往往处境更加危险。当收购人取得目标公司的实际控制权或者是进一步强化其控制权后，收购人可能采取“挤出合并”的收购方式来侵害少数股东的利益。“挤出合并是指公司收购者在以一定

---

① 关于“掠夺”理论，参见吴晓峰：《公司并购中少数股东利益保护制度研究》，法律出版社2008年版，第36页。

② 陈志高：《论上市公司收购中小股东权利的保护》，载《哈尔滨学院学报》2007年第3期。

③ 张雁云：《上市公司收购行为中涉及的中小股东权益的保护》，载《商业文化（学术版）》2007年第4期。

④ 陈志高：《论上市公司收购中小股东权利的保护》，载《哈尔滨学院学报》2007年第3期。

的价格收购目标公司一定数量的股份从而获得对目标公司的控制权后，利用控制股东的身份召集股东大会，作出收购公司与目标公司合并的决议，并且迫使目标公司的股东将其余的股份以一定的，即以一般比前次收购低的价格，出售给收购者。”[①] 这种情况下，少数股东不但失去了继续作为公司股东的身份，而且还不能以较公正的价格在出卖股份时得到回报。

三、上市公司收购中目标公司少数股东利益保护的原则

公开、公平、公正是证券法的统领性原则，该原则是维护投资者合法权益，保障证券市场健康发展的基本原则。上市公司收购制度作为证券法的重要制度之一，也要受这一原则的规制。但是上市公司收购制度又有其特殊之处，其涉及利益主体重大，交易难度很大，其中的少数股东在交易中利益最易受到损害。保护这一群体的权益，应由国家法律制定相应的规则加以规范，制定相应的基本原则加以指导。在这方面，多数国家都制定了上市公司收购制度的相关立法来保护广大投资者尤其是少数股东的利益。综观各国公司和证券立法，在上市公司收购中对少数股东利益的保护主要包括以下原则：[②]

（一）目标公司所有股东平等待遇原则

目标公司所有股东平等待遇原则是指在上市公司收购中，股东依其所有的股份享有平等待遇，目标公司所有股东，无论其所持股票占公司股份总额比例大小，均能获得公平待遇。这一原则是公司法理中股东平等原则的体现。这一原则主要体现在两个方面：

其一，目标公司股东有平等参与收购的权利。为此各国确立了“全体持有规则”和“按比例接纳规则”——前者是指收购人应向目标公司某类股份全体持有人发出要约收购；后者是指目标公司股东接受要约的总数高于收购人拟购买的股份数的，或者说收购要约人要约收购股份的总数低于受要约人全体所接受要约的总数时，收购人应按比例从所有接受要约的目标公司股东手中购买股份，而不论其接受要约的时间先后。

其二，目标公司股东有权获得平等的收购条件。在上市公司的收购活动中，目标公司的股东由于其持有的股份数量不同，因而他们与收购人讨价还价的能力也会不同。收购人为了能够顺利完成收购，往往给予多数股东以一定的

---

① 吴晓峰：《公司并购中少数股东利益保护制度研究》，法律出版社 2008 年版，第 42 页。

② 参见袁晓波、杨健：《上市公司收购中的中小股东保护原则探析》，载《齐齐哈尔大学学报（哲学社会科学版）》2008 年第 1 期；张雁云：《上市公司收购行为中涉及的中小股东权益的保护》，载《商业文化（学术版）》2007 年第 4 期；金莉：《论上市公司收购中股东权保护的若干法律问题——以目标公司为中心的研究》，载《当代法学》2003 年第 11 期；吴晓峰：《公司并购中少数股东利益保护制度研究》，法律出版社 2008 年版。

优惠条件。所以多数股东与收购人有较强的讨价还价能力，但这就构成了对少数股东的歧视和不公正。因此，各国法律都规定了价格平等、价格最高原则，即在收购中目标公司股东平等地享有收购人向任何股东提出的最高价要约。

（二）充分信息披露原则

充分信息披露原则又叫做透明度原则，这一原则在上市公司收购中体现为与收购有关的重要信息均应充分披露，收购人和目标公司的经营者必须向公众公开涉及收购活动的相关的重要信息，以保证目标公司的股东，尤其是少数股东获得其决定是否接受收购人的收购以及做出其他决策的必要的真实的信息。这一原则不仅要求披露的真实性，还要求披露的及时性，即有关收购的信息应在合理的期间内迅速、及时地予以公布，不得故意拖延、迟缓，以免内部人员不正当利用该信息进行内幕交易。这一原则还要求目标公司的经营者应对其所面临的要约收购发表意见，该意见应向所有受要约人充分披露，并说明其之所以持此观点的理由，并披露该收购要约之间所存的利益冲突，体现为平等性，即公开、公平地将信息披露给每一位投资者，尤其是少数股东。

（三）目标公司多数股东（控股股东）诚信义务原则

传统公司法并没有关于多数股东的诚信义务的规定，美国判例法较早地创设了控制股东对从属公司和少数股东承担诚信义务的原则。“该原则认为，单纯持有多数股权，并不因此使股东对公司和其他股东负有忠实和注意义务；但是如果该股东借股权之持有而行使控制力时，忠实和注意义务即告产生。”①在上市公司收购中，对多数股东加以控制是对少数股东利益保护的重要措施，多数股东的诚信义务主要体现在两个方面：

其一，在股东大会的召开和决议过程中，应当保证少数股东的股东权的行使。在上市公司收购过程中，目标公司的多数股东往往为了操纵股东大会，在召开和表决的程序上阻碍少数股东行使权利。为了真正发挥股东大会的功能，保护少数股东的权益，应当在程序上为中小股东提供方便。

其二，在反收购过程中，目标公司股东大会和董事会的决定应当维护目标公司的少数股东的权益。根据资本多数决原则，股东大会依多数股东的意思做出决议，从而决定了少数股东事实上处于不利地位。为了实现真正平等，防止少数股东的权益受形式合法而实质违法行为的损害，应当确保公司决议不侵犯少数股东的权益。

---

① 郭富青：《公司收购中目标公司控股股东的诚信义务探析》，载《法律科学》2004年第3期。

（四）确保目标公司经营管理者忠于股东利益原则

在上市公司收购活动中，从保护目标公司股东权益，特别是少数股东权益这一宗旨出发，需要对目标公司的经营管理者的行为加以规范和适当限制。确保目标公司经营管理者忠于股东利益原则即是这种规范和限制的体现。该原则要求目标公司的经营管理者要履行对目标公司的忠实义务及善良管理人的注意义务，对他所从事的对本公司的收购行为谨慎行事，为了能使目标公司的股东对收购的价格做出准确的判断，目标公司的经营管理者必须在一定的时间内对收购做出客观、真实、全面的评价；除非有充分的证据表明这种收购行为确实对公司不利，否则不得采取反收购措施；非经股东大会同意，不得擅自采取对股东利益有重大影响的反收购措施，以防止其从自己的私利出发，损害广大少数股东的利益。

四、我国目标公司少数股东利益保护制度的不足及完善构想

（一）强化充分的信息披露制度

通过前文的论述，充分的信息披露制度的重要性已经不言而喻了。我国证券法也坚持上市公司收购的信息披露制度，并且中国证监会发布的《上市公司信息披露管理办法》《上市公司收购管理办法》也进一步强化了上市公司的信息披露义务。

近年来，在上市公司收购信息披露方面，我国的规定有了长足的进步。但是还有些许的不足之处，可以进一步完善。因为对充分的信息披露制度的进一步强化是怎么都不过分的。关于目标公司董事会的信息披露义务，我国证券法尚未将其列入其中，仅仅是《上市公司收购管理办法》作了明确的规定。对于这一重要的制度，我们应尽早将其写入法律之中。

具体而言，目标公司董事会信息披露制度是指目标公司的董事会就收购相关事宜出具意见书的义务。由于目标公司的董事会最清楚本公司的现状以及收购对公司的可能影响，因此在目标公司的广大股东就收购人的收购要约做出决定之前，由公司董事会向股东提供意见并公开公司可能受到的影响，对广大股东来说是一个重要的参考依据，基于董事会对公司和股东的忠实义务，目标公司董事会应当就收购进行相关的信息披露。①

另外，我国还需要在立法中进一步强化多数股东的持股披露义务并增长披露期限，以切实保护少数股东的利益。

---

① 符启林主编：《证券法：理论·实务·案例》，法律出版社2007年版，第213页。

（二）进一步完善股东表决权制度

多数股东的优势地位是凭借“资本多数决”原则而取得的，如果能够对其表决权进行必要的限制，则对于保护少数股东的利益无疑“对症下药”。[①]

1. 表决权排除制度

股东表决权排除，又称表决回避，是指股东会表决的时候，与决议事项有利害关系的股东应当回避，不得就该决议事项行使表决权，也不得由他人代理或代理他人行使表决权。从各国公司法的规定看，表决权排除主要适用于股东会决定涉及关联交易的事项，旨在防止多数股东利用表决权优势通过有损其他股东的决议。《公司法》对于股东表决权排除的适用似乎“心存忌讳”，仅适用于一种情形，即第16条规定的关联担保。针对上市公司，证监会有关规章扩展了适用对象。[②] 在上市公司收购中，我们的立法应该规定关联股东的表决权排除制度。

2. 建立类别股东表决制度

所谓类别股东表决制度，是指根据法律、法规和公司章程的规定，持有上市公司不同种类的股份的股东可以分别召开股东大会表决有关事项。在我国目前，可以按普通股股东中的流通股股东和非流通股股东分别召开类别股东大会。[③] 类别股东的单独表决实质上放大了少数股东的表决权，也反向构成了对多数股东的表决权限制，有利于少数股东利益的保护。

3. 对上市公司采取强制性的累积投票制度

累计投票制，按照《公司法》第106条的定义，是指股东大会选举董事或监事时，每一股份拥有与应选董事或者监事人数相同的表决权，股东拥有的表决权可以集中使用。我国现行《公司法》对累计投票制采取了倡导主义的做法，而非强制主义的态度。中国证监会关于上市公司的累计投票制也作了一些规定，其中《上市公司治理准则》要求“控股股东控股比例在30％以上的上市公司，应当采用累计投票制”。对于其他的上市公司，仍是倡导性的要求积极推行累计投票制。

对于上市公司而言，累计投票制有助于提升少数股东的话语权，增强少数股东表决权的含金量，平衡多数股东和少数股东的利益关系。基于充分保护上市公司少数股东的利益的考虑，我国公司法应当对所有的上市公司采取强制性的累计投票制度。

---

① “对症下药”一词参见李建伟：《公司法学》，中国人民大学出版社2008年版，第430页。

② 李建伟：《公司法学》，中国人民大学出版社2008年版，第430页。

③ 张雁云：《上市公司收购行为中涉及的中小股东权益的保护》，载《商业文化（学术版）》2007年第4期。

（三）建立反收购规制制度

前文提到，上市公司的收购过程就是一场“争夺战”。其实上市公司收购并非全都是对目标公司不利，在收购人提出的价格合理，收购人又具有更高经营管理水平或更好管理经验的情况下，对目标公司就可能是有利的。对这种非恶意且有益的收购，若目标公司的经营者从自身私利出发，采取反收购措施，势必损害少数股东的利益。[①] 我国现行《证券法》中未对反收购措施加以规范，仅是修改后的《上市公司收购管理办法》对其作出了规定。

考虑到反收购措施中各方主体的利益争夺的激烈程度，我国应在法律中建立反收购规制制度，规制目标公司经营管理层的反收购措施。具体方面，应借鉴英美等国的做法，在坚持“确保目标公司经营者忠于股东的利益原则”的前提下，未经股东大会同意，目标公司管理层不得采取反收购措施。[②] 即由股东大会来决定是否采取反收购措施。在具体规定方面，可以作如下规定：其一，若目标公司经营者为维护自身利益，以维护公司长远利益为借口而采取反收购措施，从而损害股东尤其是少数股东利益的，应宣布此次反收购行为无效；其二，允许目标公司经营者在收购发生后寻找收购竞争者参加要约竞争，但是目标公司经营者必须平等对待所有收购竞争者，以期股东获得最高的溢价；其三，未经股东大会批准，目标公司不得从事发行股份、增设或允许增设或发生任何可转换公司股份的证券等行为。[③]

五、小结

我国《公司法》第1条开宗明义的揭示了股东权的保护为立法宗旨之一。但是由于我国的市场经济还不完善，法治水平还有待提高，我国对于股东权利的保护，尤其是少数股东的保护还存在诸多的不足。在公司并购这一市场经济的高度发展的产物中，少数股东的利益更是处在非常薄弱的保护之中。

随着现代经济一体化的发展，大陆法系国家在少数股东保护方面存在严重的不足（少数股东权益得不到应有的保护，使为数众多的少数股东只关注股票投机，而忽视公司的经营管理）日益凸现。[④] 我国在这方面的缺陷更为突出。随着我国经济的不断发展，国内公司的并购高潮也将慢慢来临[⑤]，在这种

---

① 参见秦亚东、杨健：《论上市公司收购中的中小股东保护——以目标公司为视角》，载《当代法学》2008年第1期。

②③ 参见张雁云：《上市公司收购行为中涉及的中小股东权益的保护》，载《商业文化（学术版）》2007年第4期。

④ 参见吴晓峰：《公司并购中少数股东利益保护制度研究》，法律出版社2008年版，第50页。

⑤ 例如2006年，中国全国的并购交易总额从2005年的618亿美元骤增至1006亿美元，增幅达63%。参见全球并购研究中心编：《中国并购报告（2007）》，人民邮电出版社2006年版，第5页。

情况下，我们尤其要注意加强对公司股东利益尤其是少数股东利益的保护，只有这样，才能保证我们的证券市场、我们的市场经济能够健康、蓬勃的发展。

（载于《法制与社会》2011 年第 3 期）

论我国商标异议程序之完善

——以第三次修改《商标法》为背景

李胜利*

一、我国商标异议程序缺陷之追溯

商标异议，是指自然人、法人或者其他组织在法定期限内对经商标局初步审定并公告的商标（或者已经核准注册的商标）提出反对意见，请求商标局对该商标不予核准注册（或者对该注册予以撤销）的法律制度。自 1983 年《商标法》实施以来，商标异议制度在防止权利冲突，保障商标注册的公平性、合法性等方面发挥了重要的作用。但随着经济的发展和商标注册大环境的改变，该制度也暴露出一些缺陷，如商标异议案件积压严重、恶意异议行为泛滥等。究其原因，笔者认为主要有以下几个方面：

（一）异议主体与异议理由的规定范围过宽

我国《商标法》对商标异议的异议主体和异议理由没有做出明确规定，只是在第 30 条中简单规定：对初步审定的商标，自公告之日起 3 个月内，任何人均可提出异议。异议主体包括有利害关系人和无利害关系人。对于异议理由，则只要是违反《商标法》对商标的限制性规定的，就都可据以提出异议。正是因为这种没有限制的规定，才使一些投机之人有机会利用商标异议程序谋取不正当利益。在我国，商标异议申请量在 2004 年突破了 14000 件，其后，每年的商标异议数量都维持在 15000 件左右，到 2008 年竟然达到了 25240 件，[①] 这中间不乏大量的恶意申请，如 2004 年有人竟然同时对 50 件初步审定公告的商标提出异议。

---

* 宁波市鄞州区人民法院邱隘人民法庭助理审判员，法学硕士。

① 以上数据摘自历年《中国商标工作年度报告》。

（二）异议程序审级过多、程序繁冗

为加入世界贸易组织，2001年我国修改了《商标法》，新法增加了对商标异议的司法救济程序，即对商标评审委员会的复审裁定不服的，可以向人民法院起诉。目前的商标异议程序包括商标异议裁定、商标异议复审、一审诉讼程序和二审诉讼程序。又由于我国采用的是行政诉讼模式，即便将四个程序全部走完，也未必可以终结案件。因为在行政诉讼模式下，如果法院作出撤销并要求商标评审委员会重新做出裁决的裁判，那么新的裁定仍然具有可诉性，就可能导致循环诉讼。循环诉讼在实践中已经发生多起，不仅浪费了行政资源和司法资源，也损害了司法判决的权威性。① 由于异议程序繁冗，截至2007年底，我国商标异议案件的积压量已超过5万件，② 到2008年年底，商标局待审的异议案件超过6万件。商标异议案件从受理到审结平均为4至5年；商标异议复审案件的审结要6至7年，③ 再加上两审诉讼程序，商标异议案件的审结要9至10年的时间。

（三）对复审裁定可提起行政诉讼的制度设置不合理

我国《商标法》第33条规定，如果当事人对商标评审委员会的复审裁定不服，可以以商标评审委员会为被告向人民法院提起行政诉讼，复审程序的对方当事人作为第三人参加诉讼。对复审裁定可提起行政诉讼的制度设置并不合理，商标评审委员会裁定商标异议的行为具有准司法性质，其本质上是对异议人与被异议人之间的民事争议予以审理，对被异议商标是否符合《商标法》的规定进行判定。该行为类似于行政仲裁行为，应具有不可诉性，对复审裁定不服应当直接进入民事诉讼程序。

二、商标异议程序存在之理由

目前，有关《商标法》第三次修改的讨论正如火如荼地进行着，商标异议制度备受争议，主要有以下几种观点：（1）全面审查制下不宜再设置商标异议前置程序，应当将商标异议和商标争议程序合并。④（2）减少商标注册的申请时间，取消商标异议制度，把实践中产生的纠纷留给法院解决。⑤（3）商标异议程序是商标注册程序中的重要环节，具有维护社会公共利益和保护在先私权的功能，但现行法律关于异议制度的规定存在诸多问题，妨碍了上述功能的实

①② 杨叶璇、臧宝清：《我国商标确权机制改革的分析与思考》，载《知识产权》2007年第2期。
③ 杨叶璇：《试论我国商标确权效率应当如何提高》，载《知识产权》2008年第3期。
④ 付莹：《全面审查制下不宜再设商标异议前置程序》，载《甘肃政法学院学报》2000年第3期。
⑤ 孙小青：《浅析商标审查制度和异议程序》，载《中国知识产权报》2005年9月9日。

现，为确保商标权的正当性，亟待修改。[①]笔者赞同第三种观点，认为在新法中应当保留商标异议制度，主要理由如下：

（一）商标异议程序的作用

商标异议程序可以将商标局的商标审查工作置于社会公众的监督之下，有利于保证商标审查的公正性，提高商标核准注册的准确性，保护利害关系人的合法权益和社会公共利益。另外，商标异议制度在防止和减少权利冲突、避免商标混淆、制止恶意抢注行为等方面起到了重要作用。[②] 首先，商标异议使商标审查工作透明化，保证审查的公正性，公众可以对通过初审的商标提出质疑，使有问题的商标不被核准注册。其次，商标在公权力和私权利的双重监督下获得注册，自然能够在质量上得以保证，而且商标权人也有充分的理由相信自己的商标权是正当的，从而可以放心使用、宣传商标。再次，防止恶意抢注行为，维护利害关系人的利益。恶意抢注商标的行为在实践中时有发生，异议制度则赋予真正权利人获取救济的机会。

（二）取消商标异议程序的后果

由于各种因素的限制，商标审查员对申请注册的商标在某些方面是无从审查的。如被审核商标是否是恶意抢注他人的商标；是否侵害了他人未注册的驰名商标；是否采用了虚假的地理标志等等。所以，如果取消商标异议制度，将会产生以下后果：（1）商标的恶意抢注行为会更加泛滥。近年来，恶意抢注商标的情况已经频繁发生，如兰州黄河企业股份有限公司的“黄河”商标在香港被抢注；广东汕头港通商行恶意抢注“永得利”和“美得丽”商标后转让牟利等。虽然商标异议程序的设立并不能解决所有问题，但我们不得不承认它在防止商标的恶意抢注方面起到了良好的效果。一旦取消该制度，没有了权利人的监督，恶意抢注商标行为会更加猖獗。（2）商标争议案件剧增。取消商标异议制度，很多问题留给了商标注册后的商标争议程序和民事诉讼程序。一方面，审查的失误导致侵犯商标专用权的商标被核准注册，因为救济渠道的多元化会导致纠纷增多。另一方面，因商标异议程序的存在而望而却步的投机之人会加入恶意申请人行列，从而使纠纷增多。（3）降低了商标的稳定性。异议程序的公告具有公示公信的效力，异议程序也减少了商标争议案件的数量，如果取消商标异议程序，各种纠纷都要在争议程序中解决，商标的外界稳定性必然要受到干扰，权利人也会因害怕商标被撤销、宣告无效或者面临诉讼的风险，不敢放开手脚使用商标，从而使商标的内在稳定性降低。（4）扰乱商标管理秩序，

① 汪泽：《商标异议制度重构》，载《中华商标》2007 年第 8 期。
② 金多才：《试论我国商标异议制度的完善》，载《中州学刊》2007 年第 2 期。

损害公众利益。取消商标异议制度，会使一些不符合商标注册条件的商标获得权利凭证，这些恶意违法商标必将在商标争议程序或者司法程序中被撤销或者被宣告无效，要将这些权利凭证收回，现实中有很大困难。

（三）其他国家和地区的立法参考

商标异议制度并不是我国的独创，世界上许多国家都在商标法中确定了商标异议制度。如法国《知识产权法典》第 L.712－3 条，德国《商标和其他标志保护法》第 5 条，日本《商标法》第 17 条，美国《商标法》第 13 条 a 项，另外我国澳门地区《商标法》第 211 条，我国香港地区《商标条例》第 44 条均对商标异议制度做了规定。

三、新法中应对商标异议程序完善

由于现行的《商标法》对商标异议程序的规定过于简单，导致在商标确权实践中产生了以上的一系列问题。在这次修改《商标法》之际，应立足我国商标执法现状，借鉴国外经验，对商标异议程序进行完善。

（一）坚持商标异议前置模式

如果采用异议后置模式，不仅达不到事前监督商标局审查工作的目的，而且异议制度与商标核准注册后的无效制度和撤销制度重合，既浪费资源也无必要。另外，根据我国商标注册申请的实际情况，抢先注册他人商标和利用他人商标知名度，搭便车的情况还比较严重，所以坚持商标异议前置模式是我国的现实需要，这次修改商标法仍不宜采取异议后置模式。

（二）明确规定异议主体及异议理由

结合我国《商标法》的有关规定，可据以提出商标异议的理由主要有 8 种，根据这些理由是否具有相对性，可以将其分为两类：绝对理由和相对理由。前者包括《商标法》第 10、11、12 条关于商标禁用条款、商标显著性和商标立体标志的规定，后者包括五种：侵害驰名商标；代理人恶意抢注商标；违反地理标志的规定；与在先注册或在先申请商标相同或者相似并且使用在同种或类似的商品上；与在先其他权利相冲突（包括著作权、外观设计专利权、名称权、姓名权、肖像权等等）。此次修改《商标法》，应当把商标异议的绝对理由删除，原因是：第一，绝对理由是商标局的审查内容。第二，绝对理由比较容易把握，商标局的有关失误较少。第三，以绝对理由为依据的商标异议申请量较少。第四，可以有效减少商标恶意异议申请。

另外，对于在先的其他权利，应当从中选择一些同商标具有某些共同特质，容易使消费者混淆的权利作为提出异议的依据，例如商号权（包括企业名称权[①]）。商号与商标都属于识别性商业标志范畴，发挥着区别商品或服务来源的作用，是企业信誉或商品声誉的载体。将他人商号注册为商标使用容易导致消费者混淆商品来源。而对于与在先著作权、外观设计专利权、姓名权等这些权利相冲突的商标，放在商标异议程序中解决不符合程序效益原则。第一，商标局或商标评审委员会不具有认定其他权利的资格。著作权等在先权利的认定是解决冲突的前提。第二，商标审查机关没有时间和经验对各权利进行判定。第三，把这部分冲突放在商标注册后解决不会扰乱市场秩序。商标权与其他在先权利的冲突纯属民事纠纷，应当通过司法程序解决。[②]

新商标法只需保留以下 5 种异议理由：侵害驰名商标；代理人或代表人未经授权恶意抢注商标；违反地理标志规定；与在先注册或在先申请商标相同或者相似并且使用在同种或类似的商品上；与在先商号权相冲突。并且申请人只能是在先权利人或者利害关系人，这样可以有效防止恶意异议。

（三）合并异议程序与异议复审程序

我国商标异议制度中的四审终审模式不符合商标法的效益原则，也易为恶意异议人所利用，将商标异议与异议复审程序合并可以有效缓解该问题。权利人认为初审公告的商标违反商标法规定，侵害其合法权益的，可以直接向商标评审委员会提出异议，取消商标局的异议审查程序。首先，对初审公告商标提出异议与不服商标局驳回申请的决定本质上是一致的，宜统一救济方式。其次，商标局和商标评审委员会对异议申请的审查实质上都是针对异议商标的可注册性进行的，两者没有任何区别。最后，取消商标局的异议审查程序有利于减轻商标局的负担，提高异议程序的效率。

（四）变更商标异议的司法救济模式及审查范围

因为行政诉讼模式不能有效解决问题，那就应当从设置该程序的立法目的和行为性质本身出发，参考其他国家的审查经验，采用民事诉讼模式。即当事人对商标评审委员会的异议裁定不服的，应当以对方当事人为被告，向人民法院提起民事诉讼。第一，商标权属于私权。那么，商标异议法律程序就应以真正体现商标权的私权性质为出发点，在行政、司法程序的设置和衔接上突出商标权为私权的本质属性。[③] 第二，当事人之间的争议纯属民事纠纷，商标局和商标评审委员会审查的是平等主体争议的商标是否应核准注册，他们是中立的

---

① 商号是企业名称中最具特色的部分，它可以适用于个体工商户、个人合伙，也适用于法人或非法人单位，企业名称只适用于法人或非法人单位。所以这里写作商号权包括企业名称权。

② 汪泽：《商标异议制度重构》，载《中华商标》2007 年第 8 期。

③ 徐晓建：《我国商标确权行政程序与司法程序之重构（下）》，载《中华商标》2005 年第 11 期。

裁决者，该职权的行使与行政处罚、行政制裁等其他行政权力不同，不具有显著的行政职权色彩。第三，民事诉讼模式可以有效解决双方争议。民事诉讼模式能够避免行政诉讼模式所可能导致的循环诉讼。第四，使商标评审委员会摆脱诉讼纠缠，提高商标评审效率。第五，借鉴国外的立法经验。德国、法国、美国、日本这些国家基本上均将商标纠纷案件作为民事纠纷案件来对待，即便作为行政案件的日本，也是作为特殊的行政案件来处理。①

（五）引入当事人自行和解制度

商标权属于私权，如果当事人能够自行和解，达成协议，无疑是解决纠纷的最好方式，然而我国的商标异议程序没有为当事人提供这样的机会。此次修改商标法，我们不妨借鉴欧洲共同体商标法中有关“冷静期”制度的规定，在异议程序中引入自行和解制度。所谓“冷静期”，是指商标申请人或其代表人在提交欧共体商标申请时，遭遇了经欧共体协调局审查合格的在先权利人或第三方的异议后，自接到协调局的异议通知之日起，至异议程序正式开始之前为期两个月的时间段，这个时间段则为欧共体异议程序中的“冷静期”。在该期限内，异议人和申请人可以协商解决，如缩小商标申请范围或者变更商标，达成共同使用协议，或者转向国内申请等等。②

（六）建立恶意行为的惩罚性赔偿机制

商标确权领域之所以存在众多的不正当竞争行为，很大一部分原因是违法成本过低。恶意异议和恶意抢注行为在我国时有发生，严重侵害了真正权利人的利益，为遏制这种行为，应当提高恶意异议的成本，并建立针对恶意行为的惩罚性赔偿机制。异议程序的败诉方就应承担胜诉方因异议程序而支出的部分费用或全部费用，包括差旅费、律师费、咨询费等等，费用的多少由评审机关或人民法院裁决。如果相对人能够证明存在恶意异议或者恶意抢注行为，则评审机关应当裁决恶意人承担相对人支出的所有与异议程序有关的费用，并且恶意行为造成损失的，恶意人应当在法定赔偿额范围内赔偿。

（七）有限制的承认商标注册前的利益请求权

《商标法》虽然规定了使用人恶意造成损失的应当承担赔偿责任，但是实践中很难证明恶意的成立，为更好地保护权利人利益，新法应当规定受异议程序拖累的商标在获得授权后可以针对商标注册前的侵害行为请求损害赔偿。但是，在商标注册原则的限制下，这种例外只有在明显不公正的情况下才能适

① 徐晓建：《我国商标确权行政程序与司法程序之重构（下）》，载《中华商标》2005年第11期。
② 唐艳辉：《三思而后行——介绍欧共体商标异议程序中的‘冷静期’》，载《中华商标》1992年第2期。

用。对于自商标申请之后至正式注册之前这段时间侵害商标权的行为，权利人可以在取得商标权后向使用人主张损害赔偿，但是要满足几个条件：商标权人有向使用人发出过警告通知，即使用人存在主观过错；该权利只能在商标获得授权后行使；请求的形式只能是损害赔偿；请求的范围只针对警告后至注册前造成的损失。商标注册前的利益请求权加强了对商标申请人的利益保护，使商标确权制度更加完善。

（载于《宁波审判研究》2011 年第 2 期）

浅议不动产登记与民事纠纷交叉案件的处理

周 晔[*]

近年来，随着房屋土地等不动产作为最基本、最意识不断增强，诉讼至法院的不动产登记行政案件逐年增多。重要的生活生产资料，在人们生活中的重要性日益凸现，人们通过诉讼的方式维护自身合法权益的法律行政行为，它明确了登记申请人对登记确认的内容所产生的权利，并可以在权利被他人侵犯时，以登记的行政行为与之相对抗，任何机关、团体及其他个人非经法定程序不得以任何理由撤销该行为。但申请人提交的申请材料主要是有效的民事行为，它成为行政诉讼的受案范围。同时，其关联行为大多属民事行为，而民事行为存在的纠纷属于民事诉讼受案范围。这样，导致该类案件在民事审判中会涉及具体行政行为。

在审判实践中经常遇到的与不动产权属登记行政行为有关的民事诉讼主要包括：不动产买卖合同纠纷诉讼、抵押合同纠纷诉讼、继承纠纷诉讼、析产诉讼、侵权诉讼、离婚财产分割纠纷诉讼、赠与纠纷诉讼、互换纠纷诉讼、房屋租赁诉讼、房屋动迁安置补偿诉讼等。

不动产权属登记行政行为与相关民事行为相互交叉的主要特点是：第一，两者均是建立在同一标的物上的权利义务纠纷；第二，在同一标的物上产生三方利害关系人，即房屋登记的合法主体即不动产登记行政机关、登记簿上的权利人和民事权利人；第三，其物权的确产生来源于民事法律关系和行政法律关系；第四，在发生诉讼时，属于不同法律事实和不同法律关系的对抗，而不是同一法律事实和法律关系的对抗。

---

* 宁波市鄞州区人民法院立案一庭副庭长，法律硕士。

二、不动产登记案件民行交叉问题产生的原因

（一）不动产登记行为涉及不动产登记机构，常被作为行政行为进行处理，但其产生的是民事法律后果

在司法实践中，关于不动产登记纠纷的案件大多作为行政案件由行政审判庭进行审理。

至于不动产登记产生的是民事法律后果，主要表现为三个方面：第一，根据《物权法》第 9 条的规定，不动产登记是不动产物权变动的生效要件，即不动产物权变动都应当依法进行登记，登记始能产生不动产物权变动的法律效力。第二，根据《物权法》第 17 条的规定，不动产登记具有权利推定效力，即经合法登记的不动产物权的权利人在法律上推定为真实的权利人，即使事实上与真实的权利人不一致，除非有足够的证据予以推翻，否则以登记簿记载为准。第三，根据《物权法》第 106 条关于不动产善意取得的规定，不动产登记具有信赖效力，即对于信赖该登记而从事交易的人，即使后来证明该登记是错误的，法律仍然承认其与真实物权具有相同的法律效果。

由此可见，不动产登记不是简单的登记行政机关与登记申请人之间的行政行为关系，其登记内容涉及该不动产物权人的实体民事权利。可见，在不动产登记案件中，往往形成表面看是因登记出现的问题，而实际上是物权变动的原因行为存在瑕疵，从而呈现一个案件涉及多重法律关系的民行交叉问题。

（二）不动产登记案件当事人大多认为撤销登记是民事权属纠纷得以最终解决的最有效、最直接的途径

实践中，大部分不动产登记案件的当事人倾向于直接提起行政诉讼以期解决其不动产的权属纠纷问题，原因有二。其一，不动产登记案件当事人大多认为登记机构的登记行为是对不动产权属状况最终有效的确认，具有行政行为的公定力和确定力。即使该权属纠纷是由于不动产变动的原因法律行为（如买卖合同效力、有无权利处分等）有瑕疵而引起的，当事人也认为对不动产权属有异议就必须从登记入手，由于登记簿上的记载具有权利推定效力，因此要想推翻该不动产登记簿上所记载的权利归属，就必须撤销登记。其二，与民事诉讼相比，行政诉讼案件收费低廉，也促使一部分当事人首选行政诉讼。

由于一些不动产登记案件当事人对行政诉讼期望过高，认为通过行政诉讼可以解决不动产权属上的一切纠纷，导致在一些案件的实际审理中行政审判庭难以解决涉及的民事法律关系，当事人还需另行提起民事诉讼以解决不动产变动的原因法律行为，由此产生行政审判与民事审判交叉的现象。

（三）对于涉及不动产登记的民事案件，一般要以行政诉讼对登记行为的审查结论为民事判决的一项依据

法院在审理涉及行政机关的案件时，一般遵循司法尊重行政权的原则，认为行政机关做出的决定具有较高的证明力。在涉及不动产登记的民事案件审理中，民事法官往往认定不动产登记在被依法撤销或认定无效之前，不动产登记确认的权属合法有效，因此，一些民事法官遇到该类案件，就以登记的公信力为由，要求当事人先提起行政诉讼，中止民事案件的审理，待行政诉讼对登记行为的审查结论作出后，再依据行政判决结果作出民事判决。从而导致不动产案件在民事审判中需插入行政审判的情形。

由此可见，从当事人的观念到审判程序，都使得不动产登记案件游移在行政和民事审判之间，呈现出不动产登记案件民事与行政审理交叉现象。

三、不动产登记及相关不动产权利证书的性质分析

笔者认为，对于不动产登记与民事纠纷交织状态的破解，首先应明确和认清对不动产登记及相关不动产权利证书的性质和效力。

通常认为，不动产登记属于行政确认行为，即不动产登记行政是对不动产权属法律关系的确认，是对权利人合法拥有不动产权利真实性的证明。但是不动产登记制度起源于民事制度，其首要价值在于通过物权公示产生公信力，维护不动产交易的稳定与不安全。不动产登记的主要法律效果是对不动产物权变动效力产生影响，这种影响是基于物权法律制度的规定，而非登记机关直接的意思表示。不动产登记对物权的确认并非物权的创设，登记行为并不是权利人取得权利的法律源泉。因此，登记机关颁发的不动产权利证书的性质属于证权证书而非设权证书，只能证明特定不动产所有权归属于谁，而不能代表其记载的权利。

不动产登记簿、不动产权利证书具有权利推定的效力，这是物权登记公信力的表现。但是，不动产物权登记并不具有绝对的证明效力，不动产登记簿、不动产权利证书记载的事项是可以被推翻的。在实践中，当事人往往不明就里，认为权利证书与实质权利密不可分，希望通过撤销权利证书来达到确权的目的。因此，应进一步加强宣传、澄清错误认为。同时，立案、审理过程中法官应充分行使释明权，对当事人进行诉讼指导。

另外，应当明确的是，登记行为与登记内容真实性存在一定程度的分离。在实践中，对登记机关审查当事人的申请是否符合法定条件的标准主要有两种观点：一种是形式审查，也即所谓“表面真实”原则，只要形式上合格就可以认为是尽到了审查义务。另一种是实质审查，即登记机关不仅仅是要对当事人

提交的申请材料进行形式要件的审查，还要对物权变动的基础法律关系（合同、遗嘱）等进行审查。仅对物权变动的基础法律关系而言，笔者认为，由于相关法律并未授权登记机关具有审查的权利，同时，出于对当事人意思自治的尊重，登记机关对其不具有审查义务，也无权对其合法性进行判断。也即登记机关对物权变动的基础法律关系的审查是形式审查，登记机关在登记过程中并未对民事基础法律关系进行实体法律关系意义上的判断，我国立法并不承认物权行为的独立性和无因性。合法的登记行为记载的权利可能与实际权属不符。因此，登记行为与登记内容真实性存在一定程度上的分离。同时，违法的登记行为记载的权利内容也可能与实际权属状况相吻合。

四、处理不动产登记与民事争议交叉的建议

（一）处理不动产登记与民事争议交叉的原则建议

1. 以保障民生、促进社会和谐的高度，认真做好不动产登记案件的审理工作

不动产登记直接影响到不动产物权变动的效力，直接关系到人民群众的切身利益与社会和谐。因此，妥善处理好不动产登记纠纷，是人民法院实现、维护广大人民群众的根本利益以及参与构建社会主义和谐社会的具体任务之一。审判人员应从司法为民、促进社会和谐的高度，充分认识妥善处理不动产登记案件的重要性，认真做好不动产登记案件的审理工作。要充分保障和尊重当事人的诉权，充分听取和考虑当事人的合理诉求和理由，综合平衡公共权力与公民权利之间的关系，全面考虑权利人及善意第三人的合法权利，要努力寻求纠纷的最佳解决方案，切实帮助人民群众解决实际问题，争取法律效果和社会效果的高度统一。

2. 行政审判庭与民事审判庭加强沟通与协调，引导当事人以便捷、有效的途径解决实际纠纷

加强行政审判部门与民事审判部门的沟通与协调，对于不动产登记案件涉及的热点、难点问题，行政审判部门与民事审判部门应联合开展深入细致的调查研究，制定具有较强针对性和操作性的指导意见。理顺两种诉讼程序的关系，明确各自的审查对象与范围，统一各自的司法审查标准，尝试建立两种诉讼的衔接、协调机制；避免出现互相推诿或行政裁判与民事裁判相冲突的情况。积极行使法官释明权，引导当事人以最便捷、有效的诉讼途径解决最实际问题，切实降低当事人的诉讼成本，使司法资源得到最有效的利用。

3. 积极延伸司法职能，加强司法机关与行政机关的良性互动

一是本着解决实际问题的原则，加强案件的协调力度，妥善化解因不动产

登记引发的争议。二是加强与登记机关的沟通，保证登记机关在法院的生效法律文书确定的物权归属或者权利内容与不动产登记簿记载的权利状况不一致或证明当事人以隐瞒真实情况、提交虚假材料等非法手段获取不动产登记等情况时，及时做好相应的登记工作。三是定期深入登记机关进行调研，对登记过程中新情况、新问题提供法律咨询。

（二）不动产登记与民事争议交叉案件中诉讼程序选择的建议

首先，民事诉讼与行政诉讼应当按照各自的审查标准完成涉及不动产登记案件的审理，即民事诉讼对涉及不动产物权变动的民事法律关系进行审查，作出关于物权变动原因行为效力、物权归属的裁判；行政诉讼对登记行为的合法性进行审查并作出裁判。

其次，对不动产登记与民事事争议交叉的案件，应采取何种诉讼程序，应具体问题具体分析：

1. 对于权利人或利害关系人以物权变动的原因行为（合同、遗嘱等）无效或违法为由，认为登记违法诉请撤销的情形，笔者认为，此种情形当事人主要针对民事行为的有效性有异议，问题的根源在于当事人之间的民事争议。由于登记机关对于物权变动的原因行为进行形式审查，对于原因行为的合法有效性并不予审查，因此在行政诉讼中对登记行为的合法性审查并不包括对物权变动原因行为的审查。行政审判人员应积极行使释明权，建议当事人提起民事诉讼，确认原因行为的效力。民事判决如认定原因行为无效或撤销，则权利人可持法院判决向登记机关申请更正登记；如登记机关不予办理更正登记的，权利人此时可提起履行法定职责之诉。如当事人坚持行政诉讼的，出于对当事人诉权的尊重，行政诉讼应照常进行，对登记行为进行审查，并做出判决。在做出判决时，应妥善选择判决方式，如登记行为合法，不宜判决维持，宜采取判决驳回诉讼请求的方式。

2. 针对无处分权人处分他人不动产，真正的权利人请求撤销登记，第三人主张善意取得的情形，由于登记是物权善意取得的要件之一，登记行为有效与否，将直接影响物权变动的效力。因此，宜先进行行政诉讼，待行政诉讼对登记行为做出判断后，再经通过民事诉讼确认是否构成权利的善意取得来最终确认权利归属。

3. 针对民事案件中，当事人以不动产权利证书作为证据证明权利，其他当事人对不动产权利证书有异议提请法院撤销的情形，由于登记行为的合法性与不动产真实权利具有非统一性，我们认为此种情况下，没有必要进行行政诉讼。在民事诉讼中，将不动产登记作为证据审查，不动产登记簿、不动产权利证书并不具有绝对的证明力，而只具有权利正确性推定的效力，如果当事人提出了足以证明真正的权利状况与不动产登记簿上的记载的权利不一致的证据，法院可以直接采纳该证据，推翻不动产登记簿的记载，此时并不涉及对不动产登记的合法性审查。

需要说明的是，由于民事诉讼并未对登记行为的合法性进行判断，该登记行为在形式上还是有效的，真正的权利人应及时申请办理更正登记。当然，不动产权利证书在生效民事判决中作为有效证据确认的，不属为生效的判决所羁束的情况，当事人对颁证行为提起行政诉讼的，人民法院应予受理，对登记行为予以合法性审查。

参考文献：

[1] 王达：《对不动产登记的行政法思考——对物权法中不动产登记问题的理解》，载奚晓明主编、最高人民法院行政审判庭编：《行政执法与行政审判》2007 年第 1 集（总第 21 集），人民法院出版社 2007 年版，第 41 页。

[2] 胡明理、王延晓：《民事行政诉讼交叉时民事诉讼中的中止》，载《人民法院报》2007 年 10 月 9 日。

[3] 李昕：《制度欠缺与司法程序的权宜之计——论我国行政登记的类型与裁判》，载北大法律信息网。

[4] 王燕：《关于物权公示原则与公信原则的动用》，载最高人民法院行政审判庭编：《行政执法与行政审判实务》2003 年第 3 辑（总第 7 集），法律出版社 2003 年版。

[5] 常鹏翱：《物权程序的建构与效应》，中国人民大学出版社 2005 年版，第 17 页。

[6] 马栩生：《登记公信力研究》，人民法院出版社 2006 年版，第 93 页。

[7] 方世荣、羊琴：《论行政行为作为民事诉讼先决条件问题之解决》，载《行政与民事争议交织的难题》，法律出版社 2005 年版，第 161～162 页。

[8] 王克稳：《我国不动产登记中的行政法问题》，载《法学》2008 年第 1 期。

（载于《法学教育》2010 年第 12 期）

勿以恶小而为之

——机动车保险诈骗罪若干问题探析

车懿宗*

保险诈骗罪的设立是为打击保险诈骗行为，保障保险公司财产安全、维护正常金融秩序，我国《刑法》将其规定在分则第三章破坏社会主义市场经济秩序罪中第五节金融诈骗罪中。①

保险诈骗罪本身在刑法并不具有显著的地位，尤其是比起抢劫、盗窃、贪污、受贿、强奸等犯罪来，在社会生活实践中算不上高频犯罪（仅指受到刑事追诉），也鲜有保险诈骗罪的典型案例能够在学界或者普通民众生活中引发广泛关注，但随着 2006 年我国机动车"交强险"制度的实施以及"商业险"的普及，机动车保险制度猛然"拉近"了普通民众与保险诈骗罪的距离，使之几乎成为民众最容易触碰的刑法条文。

我们通常所说的"交强险"，全称是机动车交通事故责任强制保险。《机动车交通事故责任强制保险条例》第 3 条规定："本条例所称机动车交通事故责任强制保险，是指由保险公司对被保险机动车发生道路交通事故造成本车人员、被保险人以外的受害人的人身伤亡、财产损失，在责任限额内予以赔偿的强制性责任保险。"而交强险制度直接源自我国《道路交通安全法》第 17 条的规定："国家实行机动车第三者责任强制保险制度，设立道路交通事故社会救助基金。具体办法由国务院规定。"

相较于交强险的强制投保，机动车商业险并不具有强制性，但由于司机对于交通事故不确定性及高额赔偿的不安和恐惧，通常都会在交强险外再投保商业险。交强险和商业险构成当今我们机动车保险制度的主要内容。

正如保险制度理赔漏洞的存在诱发了保险诈骗行为，在机动车保险领域，自然也产生了针对交强险和商业险的新型诈骗行为。该行为虽然广泛存在（毫不夸张地说，绝大多数的车主都有保险诈骗行为，尤其是投保有"划痕险"的

---

* 宁波市鄞州区人民法院鄞江人民法庭助理审判员。

① 详见《刑法》第 198 条规定。

车辆，从未有诈骗保险金行为的反倒是凤毛麟角，当然这里指的是保险诈骗行为，由于保险诈骗罪系数额犯，许多诈骗行为因数额不足 2000 元，尚不能引发刑罚评价)，社会公众却对该诈骗行为漠然处之，甚至在公众中已经悄然出现了乐于投身保险诈骗行为的社会现象，究其缘由，也许正是破窗效应的最好例证。① 正是大量的机动车保险诈骗行为未引发法律、道德、舆论的负面评价，从而减轻了民众在实施保险诈骗行为时的负罪感（当然，也有大量民众根本没有意识到自己的“出礼而入刑”)，才加速了诈骗行为在车主中的蔓延。如不能采取有效的教育、规范、管理、打击等一系列措施，这种行为是不可能得到良好控制的，最终产生“有人骗保”、“骗保无处罚”、“保费上升”、“更多人骗保”的恶性循环。

一、机动车保险诈骗行为的模式分析

机动车保险诈骗行为在社会生活中种类繁多、外观各异，但细细分析起来，无非有以下四种典型的行为模式：

（一）夸大维修损失，虚开维修费发票

对应《刑法》第 198 条第 1 款第（2）项：投保人、被保险人或者受益人对发生的保险事故……夸大损失的程度，骗取保险金的。

这种行为模式中，一般是车主针对已经发生的交通事故，为了能够得到超过实际损失程度的保险理赔款而实施的。一般操作的流程是：车辆出险，车主联系保险公司定损，保险公司与修理厂核定维修费用，修理厂低成本维修，修理厂在核定维修费用额度之下（实际维修成本加必要利润，一般低于保险公司核损金额）收取维修费，修理厂按保险公司定损额开具修理发票，车主按发票金额即定损额度向保险公司理赔，车主与修理厂瓜分保险公司多付的理赔款(也有部分修理厂因与车主因私人关系而仅虚开发票，并不参与理赔款抽成)。

该行为需要车主与修理厂有较好的、能互相信任的关系，一般在老驾驶员中较为普遍，主观恶性较大，是法律应当严厉打击的对象。

（二）恶意分配事故责任

对应《刑法》第 198 条第 1 款第（2）项：投保人、被保险人或者受益人对发生的保险事故编造虚假的原因……，骗取保险金的。

交通事故发生后，故意、恶意串通事故责任的分配，由原本不承担或者少

---

① 一扇窗户被打破，如果没有修复，将会导致更多的窗户被打破。“破窗理论”指出环境可以对一个人产生强烈的暗示性和诱导性。

承担事故责任的一方承担或多承担事故责任，实际上也就是夸大了自己车辆的应当负担的损失，从而就整个事故而言，可以多获取保险理赔金。

这种行为模式是往往出险在一方为机动车、一方为非机动车的事故中，日常生活中较为为常见的。由于非机动车一般没有保险，如果由非机动车一方承担了事故责任（无论是全部、还是部分），由于保险公司“无责拒赔”[1] 的霸王条款存在，可能导致车主无法获得本应可以正常获得的理赔款。而为了能避免不必要的经济损失，即使是素不相识的两人，也会因该方法能简单地从保险公司获取保险金而不再对交通事故实际的事故责任“较真”。

尤其是在轻微的交通事故中，甚至于许多交警也为了处理方便而规劝事故双方串通事故责任分配。事故责任往往由投保的一方而不是违反交通规则的一方来更多的负担，形成了“保险者危险负担”。[2]

这种行为主观恶性较小，社会危害性不大，考虑到行为的普遍性，可以尽量通过规范交警行为、教育为主、处罚为辅的方式作怀柔处理。

（三）虚构单向事故

对应《刑法》第198条第1款第（3）项：“……投保人、被保险人或者受益人编造未曾发生的保险事故，骗取保险金的……。”

行为人一般是车辆受到了微小财产损失，虚构车辆被刮、发生撞墙、挂擦墙体、护栏等人为侵害或单向事故，通过事故理赔从而骗取保险金。这种方式隐蔽性高，现实中也时常被行为人采取。尤其是新机动车的前一两年内基本投保有刮痕险，对于该险种，车主多持有“不陪白不陪”的心态，加之4S修理店的纵容，车主一般在保险年度临近到期时，自行在车身上用利器做刮痕，通过理赔程序在交强险2000元财产损失范围内免费做重新喷漆。

因为这种行为的普遍性，行业内已经达成潜规则，故保险公司基本只愿意承保1至2年，社会危害性不大，只要公权力机关出面干预，完全可以遏制。

（四）故意制造事故

对应《刑法》第198条第1款第（4）项：投保人、被保险人故意造成财产损失的保险事故，骗取保险金的。

---

① 无责拒赔条款是指保险公司对于保险车辆的损失在第三人有责任的情形中予以拒赔，要求被保险人自行向有责第三人追偿，但实际上根据《保险法》第60条，保险人应当先行赔付，再向第三人追偿。该条款系司法界公认的霸王条款，只要诉至法院，保险公司必然败诉，但由于诉讼成本问题，并非所有车主都会选择诉讼途径，故全国的保险公司都在凭借该条款拒赔。正是保监会的监管不力从侧面导致了车主会选择“自担事故责任”。

② 原本交通法所确认的负担原则是“优者危险负担”，是指在受害人有过失的情况下，考虑到双方对道路交通注意义务的轻重，按机动车危险性的大小以及危险回避能力的优劣，分配交通事故的损害后果。该原则虽然也时常受到学者诟病，但基本符合当代民众对法律公平原则的需求。

一般由两车配合，故意发生刮擦、碰撞等轻微交通事故（仅为财产损失），但通过多报损害结果等方式骗取保险金，这种情形中也有和保险公司定损核损人员串通，甚至给予贿赂的。

这种情形是最为严重的，因为该骗保行为的目的比较“单纯”——就是骗保，所以也是主观恶性最大的，加上该骗保行为风险大、收益高，又往往需要车主、修理厂、保险公司内部人员通力合作才能顺利完成，故里面还包含了《刑法》第 198 条第 4 款的“渎职”行为[①]在内，因此是公权力应当着重打击、整治的保险诈骗行为。

二、机动车保险诈骗行为的特征分析

从以上四种情形分析，与普通保险诈骗不同的是，机动车保险诈骗行为主要有以下四大特征：

（一）主观恶性小

普通的保险诈骗罪，往往是诈骗行为人有针对性地、目的十分明确先进行投保，后伺机诈骗保险金；但机动车保险一般投保时被保险人并不以诈骗保险金为目的，尤其是交强险是强制投保的，任何人都无法选择是否投保。一般是出了交通事故，或者需要对车辆进行维修时，行为人为减少损失或维修花费而采取骗保行为，虽然同为保险诈骗行为，但比起普通保险诈骗行为，主观恶性相对较小，也是普通人对该犯罪行为认识不足的原因之一。

（二）金额小

虽然机动车车损险基本是在商业险中按车辆价值×折旧率全额投保，但交强险合计的理赔财产项目的额度有 2000 元，[②] 但实践中很少有针对医疗费赔偿金部分和死亡伤残赔偿金部分进行合谋或自谋诈骗，绝大多数的诈骗仅仅针对那 2000 元的财产损失赔偿金。金额较小恐怕也是绝大多数保险公司的理赔人员在理赔中放纵、轻视该项目理赔核损的原因之一，大量诈骗该 2000 元保险金行为得到了保险公司的“默许”。

但值得注意的是，保险诈骗罪的起刑点正好也是 2000 元，也就是说，从法条出发，所有针对该 2000 元进行保险诈骗的都是我国《刑法》规定的保险

---

① 《刑法》第 198 条第 4 款：保险事故的鉴定人、证明人、财产评估人故意提供虚假的证明文件，为他人诈骗提供条件的，以保险诈骗的共犯论处。

② 从 2008 年 2 月 10 日起，“交强险”的理赔额度已经从医疗费赔偿金部分 8000 元提高到 10000 元、死亡伤残赔偿金部分从 50000 元提高到 110000 元，财产损失赔偿金部分仍为 2000 元。

诈骗罪。并且我们不要忘记，保险诈骗罪也是完全可以处罚未遂犯的。[①]

（三）民众认识不足

正是由于前述两个特征，极少有人把机动车保险中的前述行为从保险诈骗罪的角度予以认识，民众对于这种司空见惯又能给自己带来现实物质利益的方式并不会采取抗拒的态度。甚至有的人还为自己能够从保险公司获取额外理赔款而沾沾自喜，却不知其行为早已达到能够被《刑法》以犯罪评价的地步。

且不仅民众认知不足，连交警部门对此也缺乏足够的认识。许多交警为了能让事故得到顺利处理，放弃了自身对交通事故应当予以责任认定的职权，对当事人超越法定范围的责任划分协商听之任之，甚至积极“出谋划策”，从方便当事人理赔、获取更多理赔的角度出发，纵容或者促成事故各方诈骗保险公司的保险理赔款。交警部门的这种行为又反过来对车主形成了强烈的心理暗示，造成严重社会对机动车保险诈骗认知程度的缺陷。

（四）罪与非罪的界限模糊

由于交通事故的责任划分本身具有一定的范围性，因此在恶意分配事故责任模式中，保险诈骗罪的罪与非罪也不是完全清晰的。虽然我们可以把从本来双方为同等责任到协商后由机动车负担全责的行为认定为“夸大应负担的损失的程度”，但毕竟我们还是很难把从原来三七开到协商后的四六开的责任划分认定为保险诈骗。所以在这种情况下，确实很难给出一个明确的数额或者比例来统一，在绝大多数情况下我们只能在个案中借助于司法自由裁量解决。

三、机动车保险诈骗行为泛滥的原因分析

（一）受害者反应不强烈

机动车保险诈骗行为的首要受害者显然是保险人即保险公司，但由于大量诈骗行为仅针对交强险的财产项目，理赔额度本来就只有2000元，只占到交强险总额度1.64%，至于占到实际总核赔额度的多少，笔者目前尚未查到确切的数据，但显然不会过分高于1.64%这个比例。对于保险公司而言，任何一起大事故中，只要对于护理费、误工费等弹性较大的大额项目核赔严格一些，完全可以抵过几个财损的全额理赔案件。

同时不要忘了保险公司从本质上讲还是一个普通的从事商业保险活动的法

① 《最高人民法院关于审理诈骗案件具体应用法律的若干问题的解释》规定：“已经着手实行诈骗行为，只是由于行为人意志以外的原因而未获取财物的，是诈骗未遂。诈骗未遂，情节严重的，也应当定罪并依法处罚。”

人，激烈的竞争环境也导致个别保险公司如果在该问题反应过于积极和强烈，可能引发更大经济利益受损，所以保险公司的反应在机动车保险诈骗问题中是非常暧昧了，甚至许多保险公司为了能稳定客户、吸引投保，默许了相当数量的能够审查出来的问题案件。

然后，保险诈骗罪毕竟和普通诈骗罪不同，除了直接受害者外，还有潜在的保险金融秩序层面。

如果考虑得更深远一些，机动车保险诈骗行为会污染理赔数据的真实性、迫使保监会考虑上调保费，那么任何一个机动车所有人又都是机动车保险诈骗行为的间接受害者。但这种影响显然尚未引起民众的警觉。

（二）保险公司整体与理赔人员利益的分歧

表面上保险公司与旗下理赔人员是一荣俱荣、一损俱损的关系，但实际上，任何一个理赔人员都不可能站在保险公司本身的立场上思考问题，即使是公司高管的利益都与公司不同，何况是仅仅负责理赔的职员？

对于理赔人员而言，在小案子上花大精力显然不明智，而适当放任针对2000元财损的诈骗行为才是众多理赔人员最终的行为选择。多理赔2000元并不会导致理赔人员经济利益的损失，长期放纵导致的微弱的保费上涨也不会在理赔人员日常生活中产生足够的影响。于是甚至出现了前述的“故意制造事故”中“……保险公司定损核损人员串通，甚至给予贿赂……”的情形。

保险公司职员的行为应该由保险公司予以规范，但实际情况依然是一如既往的纵容，或许这也反应了保险公司自身的态度。

（三）破窗原理

基于机动车保险诈骗的特殊性，大量的诈骗行为确实难以认定和处罚，但根据破窗原理，这种“有利无害”的行为是非常容易被模仿的。当今的社会实践已经出现了“推而广之”的趋势，越来越多的人认为在发生交通事故后可以随意地对事故责任进行磋商由投保交强险的一方更多的承担责任，以减少事故各方合计的损失，甚至可以通过故意刮擦墙体、护栏等方式骗取2000元的车辆维修费用。

一起骗保案件不查处，就会有数量更多、金额更大、情节更严重的骗保行为出现，并且有越来越多的人将此付诸于实践。

这种认识层面的泛滥是极其危险的，民众将以“法不责众”的错误理解和安全预期而直接损害了法律的严肃性。

四、机动车保险诈骗行为的危害

（一）污染保险理赔数据

由于大量针对机动车保险诈骗行为存在，必定导致保险公司的理赔数据失真，受到污染的数据会逐渐偏离真实财损理赔的数和量，保险公司可能基于该错误对上调保费的必要性进行错误判断。虽然保险公司本身无权决定交强险保费上调与否，但当大量保险公司提出上调保费要求并上报错误数据后，保监会显然也会对此予以斟酌。[①]

（二）无法发挥保险应有的作用

保险本身是为了分担事故风险，避免个人因突发事件而陷入窘境。但交强险诈骗如果一旦泛滥，则可能导致滥用保险的行为。机动车保险会成为车辆维修资金的来源，而不是事故发生后保障受害者利益的制度。一旦这种作用的异化成为共识，危险会更大。

（三）引发保费上调，最终还是普通的民众为此埋单

机动车保险诈骗行为的泛滥，直接侵害的自然是保险公司的利益，尤其是交强险具有“不盈利、不亏损”的经营性质，故无论投保人如何进行保险诈骗，最终受损的并不是保险公司。保险公司完全可以通过促成保费上涨来规避亏损风险，于是最终依然由所有的机动车所有人为保费上涨埋单。

并且此时，不进行诈骗的投保人的利益是被侵害的，而进行诈骗的投保人是侵害他人利益的，这种不公平的结果容易导致更多的人进行诈骗。

五、如何规制机动车保险

（一）规范交警行为

交警作为交通事故中公权力机关代言人，对于事故任何一方而言，交警的行为具有很强的示范作用。但正是实践中大量交警为了“案结事了”，放纵甚至提议进行恶意分配事故责任。交警的这种行为往往给了事故当事人强烈的心理暗示，直接导致了事故当事人对其行为违法性的漠视。

---

① 《机动车交通事故责任强制保险条例》第7条规定：“……保监会应当每年对保险公司的机动车交通事故责任强制保险业务情况进行核查，并向社会公布；根据保险公司机动车交通事故责任强制保险业务的总体盈利或者亏损情况，可以要求或者允许保险公司相应调整保险费率……”。

并且交警部门作为机关部门，也是国家治理机动车保险诈骗行为泛滥最容易掌控的。因此，要治理机动车保险诈骗行为，从交警部门出发是最具可行性的。

（二）加大宣传力度、树立典型案例

绝大多数行为人之所以采取机动车保险诈骗行为是因为对该犯罪行为没有正确的认识。由于目前尚没有该犯罪行为的直接受害人“报案”，所以从国家层面显然没有主动介入的冲动，缺乏必要的宣传，最终民众就会沉浸在诈骗行为泛滥的社会现实中。

要让民众对该犯罪行为有正确的认识，可以通过树立典型案例，处罚个别行为极其恶劣、行为极其严重的案件，比如多次骗保、数额特别巨大的，然后通过典型案例再加大宣传，务必扭转民众的错误认识，这样方能追根溯源，治标治本。

（三）规范保险公司行为

1. 保监会应当变更机动车保险格式条款内容，取消“无责拒赔”的霸王条款，消除部分因害怕保险公司而拒赔的车主的顾虑，从而消灭骗保动机、减少骗保数量。

2. 保险公司应当改变认识，从保险金融秩序的角度完善规章制度，加大理赔人员管理，先从保险公司内部杜绝一切配合、纵容机动车保险诈骗行为，进而才能引导民众加强正确的认识。

综上，机动车保险诈骗行为比起许多犯罪来，确实是小恶。但小恶也是恶，为小恶，久而久之，小恶亦大。机动车保险诈骗行为已经在我们的日常生活中司空见惯，如果继续听之任之，后果不堪设想，最终我们所有人都会是受害人。

古人云：“勿以善小而不为、勿以恶小而为之。”能否从自已做起，把最“平易近人”的犯罪行为从我们身边剔除，或许是摆在我们所有人面前的难题。

（载于《法制与经济》2011 年第 8 期）

试论刑事鉴定程序中法院角色的重构

张　慧*

一、“重复鉴定”的实例分析

案例1：2003年2月24日9时，某市一所小学女教员H被发现裸死在该校单身宿舍内。案件焦点在于确定是否存在他杀。3月6日，由市公安局法医鉴定，结论是“因患心脏疾病急性发作导致急性心、肺功能衰竭而猝死”。公安机关据此作不立案处理。但死者亲属不服，认为：在案发前夜，与H同住的男友J有杀人嫌疑。J对当晚与H同住一屋这一事实表示承认，并供述，在同住时曾向H提出性关系要求，并使用过轻微暴力，但遭拒绝后放弃其意图。3月19日，死者家属向公安机关申请重新鉴定。5月，由省公安厅法医所作的第二份鉴定结论是“H死于肺梗死引起的急性心力衰竭与呼吸衰竭”。两份鉴定结论略有区别，但均将死因判断为病死，而非他杀。5月底，公安机关作立案决定，6月2日，J因强奸罪（中止）被刑事拘留。而死者家属对前二份鉴定结论仍然不服，继续申请重新鉴定，未果。7月19日，死者家属再次委托中山大学法医鉴定中心的法医进行鉴定，这时死者尸体已经腐烂，根据当时条件所作的鉴定结论称，“未见风湿性心脏病、冠状动脉粥样硬化性心脏病、肺梗死的病理改变，H因以上疾病致死缺乏证据”。为比，省公安厅法医和公安部法医共同鉴定，鉴定结论有三点“H系因肺梗死致急性呼吸循环衰竭而死亡；H炳窝处伤为生前伤，系他人形成；病理检查发现H有一定程度的心脏病；其体表外伤在这一过程中可以成为一个间接诱发因素。”这份鉴定结论与前两次公安机关的鉴定结论略有所不同，集点主要在于体表外伤与死因之间关系。共同鉴定认为“体表外伤可以成为一个间接诱发因素”。依据这份鉴定结论似乎不能完全排除他杀的嫌疑。8月1日，公安机关以强奸罪（中止）将此案移送检察院审查起诉。案件经过两次退回补充侦查，于12月22日移送法院

* 宁波市鄞州区人民法院刑庭助理审判员。

审判。2004 年 3 月，法院委托司法部鉴定中心对 H 的死因作再次鉴定，司法部法医赴案发地后，发现检验的尸体已高度腐败，失去鉴定条件，遂中止双方已签订的鉴定协议。在法院决定开庭前，死者家属再次提出重新鉴定申请。法院同意重新鉴定，并委托最高法院司法鉴定中心重新鉴定，鉴定结论为“被鉴定人 H 在潜在病理改变的基础下，因 J 采用较特殊方式进行的性活动促发死亡”。死者家属对此次鉴定结论表示满意。2006 年 7 月，法院作出一审判决，认定 J“特殊性行为”不属强奸罪，判决其无罪。争议的焦点——不同结论的死亡鉴定书，法庭最终采信了最后一份，即最高人民法院司法鉴定中心的鉴定。理由是“专家组听取双方当事人的陈述，详细查阅材料，通过先进仪器阅片……根据 H 器脏存在病变的客观事实，结合被告人及被害人的前后行为过程，证明了 J 的行为作用及导致 H 死亡的原因，其鉴定结论更科学、全面、客观真实”。

案例 2：1999 年 7 月，某县公安局派出所副所长带领两名警员去邻县查处卖淫案件。当晚 11 时许，将涉嫌卖淫的 Y 传唤至当地公安局三楼的一间办公室内讯问。次日凌晨 3 时许，辖区检察院法纪科接到报案，称 Y 在讯问中跳楼导致受伤，已被送往医院治疗。1999 年 9 月 12 日，Y 伤愈出院，随即四处申诉，称其伤情系三名警察在讯问过程中殴打所致，这一陈述与 S 等三名警察对案情陈述大相径庭。当地市级检察院立案侦查。同年 11 月 12 日，市检察院法医作出鉴定结论，认定 Y 的损伤并非高坠，而是身体多部位遭受钝力作用形成。随后，S 等三名警察相继被拘留，并被宣布逮捕。侦查期间，三名嫌疑人申请重新鉴定，12 月 10 日，由公安机关法医鉴定后认定，“Y 所受伤系高坠所致”。2000 年 2 月 25 日，省检察院邀请有关人士召开“伤情鉴定专家论证会”，得出第三份鉴定，鉴定结论排除了 Y 系“高坠伤”的可能。2000 年 10 月 17 日，市检察院以刑讯逼供、故意伤害、伪造证据等罪名提出公诉。11 月 22 日，市中院首次开庭审理此案，控、辩双方围绕的伤情是否“高坠伤”产生争议。辩护律师当庭申请重新鉴定，法院予以同意。12 月 18 日，由省政法委主持，邀请有关专家又一次召开“专家会诊鉴定会”，得出第四份鉴定结论，认定 Y 头部及骨盆损伤系“高坠伤”。由于此次鉴定结论与前一次鉴定结论存在相互矛盾，市法院再次委托北京市法庭科学技术处鉴定研究所重新鉴定，作出的第五份鉴定的结论为：“Y 主要损伤符合高坠伤特点”。市中院据此作出一审判决，认可第五份鉴定，判决三名被告人无罪。2002 年 7 月，市检察院认为法院判决有错误，提出抗诉。12 月，省高院终审裁定维持一审判决，宣告三名被告人无罪。

（一）真相过度追求中的实体公正问题

在案例 1 中，第一份法医的鉴定结论确定死者的死因是“患心脏疾病急性发作导致急性心、肺功能衰竭而猝死”。第二份鉴定结论确定死因是“死于肺梗死引起的急性心力衰竭与呼吸衰竭”。尽管这两份鉴定结论之间存在一些差异，但相对于死者家属的诉求来说，均表明是病死，排除了他杀的嫌疑。在控诉方形成第二份鉴定结论之后，死者家属直接聘请中山大学法医鉴定中心的法医进行第三次鉴定。而由于鉴定检材的变化，法医作出的鉴定结论从根本上否定了前面两份鉴定结论。

在这种状态下，侦查机关为了获得绝对的“真相”，再次启动重新鉴定程序，其鉴定结论尽管再次排除了他杀的嫌疑，但却留下一个尾巴，法医提出“体表外伤可以成为死者死亡的一个间接诱发因素。”更可怕的是，当案件进入审判阶段，在司法部鉴定中心因为鉴定条件不具备的情况下放弃重新鉴定时，法院再次同意死者家属的重新鉴定申请，形成第五份鉴定报告。这份鉴定结论实际上改变了以上侦查机关的三份鉴定结论的实质内容，将嫌疑人行为直接与死者的死因结合起来。本案就是这样，在多次的“重复鉴定”中，事实真相消失无形，即使在法院裁判后，各方的不满随着鉴定次数的增多仍呈现正比变化，且已经累积到了较高的程度。本案的实体公正是否得到了实现，恐怕仁者见仁智者见智了。

（二）控辩平等追求中程序公正问题

现行刑事鉴定程序从两方面确保“程序公正”这个立法初衷，即一方面在形式上使辩护方与控诉方在鉴定权上受到平等对待；另一方面在实质上应在于通过公平程序发挥其在解决当事人纠纷中吸纳不满的能力，使审判法官的判断为控、辩双方所容易接受。我们从案例 2 中明显地感觉到有违“程序公平”而引起的不满状况。在这个案例中，公诉方、辩护方以及被害人均有表达对鉴定结论不满的行为，只要某一次鉴定结论对己方不利，均提出重新鉴定的申请，侦查机关和审判机关也均予以批准。各诉讼主体对鉴定结论存在一个反复的不服从过程，双方展开了一场漫长的角逐，突出反映了“重复鉴定”过程中不满情绪的激化。因此“重复鉴定”的出现，不仅不能保证这一初衷的实现，反而激起了当事人的不满情绪。程序公正并没有得到较好地实现。

二、刑事鉴定程序的效率维度分析

（一）以净收益、成本为导向

如何提高刑事鉴定程序解决纠纷的效率，吸收各方的不满，达到净收益最大化（即法律效果、社会效果、政治效果形成有机统一，达到较高程度）？笔者认为，可以用经济分析的方法诠释刑事鉴定程序。诠释过程必须抓住其核心问题，即准确性（因为“以事实为依据”是我国诉讼制度的根本要求）和成本。将经济学与刑事鉴定程序的契合点设定为准确性和成本，从这两个进路出发正是本文的理论推导的基石。

刑事鉴定程序的结果主要有着四维的制约因素：刑事鉴定能力的有限性；发现客观事实的主观路径；追求客观真实与其他价值目标之间的横平；以及刑事鉴定的成本。“所有的证据都是盖然性的，并不存在形而上学的绝对真实”，“几个世纪以来，法律职业界都已知道法律发现事实是概率的。”同时刑事鉴定程序乃至法律制度的价值目标，也不仅仅是追求真实，“这一程序制度要在精确性和成本之间追求最大兼顾”，而且，追求客观真实需要成本，准确性越强所需成本便越高。因此，所谓准确性问题，由于刑事鉴定能力的有限性以及人们发现客观事实的主观路径，并非仅仅定位在追求客观真实上，而应将刑事鉴定程序的目标定位于追求客观真实与其他价值目标的和谐，以及法律上客观真实的绝对性与相对性之间的衡平。在中国现有的背景下，净收益和成本就是最恰当的“其他目标”。

（二）如何进行分析

把握刑事鉴定程序提出的经济学问题存在着许多可能的路径。最简单的一种莫过于关注一条条的规则，并分析它们节约的属性。另一种路径是从经济学理论推导出最优的争议解决制度，并与本国或他国所采用的现实制度进行比较。第三种路径是从有关理论研究的认识论和心理学文献着手。第四种路径从目前广泛的经验主义文献出发，构建于审判中事实认定的各种方法的实际运作基础之上。第五种路径是观察私人部门如何解决争议，并以这种方式作为模型，因为私人争议解决者与公共争议解决者相比，具有促使争议解决过程净收益最大化的更强烈的动机。第六种路径是考察刑事鉴定程序所有可能的目标，并设法确定应赋予经济目标的重要性。在本文中，笔者选择第二种进路，并将在某些方面涉及其他进路。具体而言，笔者提出搜寻模型及成本最小化模型两条路径，两者皆同等重要。

1. 搜寻模型

第一种路径是将刑事鉴定程序模型化为一个搜寻问题，即类似于搜寻一件耐用消费品那样，要正确回答“X 是否向 Y 射击?”此类问题，就相当于在两种不同品牌的洗碗机之间进行一个效用最大化的选择。

这一搜寻过程——在刑事鉴定程序中表现为鉴定的启动，提出异议以及权衡的过程——产生收益并消耗成本。收益是概率（p）——假如鉴定结论为裁判者所考虑，则案件将得到正确裁判——的正函数，也是争议标的（S）的正函数。为简单起见，假设收益只为这两项的乘积，即 pS，此处 p 是与鉴定次数（x）的正函数，因此，搜寻收益的完整表达式就为 p（x）S。若次数足够，则 p 可能等于 1，这就意味着审判将必定产生正确的结果。审判成本（c）亦为鉴定次数的正函数。

笔者所称为案件中“鉴定程序”的净收益B（x）通过如下等式给定：

$$B(x) = p(x)S - c(x) \quad (1)$$

于是鉴定的最优次数——使净收益最大化的数量——应满足如下条件：

$$p_x S = c_x \quad (2)$$

此处下标符号表示异数。从等式（2）中可以得出：鉴定次数应进行到边际成本与边际收益相等的那一点上。换句话说，如果鉴定次数少于c_x，那么其净收益B（x）仍未达到最大值，相反，如果鉴定次数多于c_x，那么其净收益B（x）已经突破了最大值，呈现下降趋势。

2. 成本最小化模型

鉴定程序进行模型化的另一个可供选择的方式，是将其视为一个成本最小化的过程。现在，假设p为错误的裁判结果之概率，且pS为错误成本（以争议标的来权衡的错误概率）。假定p=0.1，这意味着每10件案件平均有1件裁判不正确。如果这些案件平均的争议标的为10万元，则与其错误成本就为1万元，这一猜想是合情合理的：错误结果的社会成本一般说来会随着案件争议标的金额而攀升。笔者将简要地为该假设进行辩护并限定。

证明过程的社会目标在于，促使错误的成本与避免错误的成本之总和最小化，即最小化

$$C(x) = p(x)S + c(x) \quad (3)$$

从形式上看，这一点可以通过求解C（x）相对于x的微分并设定结果为0达到，则会产生

$$-p_x S = c_x \quad (4)$$

这就是说，鉴定程序应该进行到某一点，在这一点上，最后收集的一次鉴定会导致错误成本的降低恰恰的等于该次鉴定的成本。换句话说，如果超过这一点或者达不到这一点，成本都将不是最小的。

3. 小结

结合以上两个经济模型的分析，可以看出：净收益与成本的最优化对于鉴定程序有着近乎苛刻的要求，过犹不及。而从现有的两种刑事鉴定模式看，“单向鉴定”模式更容易达到净收益与成本的最优化的目标，更适应我国的现阶段国情。因为“单向鉴定”的法官能够持续地启动鉴定，直至他达到边际成本与边际收益相交的那一点上，而且他还可以恰好停在那里。换句话说，法官能够根据自身的判断决定刑事鉴定的维度，并达到法律效果、社会效果、整治效果的高度统一。而“双向鉴定”要比“单向鉴定”更大程度地依赖于市场，这种鉴定的私人化，从社会的视角来看就可能导致证据过多或者证据太少，不能收放自如。

（载于《法学教育》2011年第8期）

浅析执行和解中的担保效力

汪　鹏*

当前在执行案件过程中当事人双方为快速、便捷地解决纠纷常常会自愿达成和解协议，而实践中出现了许多执行和解协议中约定了担保条款的情形。一般协议中约定的担保可以由被执行人提供财产担保，也可以由第三人出面替被执行人提供担保，保证被执行人按期履行还款义务。但在被执行人不履行和解协议或不完全履行和解协议时，且担保人也未履行担保义务或不完全履行其担保义务的同时，申请执行人除了在申请恢复强制执行原生效的法律文书的同时，往往会申请法院强制对和解协议中的担保人的执行，要求担保人承担担保责任。而执行和解协议中案外第三人提供的担保的效力如何认定，该协议中的担保效力是否能等同于执行担保等问题，由于各地法院理解不同而导致实际操作也存在不一，故在司法实务中常常困扰着大家。那在这里，我们通过研究一个案例，来具体阐述如何为执行和解协议中的担保，该和解协议中的担保与执行担保的效力是否一致以及若效力不一致，该协议中担保的效力如何认定等问题。

案情简介：张某向法院申请强制执行其与李某民间借贷纠纷一案，后张某与李某经协商，双方自愿达成和解协议，由李某归还张某借款本金及利息共计5万元，该款定于某日前履行完毕；并由案外人王某对上述款项承担连带清偿责任，即届时被执行人李某未偿付借款及利息5万元或者只支付了部分借款及利息，则须由担保人王某代理李某承担归还借款及利息的义务，该协议经人民法院审查后并记录在案。后和解协议约定的还款期限到期，但被执行人李某未按和解协议中约定履行还款义务，故张某向法院直接申请执行担保人王某的财产。

对此案的处理出现了两种意见：第一种观点认为，申请执行人张某与被执行人李某已经就执行事宜达成书面和解协议，并约定了由案外人王某对还款承担连带清偿责任，该协议系双方真实意思表示，且协议内容不违反国家法律规

* 宁波市鄞州区人民法院民事审判第二庭审判员。

定，故该协议是合法有效的，对双方都具有约束力，故在被执行人李某未能按约履行还款义务且担保人王某也未按约定承担起担保责任的前提下，申请执行人张某有权依照和解协议直接向人民法院申请强制执行担保人王某的财产。第二种观点认为，和解协议是双方当事人自由处分各自权利，相互协商一致达成之合意，且协议内容不违反法律强制性规定，故申请执行人与执行人之间在执行程序中达成的和解协议是合法有效，但法律并没有赋予其具有强制执行的效力，故申请执行人不能直接向法院申请强制执行和解协议中的担保人；同时，和解协议中的担保行为也不同于执行担保，该和解协议中的担保仅仅是对申请执行人与被执行人达成的和解协议进行担保，其只是对被执行人就依照该协议约定的内容履行义务进行担保。而《民事诉讼法》第 207 条第 2 款明确规定："一方当事人不履行和解协议的，人民法院可以根据对方当事人的申请，恢复对原生效法律文书的执行。"故我国法律也明确了执行和解协议不具有强制执行力，若被执行人不履行或不完全履行和解协议或协议中担保人不履行担保义务的，申请执行人只能向法院申请恢复对原生效的法律文书的执行。本案中，被执行人李某未按和解协议履行，且担保人王某也未履行担保义务，则申请执行人张某只能向人民法院申请对原生效法律文书的执行，而不能直接申请执行和解协议，也不能向法院申请对担保人王某强制执行，即申请执行人张某不能追究和解协议中担保人王某的责任。

本案的争议焦点是申请执行人能否就该和解协议直接向法院申请对担保人的强制执行。笔者认为，根据我国现行法律规定，执行和解协议不具有强制执行效力，即申请执行人不能直接向法院申请对和解协议中的担保人强制执行。所以，笔者对第二种观点表示赞同。第一，我们先就执行和解及和解协议中的担保概念、法律依据详细的概述下。执行和解协议是指在执行过程中，申请执行人与被执行人自愿协商，就生效法律文书确定的履行义务主体、标的物及其数额、履行期限和履行方式等内容达成和解协议，并依据和解协议实现权利、履行义务，经人民法院审查批准并记录在案后，从而结束执行程序的行为，其实质是当事人自行处分自己的民事权利及诉讼权利的行为。《最高人民法院关于人民法院执行工作若干问题的规定（试行）》第 86 条规定："在执行中，双方当事人可以自愿达成和解协议，变更生效法律文书确定的履行义务主体、标的物及其数额、履行期限或履行方式。"该条款对双方当事人和解的范围作出了规定。《民事诉讼法》第 207 条规定："在执行中，双方当事人自行和解达成协议的，执行员应当将协议内容记入笔录，由双方当事人签名或者盖章。"我国该条法律的规定充分显示了尊重双方当事人的意思自治，在执行过程中，申请执行人与被执行人之间经协商有权达成和解协议，同时，也允许双方在协议中约定案外第三人对被执行人履行的义务提供担保，从而保证被执行人能在约定的期限内履行其义务，和解也应是双方当事人真实的意思表示，任何一方不得以欺诈、胁迫等方式迫使对方进行和解，和解协议的内容也不得违反法律强制性的规定。本案中，申请人张某与被申请人李某自愿达成和解协议，案外人王某也自愿对李某的还款承担连带清偿责任，且该协议系三方的真实意思表示，内容不违反国家相关法律规定，也通过了法院审核，故该和解协议对三者均具有约束力。所以，我们首先能肯定在执行程序中，申请执行人与被执行人是有权达成和解协议的，且和解协议中也允许案外第三人提供对被执行人履行约定义务的担保。

第二，和解协议是否具有强制执行效力，是否能申请法院对担保人强制执行。笔者认为，申请执行人与被执行人双方达成的和解协议的行为系一种民事行为，其双方达成的协议的性质实质上是一份民事合同，但该内容是基于已经生效的法律文书内容再次协商的结果，其已经不完全是原生效法律文书所确定的内容，何时履行、怎么履行是申请执行人与被执行人双方自己的事情。该和解协议并不具有法律文书的"名义"以及具备可执行的生效法律文书的特质——国家强制力，即该协议书不具有强制执行依据的效力。只有在当事人已将和解协议全部履行完毕的情况下，法院才能认为双方的权利义务关系消灭，从而终结案件的执行。若协议中的一方当事人反悔，未就协议约定履行义务或未完全履行义务，且担保人也未履行担保义务或未完全履行义务的，则笔者认为该协议不再具有对双方及担保人的约束力，该和解协议不具有强制执行效力，故也不能依据执行和解协议强制执行或者是申请法院对协议中担保人的强制执行。

第三，和解协议中的担保效力并不等同于执行担保。执行担保是指在执行中，被执行人确有暂时困难，缺乏偿付能力时，向人民法院提供担保并经申请执行人同意，从而暂缓执行的一种制度。执行担保可由被执行人向法院提供财产担保，也可以由第三人出面担保，主要是针对金钱给付义务。而执行担保的成立必须符合四个要件，1. 已进入执行程序的案件；2. 执行担保是被执行人或担保人向人民法院提出；3. 必须经申请执行人同意；4. 执行担保行为必须向人民法院提交担保书。而和解协议中的担保仅仅是担保人对申请执行人的承诺，而并未向人民法院提供担保，也没有向人民法院提交担保书，故和解协议中的担保不属于执行担保。实际执行案件过程中，经常将有担保人签字的和解协议与提交法院的担保书混淆。在前述案件中，和解协议中担保人王某对被执行人李某的担保就不属于执行担保。

第四，和解协议未履行的，应当如何处理。根据笔者上述，和解协议不具有强制执行力，那么申请执行人如何维护自己的合法权益就非常重要。《民事诉讼法》第 207 条第 2 款之规定，一方当事人不履行和解协议的，人民法院可以根据对方当事人的申请，恢复对原生效法律文书的执行。若和解协议合法有效，且被执行人或担保人已完全履行了和解协议义务的，则被执行人对已承担的债务不能反悔，和解协议中的担保人对已履行的担保义务也不能反悔，同时申请执行人也不得反悔。若是和解协议没有履行完毕或没有完全履行完毕的，则该和解协议不具有一般合同的法律意义，申请执行人就不能依据该协议主张权利，作为协议内容的担保条款也就不具有任何法律效力，申请执行人应当申请法院恢复对原生效法律文书的执行，但应扣除已履行的部分。本案中，和解协议并未实际得到履行，则申请执行人张某仍需向人民法院申请恢复对原生效法律文书的执行，而不能直接向法院申请执行和解协议中担保人王某的财产，担保人王某无需承担对被执行人李某还款的连带清偿责任。

笔者的拙见，由上述几方面的分析，我们可以看出，在实际案件执行程序中，当事人双方达成执行和解协议一般是基于法院强制执行没有效果的情况下，申请执行人迫于无奈，主动减免债务金额或延长被执行人履行期限等等，变更原生效法律文书的内容，从而与被执行人自行达成和解协议的，虽然我国法律明确规定了在执行过程中可以达成和解协议，但并没有实际赋予其强制执行的效力，即执行和解协议只能由当事人（主要是被执行人）自觉履行，即使协议中约定案外人为被执行人履行债务提供了担保，也不能由法院强制执行或者强制执行担保人。故若是被执行人是主观上出于恶意，故意想拖延履行义务的时间或者是为争取时间转移财产，则对于申请执行人的权利将造成更加严重的损害。而根据我国现行法律的规定，被申请人不履行和解协议并没有什么对其不利的法律后果，至多恢复对原生效法律文书的执行，而对于和解协议中的担保人，对其就更加没有任何不利，其担保的承诺只是一张“空头支票”。因此，执行和解试图通过当事人双方协商，让被执行人自觉履行义务以缓和双方矛盾，有效实现申请执行人的权利的良好初衷难以实现。最后结果只能是申请执行人恢复原生效法律文书的执行，增加申请执行人的经济负担，同时，也不利于我们建立和谐社会、诚信社会。所以，笔者最后建议我国法律应当明确规定赋予和解协议具有强制执行力或是规定相应的处罚措施，若是被执行人不履行或不完全履行协议，协议中担保人不履行或不完全履行担保义务的，申请执行人可就协议直接向法院申请强制执行，这样对于被执行人或担保人是一种威慑，从而更有利于双方缓和矛盾，解决纠纷。

（载于《法制与经济》2011 年第 10 期）

经营者救助义务的理性人标准

郭敬波[*] 丁洁蓉[**]

一、据以研究的案例

原告卢某、应某的女儿卢某某于2009年8月17日上午7时左右入住被告张某个体经营的303房间后，在房间内喝下了自己携带的“百草枯”农药欲自杀。8时10分左右，张某的妻子李某听到卢某某的呼救声，立即到旅馆一楼告知张某，被告张某到303房间查看后随即拨打120、110电话求救。宁波市公安局鄞州分局集仕港派出所于该日8时25分许接到110指挥中心指令后，立即赶至事发地点，发现120急救车已到现场，张某夫妻等人正扶着卢某某下楼。卢某某被送医院抢救后，于2009年9月12日因“百草枯”中毒、多脏器功能衰竭，救治无效而死亡。

二原告诉称：旅馆管理人李某在四楼听到卢某某在303房间内呼救的声音，未直接进入房间内查看，而是跑到一楼叫被告张某上楼去查看，被告张某到303房间后看到卢某某是女性，又跑到一楼叫李某上去处理。耽误了最佳抢救时机，未尽到安全保障义务，请求法院判决被告赔偿死亡赔偿金、丧葬费、精神抚慰等共计281369.02元。

被告辩称：得知三楼有人呼救就急忙上去查看，打开房间后发现卢某某衣着不整，才叫妻子李某上去帮卢某某穿衣服，卢某某因中毒而死亡，被告对此没有过错。

宁波市鄞州区人民法院经审理认为：安全保障义务人应在合理限度范围内使他人免受人身及财产损害。“合理限度的安全保障义务”源于负有安全保障义务人对危险源的控制能力。安全保障义务人承担侵权责任的基础则是负有安全保障义务而未尽到义务，同时未尽到安全保障义务的行为与受害人的损害之

* 宁波市鄞州区人民法院姜山人民法庭副庭长，法律硕士。
** 宁波市鄞州区人民法院望春人民法庭审判员，法学硕士。

间存在因果关系。本案中，卢某某死亡的原因是其本人在旅馆客房内服毒自杀，非作为经营者的张某所能预见和控制的，因此，张某对于卢某某服毒自杀不存在安全保障义务。在发现卢某某服毒后，张某已在合理时间内拨打120、110电话求救，即在发生突发危险后，作为宾馆的管理者和经营者，张某已经尽到了合理的救助义务，不存在过错。据此，法院一审判决驳回了卢某、应某的诉讼请求。

一审宣判后，双方当事人均未提起上诉，一审判决发生法律效力。

二、本案被告是否违反安全保障义务

《侵权责任法》第37条规定：宾馆、商场、银行、车站、娱乐场所等公共场所的管理人或者群众性活动的组织者，未尽到安全保障义务，造成他人损害的，应当承担侵权责任。安全保障义务是社会主体基于某种特殊关系的存在而负有的在一定范围内保障相对特定的社会主体的人身、财产不受自己和第三人侵害的行为规则。违反安全保障义务的侵权行为的类型可分为两大类：一种是因自己的原因而未尽到该义务，比如硬件设施不完善，软件服务不到位等，另一种是因为第三人行为而自己未尽到该义务，比如旅馆未尽到防范和制止第三人侵害旅客的人身和财产安全的义务。

安全保障义务受可预见规则的限制，预见性即损害事件的现实可能性。民事责任的原则是要求一个人为其行为的可能结果承担责任，任何超出这一要求的制度都是不合理的制度。① 不得施加加害人完全无法实现的谨慎义务。法律原则上仅要求在特定领域内对一般人可以期待的谨慎。②

而“自杀”的危险源来自受害人自己，而非经营者的原因或者来源于第三人，并且，自杀者为了能够成功实施自杀行为，在之前往往有一定的隐蔽性，其他人很难察觉，也就不可能预见到受害人会实施自杀行为，更无法对受害人的自杀行为进行有效控制。所以，宾馆并不违反安全保障义务。在此情况下，宾馆只负救助义务。

前期的侵权责任法理论认为，因果关系往往也是免除此类不作为侵权责任的原因。如在Yania v. Bigan一案中，作为被告的Bigan与Yania一起站在水很深的沟边，Yania突然跳入水中并被淹死，Yania的妻子向法院提起诉讼，认为Bigan没有采取合理的措施救助其丈夫。法官指出：十分明显，死亡者因为自己的不谨慎而跳入渠中，是此种事件剥夺了死者的生命。被告不应当就该

---

① [德]克雷斯蒂安·冯·巴尔：《欧洲比较侵权行为法》(下卷)，张新宝、焦美华译，法律出版社2001年版，第571页。

② 同上书，第297页。

种事故导致的损害后果承担责任。[①]

而随着侵权责任理论的发展，两大法系国家的法律都承认，行为人并非在任何情况下都不对他人承担侵权法上的作为义务，行为人在某些情况要采取合理措施，防止他人遭受损害，否则，他们也要对受害人承担侵权责任。[②]这些情况包括因法律规定、因先行行为、因特殊关系、因职责所在、因自愿照看等。应当救助而没有救助或者虽然救助但措施不力，被作为一种原因力而归入到了此类案件的因果关系认定之中。

与安全保障义务不同的是，安全保障义务已经通过《侵权责任法》的明确规定而成为一种制定法明确规定的作为义务，而宾馆的救助义务则是一种基于服务合同关系与信赖关系的附随义务。并且未尽安全保障义务的人身损害赔偿责任适用过错推定原则，只要造成损害，就从损害事实中推定义务人有过错。如果义务人认为自己没有过错，应当举证证明自己没有过错。而救助义务则要求原告证明义务主体存在过错，只有被告未尽到合理的救助义务的情况下，才承担相应的赔偿责任。

二、救助方式是否合理的理性人标准

许多国家对“见死不救”归罪的同时，对自愿、善意的救助人设置了较低的注意义务。因为如果对救助行为人设置较重的过失侵权责任，往往会阻碍行为人的救助积极性，所以，法律规定救助人在对身处危险的人实施救助时，不必为基于善意对受害的提供紧急救助行为的后果承担侵权责任，只要这种行为不是鲁莽的、故意的或者肆意的，以鼓励特定身份的人对处于危险的受害人提供力所能及的救助。

在导致责任的义务限度上，一般而言，经营性大于非经营性，获利高大于获利低，专业人士大于非专业人士，开放度高大于开放度低，以体现权利、义务的平衡。因此，宾馆业主的救助义务限度应当大于一般人。然而，行为人采取什么样的救助方式，才算尽到了合理的救助义务？对此，各国的法律规定并非完全相同，比如法国法律允许行为人自由选择救助方式，当他人身处险境时，行为人可以选择亲自对他人进行救助，也可以选择通知第三人并由第三人对他人进行救助。但司法实践中应当亲自救助而寻求第三人救助，或者应当寻求第三人救助而亲自救助的，都会被认为是救助措施不当而承担刑事责任。比如法院有这样一个案件，女婿将要在水中被淹死，其岳父只需将棍子递给女婿，其女婿就可以获救，而其岳父当时并没有这样做而是出去找人来救助，结

① 刘士国等：《侵权责任法重大疑难问题研究》，中国法制出版社2009年版，第41页。
② 张民安：《侵权法上的作为义务》，法律出版社2010年版，第208页。

果为时已晚，最终，法院判决其岳父3年的刑事监禁。[①]

怎么样的救助方式才算适当，这涉及复杂的人类行为学方面的问题，由于危险来源、所处环境条件、救助人对形势的判断等因素的不同，显然法律不可能高度浓缩出一个可以普遍适用的标准，我们必须回到一个概念——“一般理性人标准”上，来作出相对合理的判断。具体案件中一个有理性的人在同样或者类似情况下会采用什么样的救助方式，行为人就应当这么做。比如行为人发现有人在深水区游泳遇险，而自己很会游泳具备救人条件的话，则应当游泳救助，如果他不会游泳，那么他借助周边可漂浮物或者呼救第三人前来救助则是适当的救助方式。

本案争议的焦点在于原告认为，卢某某药性发作后忍不住痛苦呼救，而旅馆业主张某的妻子当时在四楼听到后，没有直接进房间救助，而是到一楼向张某报告。张某上三楼打开房间后发现是女性，又返回一楼叫妻子上去处理，夫妻俩这样上上下下几个来回，耽误了自己女儿宝贵的救治时间。

而根据法院所查事实，张某打开房间后发现卢某某当时衣着不整，认为自己作为男性不好意思给其穿衣服，也是一种正常的心理反应，于是下楼叫妻子上来处理，自己则拨打了110、120电话。张某所开的旅馆在宁波市鄞州区某镇上，打电话向第三人求助是一种比较合理的方式。打完电话后张某又急忙上楼，和妻子一起扶着卢某某下楼，而此时120急救车刚到，不应因此而认定被告的救助方式不适当延误了救治时机。

（载于《宁波审判研究》2010年第11期）

① ［德］克雷斯蒂安·冯·巴尔：《欧洲比较侵权行为法》（下卷），张新宝、焦美华译，法律出版社2001年版，第217页。

“软实力”与“硬指标”

——法院文化对审判质效的影响实证研究

郭敬波*

“文化是制度之母”

——埃通加·曼格尔

一、从“看点”到“应用”：法院文化对审判质效的切入

（一）法院文化与审判质效的关系

法院文化是法院系统呈现出来的一种整体文化状态和精神风貌，是融注在法官群体心底的法治意识、法治原则、法治精神及其价值追求，是法院机关的组织、制度、设施所具有的文化内涵，是法官群体在工作和日常生活中的行为方式，是有关法官群体的法律语言、法治文学艺术作品和法律文书中所反映和体现的法治内涵及其精神。原最高人民法院院长王胜俊曾指出：“文化建设是一个大概念，要把人民法院各项工作都作为文化建设的重要内容，大力加强人民法院精神文化、制度文化、行为文化和物质文化建设，努力培养良好的法院精神和文化氛围。”

审判质效是司法公正与效率的总和。司法公正是人民法院工作的生命线，维护公平正义是社会主义司法制度的首要价值，司法公正集中体现在实体公正和程序公正两个方面。司法效率是指司法资源的投入与办结案件及质量之间的比例关系，司法高效是人民法院工作的重要目标，司法高效要求一是审判活动的迅速及时，防止诉讼迟延；二是审判活动的便捷性，避免诉讼程序的繁琐；三是以最小的司法资源消耗获得最大的司法公正。①

法院文化是从审判实务中升华出来的一种思维观念、价值取向和行为方

---

* 宁波市鄞州区人民法院姜山人民法庭副庭长，法律硕士。

① 最高人民法院编写组：《人民法院审判理念读本》，人民法院出版社 2011 年版。

式，审判质效的提升本身就是法院文化的最终目标，其中的行为方式设计与形成也是这一目标所决定。而审判质效管理则是审判实务操作层面工作标准、评价方法与具体制度，本身也是法院制度文化与管理文化的一部分。法院文化建设的目标与任务是通过长效管理来提升审判质效，而审判质效可以为先进的法院文化形成提供指引和保障。

近年来，法院的物质文化建设与文化活动的开展都取得了长足的进步，“看”点很多。但无论是组织传统的体育、娱乐活动，还是举行书法、绘画、征文比赛等，法院文化似乎与审判活动始终隔着一层东西，造成法院文化与审判质效不能相融的现象。这也是部分法官产生文化建设“无用论”思想的一个重要原因。

法院文化与审判质效的脱离客观原因是法院文化建设还处于物质文化建设的初级阶段，制度文化有待完善，行为文化有待提高，而精神文化尚没有真正形成，一个有机的文化“体系”还没有建立起来。主观原因是部分法官把法院文化狭隘地理解为挂在墙上、画在纸上、表演在台面上的东西，这样必须导致理念、制度与行为的不一致。文化建设要发挥作用，必然要实现从“看点”到“应用”的质的转变。

（二）法院文化对审判质效的切入

制度是法院文化切入审判质效的着力点。法院制度文化是法院组织和活动原则、工作制度以及全体工作人员的行为规范的总称，它是法院文化的重要组成部分。目前，法院已经形成了包括行政办公制度、人事管理制度、审判运行制度、内部监督制度、司法调研制度、计划财务制度、后勤管理制度等制度管理体系。人民法院的制度文化不是就制度研究制度，其重心在于整合司法资源，保障司法优质高效地运行。就文化特性来说，制度文化要具有系统性、实效性、可操作性与创新性。

审判质效管理无疑是近几年审判管理创新的主要内容之一，自 20 世纪 90 年代初期以来，各地各级法院相继围绕审判质效管理工作展开试点、调研与推广，建立了质效评估、案件评查、流程管理、考核奖励、监督指导等一系列制度，它是法院制度文化的重要组成部分。审判质效管理中引入了质效评估体系，该体系利用各种司法统计资料，运用多指标综合评价技术，建立了案件质效评估的量化模型，并借助电脑软件使这些评估实现自动化，对审判质效进行整体评价与分析，使审判质效管理更加科学化。

传统意义上的审判质效评查虽然有管理的性质，但更侧重于事后监督，其功效停留在纠错层面，无法通过计划、组织、控制、领导等手段，实现引领性的管理。鉴于此，被调查的法院（下用“该院”）成立了审判管理办公室，依托案件质效评估体系对审判质量进行评查，在审判效率方面及时进行审限预警通报，并以人本观念为基准建立互动型评查机制；以荣誉和责任为基础健全奖惩型评查机制；以效益和转化为目标建立服务型评查机制。用管理制度规定审判流程、用审判流程规范法官行为、用法官行为优化管理方式、用管理方式完善管理制度的动态化管理文化，实现了对审判质效由事后“监督”到事前“管理”的转变。

（三）审判质效对法院文化的反制

法院的物质文化、行为文化、制度文化和精神文化是由表及里的渐进关系。物质文化以实物的形态显露于外；行为文化是法院的动态表现，通过法官的行为，让审判文化中的民本思想与人文关怀被当事人所感知；制度文化是法院文化管理张力的具体体现，是一种被规范化的行为模式；精神文化是法院文化形成其他层次文化的思想基础和导向力量，是法院文化的本质与核心。

文化不是一个自变量，有什么样的制度，就会产生什么样的行为方式，有什么样的行为方式，就会产生什么样的文化现象。作为一种上层建筑，法院文化又受到审判质效管理等制度规定与管理行为的反制。审判质效管理是法院管理体系的核心，审判质效管理理念决定着法院文化形成与特点。特别是以人为本的审判质效管理方式，让法官群体共同参与决策和监督，调动全体人员参与管理的积极性与创造性，使法官在文化氛围的熏陶、感染与约束下实现自律与他律的交融，从而形成具有法院特色的文化现象。

法院文化建设的重点就是要“化虚为实”，从审判质效管理切入，把最“实”的审判质效管理实践提炼升华到法院文化的理论中去，把“质量与效率”作为塑造法院精神文化的总体目标。

二、“鱼”与“熊掌”可得兼：文化与质效双赢的实证分析

管理大师约翰·科特曾对美国实业界多家公司经过大量的调查后，得出以下几个结论：企业文化对企业长期经营业绩有着重大的作用；企业文化在下一个十年内很可能成为企业兴衰的关键因素；对企业丰润的长期经济业绩存在负面作用的企业文化并不罕见；企业文化尽管不易改变，但它们完全可以转化为有利于企业业绩增长的企业文化。[①] 当然，企业管理与司法管理无论是理念还是方法上都有一定的区别，但是与约翰·科特企业文化管理研究成果“强力型企业文化必然导致丰润的企业经营业绩，丰润有利的企业业绩也会导致强力型企业文化的形成”相通的是，目前审判质效比较优异的“全国优秀法院”，大

① ［美］约翰·科特：《企业文化与经营绩效》，曾中、李晓涛译，华夏出版社 1997 年版，第 15～16 页。

部分也是法院文化建设的先行者。

这显然不只是一种巧合。笔者以审判质效管理中的公正、效率、效果三个评估指标中的重点评估数据，以及司法廉洁、取得荣誉等数据，对该院文化建设的效用进行实证分析。诚然，以管理学的角度研究文化与绩效关系的时候，往往很难回答绩效的增长是否是文化因素起了决定性作用，但两者“齐头并进”的对应增长关系现象，也许能让我们看到两者之间的本质联系。法院文化的重要作用，也正是通过公正、效率、效果等这些信念体系的指引，驱动着法官将这些信念体系由自身心理模式转变为变革的动力和工作成效。

（一）“公正”的文化效应

法院文化的形成及其外化为干警行为结果确实是一个渐进的过程，通常要经历排斥、熟悉、遵从、领悟、认同、内化等阶段，在2008年该院文化建设实施之初，同样受到了部分法官“无用论”错误思想的困扰。心理学家研究发现，在正常的环境下，绝大多数人不会反对自己亲自参与过的事情，并且人们对自己参与过的事情会有着非常高的热情。求得思想一致的最好办法就是广泛“参与”。该院文化建设从物质文化设计到制度文化生成，从行为文化的规范到精神文化的归纳，都是全体法官广泛参与的结果。而质效评估互动模式的建立，让广大法官成为评查的主体，使其认识到评查不是揭短找毛病，而是互相促进与提高。经过几年的努力，如今，没有人再否认文化建设与审判质效管理对促进公正的积极作用，相关数据也在一定程度上反映了审判质量提高的文化效应（见图一）。

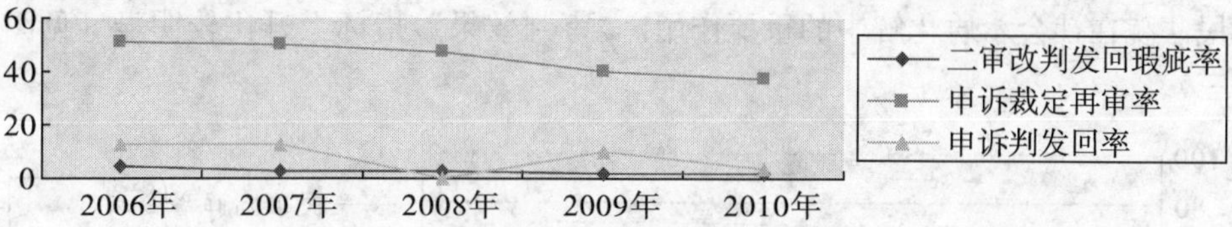

图一：2006～2010年案件质量指标走势

“诚于中而形于外”，在实现案件实体公正与程序公正的同时，该院大力倡导法官行为文化建设，要求法官心平气和接待、热情周到服务；认定事实以及说理充分，让百姓信服；谈吐有涵养，释法答疑到位。通过法官言谈举止的行为文化来树立司法的形象公正。

（二）“效率”的文化推力

与许多沿海发达地区一样，该院“案多人少”矛盾非常突出。在法院文化建设与审判质效管理推行之初，许多法官存在着“自己给自己找忙”的错误认识，认为全力投入办案尚不能顾及，哪有时间去搞文化建设，搞质效管理。而事实证明，该院以文化建设为契机，以完善质效管理机制为突破口，通过强化诉调对接、设立小额速裁、案件繁简分流、执行集约管理等多种措施，审判、执行效率大大提高。以管理文化为根本，以制度文化为保障，文化建设成了提高审判效率的推手（见图二）。

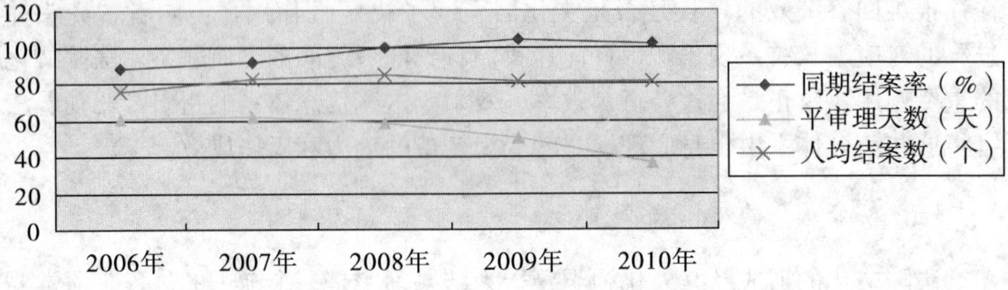

图二：2006～2010 年案件效率指标走势

（三）"效果"的文化导向

审判的法律效果与社会效果受到文化理念的影响。文化背景不但塑造了中西方不同的法官品格，更形成了对审判效果不同的追求方向与考量指标。西方法官喜欢自由与突破，崇尚个人英雄主义的品格，其审判的法律效果与社会效果更看重是否通过判例形成了一个可以传世的规则。但在中国，"和文化"是区别西方文化的最本质的标志，法官致力的目标不是以案扬名，而是案结事了。该院把"和文化"建设作为法院文化建设的一项重要内容，在法院内把倡导和谐的名言佳句刻成石铭，引导公民崇尚和追求和谐，在案件审理中突出人民法院在社会矛盾化解中的重要作用，"审判效果"指标上升比较明显（见图三）。

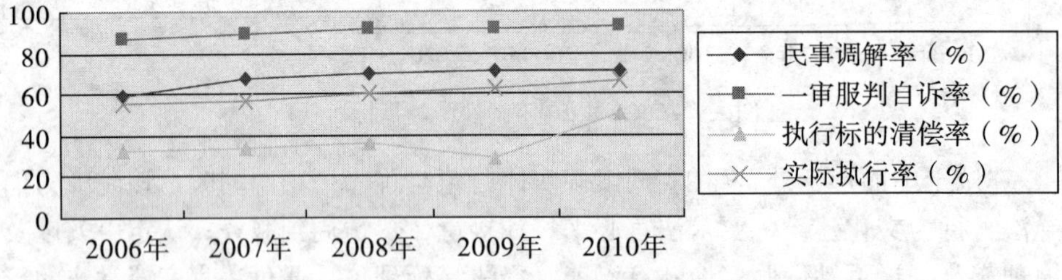

图三：2006～2010 年案件效果指标走势

（四）"廉洁"的文化孕育

该院选择走上文化建院、文化兴院、文化强院的道路，背后曾有一段不堪回首的回忆和知耻后勇的抉择。2006 年年底，该院的新一届领导班子成立后，经过全院动员、上下发动，全体干警艰苦奋斗、努力拼搏，到 2007 年底，该院的各项工作都位居全市乃至全省前列。正当该院准备申报全省优秀法院的时候，却被告知，因为该院 2002 年执行庭一位副庭长经济犯罪被判刑未满五年，不具备评先资格。院领导经过认真反思，充分认识到加强队伍建设是保障法院工作科学发展的必然要求，加强法院文化建设是加强队伍建设的必然选择。该院把文化建设的起始点与切入点选在了廉政文化方面，以廉政文化提高干警的拒腐防变能力、强化干警的廉洁自律意识。2008 年 10 月，该院与中级法院合作，建成了“全市两级法院廉政教育基地”，每一批新进法院的干警，都要首先在廉政文化教育基地进行廉政教育和文化洗礼。同时，该院还深挖内涵，浓化廉政文化建设氛围，丰富载体，拓展廉政文化建设的多样性，将收集到的清风故事、廉政史语、思想漫谈、廉政警言等，每月编发专辑在法院内网刊登，组织干警学习思考。同时在院机关和人民法庭办公区制作警示标语及励志名言，印制廉政文化镜匾 100 余块，每个干警的门口悬挂自我激励的人生格言，使廉政教育真正成为干警的“座右铭”。借助廉政文化的熏陶和影响，该院连续 8 年未发生违法违纪事件。

（五）“荣誉”的文化因素

“荣誉”见证实力。自该院实施文化建设之后，无论是全院、部门还是个人，获得的各项荣誉都呈逐年上升趋势（见图四）。特别是 2010 年，该院同时获得了“全国法院文化建设示范单位”和“全国优秀法院”两个荣誉，而这两个荣誉分别是对该院文化建设的肯定和审判质效的总体肯定，文化建设与审判质效管理实现了“双赢”。

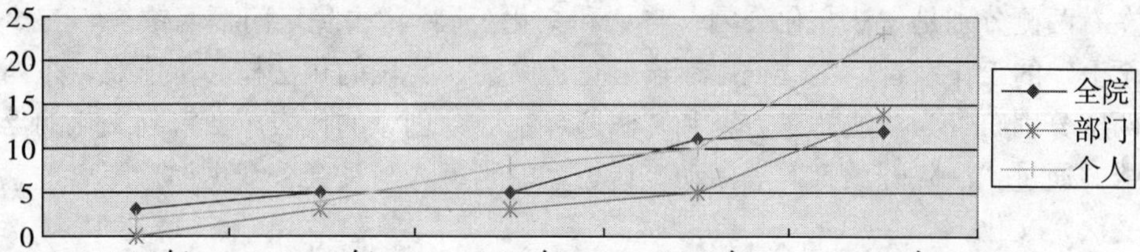

图四：2006～2010 年获市级以上荣誉情况

三、由“有形”到“无形”，文化对审判质效的远期效应

当然，通过制度文化所实现的管理，仍然只是处于“从经验管理到科学管理”的初级阶段，而不是“从科学管理到文化管理”的高级阶段。在企业管理领域，美国的“3S 管理”强调制度等有形行为的约束，而忽视了人的社会性及人的作用和精神力量，所以一直败北于日本注重塑造目标、精神、价值观等

文化因素的“7S 管理”。[①] 法院要真正实现文化管理，最终仍然要“化实为虚”，在制度管理与外在管理的基础上，以人为本，发挥法院文化中最核心的“精神文化”的导向作用、激励作用、凝聚作用、推动作用和辐射作用，来实现法官的内在约束。

（一）对当事人司法认同感的影响

虽然我们通过许多客观的数据来设置审判质效的评估指标，但最能检验审判质效的“指标”是当事人认同感。法院文化对当事人认同感的影响力主要来源于法官的“行为层”与法院的“形象层”。

“行为层”除了法官自身的言行举止之外，近年来该院推行的“圆桌审判”，立案大庭改为开放式的“诉讼服务中心”等，在审判布局上力求达到与当事人“零距离”；通过“一站式立案”、“首访负责制”，在服务环节上力求达到“零环节”；推行“法官释明制度”、“判后答疑制度”等，力求做到诉讼风险之外“零风险”，以此来提升当事人对诉讼活动以及裁判的认同感。

“形象层”主要通过司法形象、判决文书形象等来影响当事人的认同。我国“孟母三迁”的故事妇孺皆知，西方著名法学家、思想家孟德斯鸠在其著作《论法的精神》中，也专门论述了物质环境对人的影响之大。正因如此，古今中外的司法建筑都通过装饰、布局等物态环境来实现对人的心灵的塑造。该院从 2008 年开始持续加大物质文化建设的投入力度，按照“高起点，高品位、重特色”的思路对全院物质文化设施全面整合、升级，将信仰法制、恪守法则、弘扬法理、践行法治的理念融入到建筑、装饰和法庭的设置中。法院外庭左右两侧分别是“法文化公园”与“和文化公园”，法院正门幕墙镶嵌“三个至上”的工作宗旨，主楼正厅镶嵌公正、廉洁、为民的司法核心价值观，东西两壁分别布置为“法辉东方”和“法遍环宇”为创意的代表东西审判文化的浮雕。通过“法院开放日”等活动，让更多的当事人与社会公众更加近距离地感受法院文化。

（二）对法官品格与司法能力的提升

法官的职业品格是法院精神文化的集中反映，也是法院文化建设的核心内容，更是保障审判质效逐步提高的基础。加强精神文化建设就是要通过凝聚富有时代气息和理念价值的法院精神，使法官在思想上确立一种内在的、自我控制的行为标准，从而在理想信念、价值判断、行为取向等方向与群体采取一致行动，提升整体司法能力，提高审判质效（运行模式见图五）。该院在文化建设中凝练出了“公正、务实、创新、清廉、团结”的法院精神，并致力于将其

---

① 刘建军：《认同感：如何让员工从认同到忠诚》，中国经济出版社 2010 年版，第 29 页。

转化为全体干警的价值追求和行为准则，法院的向心力、凝聚力不断增强，法官的政治素质和司法能力不断提升。

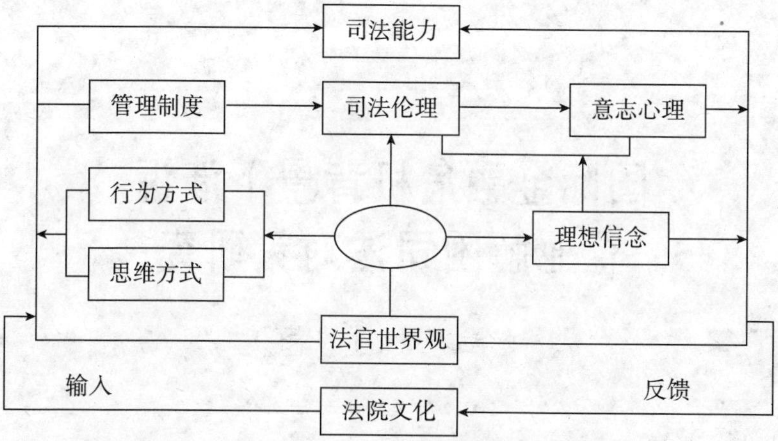

图五：法院文化、法官品格、司法能力运行模式

（三）对社会公众法律观念的矫正

“清官文化”是中国社会特有的一种文化现象，具有鲜明的时代特点和民族特色，“清官文化”通过文化传播而传承下来，之所以在目前社会公众的思想中能根深蒂固，也从另一方面彰显了文化的传播普及强势与观念塑造优势。然而，“清官文化”在一定程度上来说是文学加工的结果，带有“戏说”的性质，从法律的角度去考证文学历史上的“清官”，往往会看到他们“铁面无私”背后滥用酷刑、主观臆断等与背离现代法治理念的另一面。当然，我们不能用现代的法治理念去考察过去的司法官员的行为，但是，民间根深蒂固的“清官文化”却让公众从没有停止过用历史上的“清官”来衡量现代的法官。

法律本身也是一种文化，但是由于其极强的专业性与一定程度上的枯燥性，使得法律文化被“阳春白雪”地架空起来，很难为社会公众所感知，法律必须借助于文化作品、影视剧作等，才能深入到百姓生活。毋庸置疑，目前的文化作品与影视剧作中，西方与港台的法律文化比重又占了绝对强势。所以，我们需要以文化作品为载体，把体现社会主义法治理念、展示重要审判活动以及新时期法院审判业绩、法官风采的故事记录进去，用《大法官》、《真水无香》等类似的优秀作品去展示法院文化，使法院文化逐渐融入大众文化之中。这对于提高审判质效、提升司法公信力的意义会更加深远。

（获宁波市法院系统第十四届学术研讨会二等奖，
获全国法院系统第二十三届学术研讨会三等奖）

国际金融危机背景下涉诉企业解困司法对策研究

张光宏* 徐力英**

引 言

2010 年以来，温州眼镜、打火机、锁具等 40 多家出口导向型企业利润同比下降约 30%，亏损面超过 1/4。大批中小型企业倒闭，许多企业老板"跑路"，其中包括浙江江南皮革有限公司、波特曼咖啡、乐清三旗集团等名企。不久前，国务院总理温家宝、央行行长周小川、财政部长谢旭人等国家相关领导亲自南下温州处理"灰色借贷危机"。① 浙江省企业发展环境趋紧，部分中小企业资金链断裂、停工、倒闭、企业主逃匿，有人预测今年下半年至明年上半年浙江经济所受的影响和冲击度要超过 2008 年的国际金融危机，形势更为严峻。受国际国内经济形势影响，涉诉企业案件也因此大幅增加。如何切实有效防范金融风险，规范民间融资，帮助企业解困脱险成为当前司法亟需应对的问题。

一、面临困境

从当前各地的报道及信息反馈，温州的"灰色借贷危机"在全国范围内逐渐蔓延，企业主"跑路"、"跳楼"、"进监狱"等情境再度上演。从企业涉诉的情形分析，当前企业所面临的困境，具体而言，主要有以下几方面：

（一）生产经营举步维艰

许多中小私营企业在经历 2008 年国际金融危机的洗礼后，生产经营举步

---

* 宁波市鄞州区人民法院院长，法学博士。

** 宁波市鄞州区人民法院望春人民法庭庭长，法学硕士。

① 杨桐：《温州民间融资市场规模上千亿 体制改革迫在眉睫》，载《中华工商时报》2011 年 10 月 8 日。

为艰，资金回笼乏术，转型升级又力不从心，已经处于苟延残喘状态。由于今年银根再度收紧，只能借助于民间资本，但民间融资极不规范，于是毫无意外地陷入高利贷的深坑，无力自拔，企业再度面临生产经营困境。目前，从温州的“灰色借贷危机”爆发开始，全国各地陆续出现类似情形。

（二）深陷债务危机

由于银根再度收紧，致使许多企业资金周转困难，特别是部分中小企业由于融资难，铤而走险，拆借民间高利贷，最终无可挽回地导致企业资金彻底断裂，陷入资金困境；而有的企业虽然规模较大，但不思企业如何转型升级，而是把资本转向炒房、炒古董及高利出借等，由于资本运作异化，资金回笼困难，导致资金链断裂而陷入债务危机。

（三）引发连环诉讼

在笔者法院所受理的涉企纠纷案件中，部分企业是由于自身资金链断裂，无力偿债而涉讼；有部分企业是因互相担保受牵连而涉讼，被担保企业主跑路，导致担保企业的银行账号及企业财产也全部被查封，且由于被担保的企业涉债金额太高，担保企业无力先行垫付，因此，被迫停产甚至倒闭。同时，一旦企业面临裁员、停产、涉诉等情形，往往伴随着大量的劳动争议纠纷和群体性讨薪事件。从我院所受理的某中港公司系列案可窥一斑。由于企业实际控制人涉嫌犯罪被采取强制措施，企业面临停产，银行贷款到期无法还贷，各大银行纷纷提起诉讼，企业所有财产及银行账号被多个法院轮候查封。同时，引发了大量的劳资纠纷诉讼案件。

（四）转型升级困难

原来许多从事实体的企业受2008年国际金融危机的影响，在面临经营困难后，积极寻求转型升级路径。但很多企业家把企业生存与发展的注意力放到“转行”上来，炒房、炒稀土、炒古董、炒金融衍生品，不仅没有成功转型升级，而是再次把自己送入高利贷等资金困境。在当前银根收紧的情形下，如何切实有效利用民间资本及政策扶持，帮助企业转型升级，解困脱险是企业、政府及民间资本拥有者的共同目标。

二、纠纷特点

当前的涉企案件呈现出诸多新特点，除个别类型涉企案件数量的迅猛增长外，还出现了部分行业龙头企业因资金链断裂引发系列案件频发等情况。同时，涉企案件涉及的利益关系复杂交织，影响远逾一般诉讼案件本身。

（一）涉企案件增幅明显

以我院所受理涉企纠纷案件上、下半年的相关数据为例，民间借贷纠纷案件下半年比上半年收案数增长 28.11%，金融借款纠纷增长 85.71%，买卖合同纠纷增长 29.16%，承揽合同纠纷增长 13.22%，公司清算案件增加了 3 倍，劳动争议纠纷增长 62.61%。

（二）系列案件增多

在 2010 年所受理的涉企案件纠纷中，另外一个显著特点是系列案件明显增多。因涉企案件中部分企业由于资金链断裂，无力清偿债务，一旦涉讼后，往往导致企业银行账号及其他财产被法院查封，金融借款、民间借贷及买卖合同等纠纷案件纷纷起诉到法院，同时企业由于停工、关门等，引发大量的劳资纠纷案件，如某中港公司所涉及的各类纠纷案件达 73 件；某德隆公司两年来所涉纠纷案达 180 多件等等。涉企纠纷中系列案件数量下半年比上半年明显增加。

（三）大标的案件数量增加

根据 2010 年所审理的涉企纠纷案件情况，涉案标的额较大，部分案件已经达到了我院所受理的管辖标的范围上限即 5000 万元，且上千万元的案件数量也明显增多。说明陷入困境的涉诉企业不仅是大量的中小企业，也有部分大型企业或龙头企业涉诉。而且大标的案件不仅仅是金融借款纠纷，有的民间借贷纠纷标的额也达 5000 万元之高，说明民间资本在民间借贷市场上的规模有愈来愈大之趋势。

（四）企业主下落不明案件数量上升

许多企业主因资金链断裂无力偿债，为逃避债主的逼债，关门跑路现象再次频发。反映到诉讼中，许多被告因下落不明，案件无法及时送达。经初步统计，我院所受理的涉企纠纷案件中，因企业主逃逸而适用公告送达的案件比例为 24.5%，即近 1/4。而且下半年的公告案件比上半年明显增多。

（五）突发案件增多

在涉企纠纷中，有相当一部分案件存在突发性。因为企业资金链断裂，企业主逃逸，企业停工、关门，职工及债权人哄抢财产，金融借款、民间借贷纠纷纷纷向法院起诉，同时因互相担保的关联企业也因此涉讼，引发连环诉讼。

三、处理原则

针对我院自今年下半年以来所受理的金融借款及民间借贷纠纷案件中出现的新情况、新特点即涉企案件数量增加，大标的案件数量增加，引发系列案包括金融借款、民间借贷、企业借贷及劳资纠纷等，因资金链断裂企业停产、倒闭，企业主跑路，因担保受牵连突发等案件，法院在处理涉诉企业纠纷案件时必须从战略高度审时度势，牢固树立大局意识、忧患意识和责任意识，自觉把法院工作放到保增长、保民生、保稳定的工作大局中去谋划，去推进。法院不仅需要调整工作方式和思路，更需要理念更新，树立“能动司法、和谐司法、民本司法、协同司法、规范司法、阳光司法、廉洁司法、基层司法”新理念，积极发挥司法能动性，延伸审判职能，拓展审判思路，寻求多元化司法解困机制，帮助企业渡过艰难时期，为经济平衡发展和社会稳定服务。

（一）坚持能动司法

司法被动理念是人类对司法职能的本质属性认识、运用过程中形成的重要司法观念，是从司法机构与其他国家机构、社会关系之间的关系角度对司法客观规律的描述。而能动司法则强调现代社会中司法的主动调适性，在处理争议时高度关注当前形势反映到司法层面的变化态势，秉承正义之法律价值，使司法运作契合社会经济形势，体现了司法的工作态度和思路，与程序上严守被动性并不相悖。因此，在当前以稳定经济形势、稳定金融形势为重任的态势下，司法应深入关注涉企个案背后经济发展或社会稳定等因素，能动地采取司法措施，理性行使裁判权，达到解决纠纷、维护公平及秩序、促成秩序重构、多方利益平衡等目的，并通过能动处置涉企个案，在维护法律秩序与实现社会正义之间维持一种有益平衡。[①] 法院应按照能动司法之要求，服务大局，坚持民本司法，适时调整司法工作重心，在处理涉企案件时，既要注重保护金融债权，又要尽可能促使企业的维持和发展，促进企业复苏，进而清理债务，保护投资者、债权人的利益，保证交易安全，维护社会经济秩序稳定。同时，更要坚持民本司法，高度重视农民工问题，建立绿色诉讼通道，允许口头诉讼，设计格式化立案表，提供司法救助，减免诉讼费用等，妥善处理劳资纠纷。在涉企案件中除发挥解决纠纷职能外，更应注重司法社会调控性，积极参与当地党委领导、政府主导的化解企业困境的工作，探索尝试多元化的涉企业债务案件处置机制。

---

① 浙江省高级人民法院课题组：《国际金融危机背景下涉诉企业解困司法对策研究》，载《法律适用》2009年第9期。

（二）坚持企业维持原则

企业维持作为商事法的基本原则而存在，是贯穿整个商事法的基本精神。因为企业是国民经济的基本元素，是整个国民经济持续、稳定发展的基础。企业如果破产或者解散了，不但是企业自身的损失，而且对劳动者、消费者和地区经济都有影响，甚至对整个国家的经济也会产生重大影响。所以，商事法一直……致力于防止因企业破产、解散造成不必要的损失。因此，涉企案件审理中，法院不仅应关注个案纠纷解决或债权人利益，更应重视企业生存、发展及生产要素保存和优化，将是否有利于保障生产力、维持企业生存作为指导，优先选择重组重整等企业重生方式，达到既解决纠纷又解决企业困境之目的。

（三）坚持企业有序退出市场原则

市场经济是开放经济，讲求效率，适者生存，劣者淘汰。但市场主体的准入及退出均应合法有序，其中，市场主体能够顺畅退出是市场经济发育成熟的标志之一。当前，对于市场主体准入机制我国有相关规定予以规范，但对于不合格的市场主体的退出较为混乱。据统计，绝大多数企业是通过不参加抽检而被工商部门吊销营业执照的方式被动退出市场，且未经依法清算，极不规范。当前，许多企业主由于资金链断裂等因素导致无力偿债而一走了之，消极退市。因此，法院在处理涉企案件时，对于有生存和发展前景的企业应本着企业维持原则，尽可能为企业创造或提供继续生存和发展的条件，尽力通过企业和解、重整等方式化解困境；但对于回天乏术，又缺乏转型升级空间的企业，则坚持有序退出市场原则，通过公司清算或破产清算，在优先保障民生的基础上使企业有序退市。从我院所受理的公司清算纠纷看，数量明显呈上升趋势。其中有部分公司的法定代表人或股东跑路，造成无法清算的，则适用法人人格否认，追究公司法定代表人及股东的责任，以规范股东之清算义务和责任制度。

四、应对策略

法院在处理涉企处理案件时，因地制宜、因时制宜、因案制宜，探索和尝试多种司法解困机制，多采用调解、和解方法，尽可能维持有市场、有发展前景的困难企业、劳动密集型中小企业的生存，尽可能减少有挽救希望企业的关门倒闭，尽可能支持优势企业以兼并、重组、控股等方式延伸产业链、增加核心竞争力等，以应对当前经济形势下企业所面临的困境。

（一）关口前移，探索风险预警机制加强防范

通过对 2008 年国际金融危机的司法应对，以及当前涉诉企业再度面临的

困境，法院应关口前移，重在预防。即在企业涉诉前，加强企业风险防范预警，提高对各类敏感问题发展趋势的预测能力和疑难复杂问题的处置能力，密切关注经济社会环境的新情况新变化，深入开展前瞻性调查研究；通过司法事前介入，帮助企业把握解困时机，即协助参与企业信用体系、企业风险预警系统的建设和经济金融风险协调处置机制的完善，如建立有相关部门共同参与的企业监督预警机制，预防外商投资企业逃废债务的预警、监管机制，倒闭企业信息通报制度等等，关注备案企业的风险跟踪和监控，尤其要关注企业间交叉担保和地方性担保链可能带来的传导性风险，畅通信息，实现法院审判执行信息与企业、个人信息系统的互联共享，对企业进行全面动态监督，全面掌握企业经营状况，做到早发现、早防范、早处置，最大限度减少纠纷和损失，发挥审判工作的社会导向作用。涉企诉讼中，应慎用强制措施并加强利益衡平与协调，并坚持案件中的调解优先处置原则。涉企诉讼外，以司法实践加强信息研判，及时向党委政府及涉诉企业提出司法建议，建立防范长效机制。即时对审判执行工作中遇到的影响区域经济发展的突出问题以及有可能影响社会稳定的重大案件，及时向党委汇报，加强与相关职能部门的沟通协调，争取在政府有关部门的主持下妥善解决。对审判实践中发现的容易造成金融债权安全风险的案件，及时通过召开座谈会、发布典型案例、组织专题或系列报道等多种形式进行广泛宣传，教育和引导各类市场主体增强依法经营和风险防范意识。

（二）转变观念，优先适用重整手段拯救企业

目前，法院审理涉企业债务案件适用破产程序少、效果并不佳，最突出的问题是政府、企业、银行及社会等对于破产重整制度认识不足。法院应适时通过成功案例的宣传和示范让政府、广大企业、银行以及社会等充分了解破产重整制度的真正功效，改变认识上所存在的误区，了解破产重整是我国企业破产法的首选程序制度，是司法最终追求的目的即拯救企业，促进地区经济发展，而且破产重整程序较破产清算和和解制度更优越，可以尽快选择最佳方案帮助企业渡过难关赢得时间和机会。当企业不可避免出现不能清偿到期债务的情况时，企业懂得及时破产重整制度拯救自身，政府转变观念及时主导企业通过破产重整使企业重生，社会舆论消除对破产重整制度的误解，银行等债权人运用破产重整养鸡生蛋最大化实现债权。

1. 事先指导，严格把关

对于符合重整条件的企业，法院事先指导，积极促成企业走兼并重组的路子，尽可能减少有挽救希望企业的关门倒闭；对于一些生产力落后、重组无望的企业，应让其极早有序退出市场，而不搞勉强施救；同时由于进行重整的企业可以获得种种优惠条件，从而诱使了一些没有经营价值、不具备重整条件的公司以各种手段极力争取，力图通过重整避免破产与拖延债务，导致债权人和

股东的权益遭到更大的损害。因此，需要严格把关，对于不符合重整条件的申请，则不予立案。

2. 平等保护，程序规范

司法重整的目的是拯救企业，但同时也是为了保护债权人和股东的利益，对债权人进行公平清偿是企业破产法的立法宗旨。因此，法院在运用司法重整程序化解企业困境时注意始终坚持平等保护各方的利益；同时因重整程序时间长、比较复杂，包括重整前的审查程序、裁定重整程序、重整计划的制订和批准程序、重整计划执行和监督程序以及重整计划失败的转化程序等等均严格遵守并规范操作，有效运用司法重整手段化解企业危机。

3. 因案制宜，合理定案

对于申请破产重整的案件，分析涉案企业本身的不同状况，根据企业的资金链断裂严重程度、资产负债核算任务轻重程度、债权类型及复杂程度、债权人分歧程度、重组障碍大小等分别制定不同的重整方案，如债转股、股权让与、股权收购、资产交易、新股发行、企业分立合并等，支持优势企业以兼并、重组、控股等方式延伸产业链、增加核心竞争力。

4. 尽力斡旋、促成重整

破产重整的成功与否，主要取决于重整计划的批准及执行效果。而重整计划的成功其实就是各方利益妥协的结果。但由于重整计划系由债务人或者管理人制订，往往可能过多地考虑有利于企业的运转情况，而债权人则希望债权能够极早实现，各方一旦无法妥协，重整计划无法通过，而法院裁定强制通过的条件相对比较严格，因此，法院在综合各方的利益平衡的基础上，尽力斡旋，多方协调，努力促成重整计划的顺利通过。

5. 加强监督，及时转化

重整计划的成功执行是司法重整成功的关键。但由于重整计划由债务人负责执行，而债务人往往是自己原来的管理团队，出于惯性，他们往往对导致破产的原因熟视无睹，缺乏清醒认识，导致公司经营无法有效改善。因此，法院既需要指定合适的管理人加强监督，落实具体的监管措施，同时又要加强对管理人的监督。在案件审理过程中，要求管理人在债权核查时要公平、公正，在与债权人的谈判中对各类债权人以及同类债权人中的各个债权人都要进行充分的沟通和协商，重整计划内容不得涉及对债权人不公平对待的情况。一旦重整计划无法执行，则及时裁定终止重整计划的执行，对于进入破产程序后申请重整的，则及时宣告债务人破产，对于尚未申请破产的，则在终止重整程序后，及时引导债务人或债权人申请破产。

（三）疏源分流，运用多元化机制化解企业困境

虽然破产重整制度是企业解困的重要途径，但并不是所有的企业面临困境

都可以适用破产重整制度。因此，应因案制宜积极探索和建立符合法律规定的司法政策和应对措施，要妥善通过司法手段运用好企业维持和企业退市两种不同机制，对于对涉案企业要根据其不同发展前景和恢复能力，灵活运用相应的挽救措施，最大可能保存企业实体。对有挽救可能、具有一定核心竞争力和自主创新能力的企业，鼓励采取破产重整、和解方式化解企业尤其是上市企业的资金链断裂风险，帮助企业恢复清偿能力；同时也要引导产能落后、挽救无望的企业走破产清算的道路，形成企业退出机制的良性运转。同时，在化解企业困境过程中，要积极发挥调解功能，灵活运用庭前调解、特邀调解员调解、商会协调调解、律师参与调解、保险公司和解以及多种诉调对接机制，通过加强信息共享、法律适用尺度的统一、人才培养、司法协作等途径，充分发挥司法机关的整体社会协调作用，形成完整的解困体系，以最大限度、最快速度调动政府和社会各方资源，共同为经济社会发展提供更好的司法保障。

1. 发现苗头，集中管辖

在处理涉诉企业纠纷案件中，在立案阶段应畅通预警机制，针对大标的金融借款纠纷、同被告的民间借贷或企业借贷纠纷案件，可以通过向原告先行了解企业状况，初步确定该企业是否面临停产、倒闭等情形，及时做好风险预警工作。如果发现案件引发连环诉讼，同时继而产生大量的劳资纠纷案件，涉及面广，对当地有重大影响的涉诉企业，在向当地党委汇报、与政府协调沟通后，可采取申请实行集中管辖，以期案件的妥善处理及解困举措的有效运用。

2. 因案制宜，区别对待

针对涉诉企业所面临的困境，目前各级法院积极应对，纷纷研究化解企业困境的对策和机制，根据企业的规模大小、发展前景、困境化解难度等情形，进行甄别，区别对待，确定化解企业的具体举措。如在立案阶段畅通预警机制，灵活慎用保全措施；系列案件集中管辖，因案制宜审判；灵活适用执行手段，蓄水养鱼把好执行关；针对濒临破产企业如尚有发展前景的，鼓励破产重整拯救企业；对于资不抵债且无再生可能的，则及时保全财产宣告破产退出市场等等。同时对于大量的民营中小企业，如果全部由法院适用破产重整进行挽救并不符合现实条件，不过仅依靠债权人或企业自主重整的可能性又相对较小，需要由政府主导下实现企业进行资产重组。因为政府更有资源和能力做好重整企业的维稳工作，成立清算小组，维护企业员工尤其是骨干技术人员团队的稳定，并安抚债权人，也更有能力引进新的资金，解决战略投资人和现金流问题。从浙江省法院所处理的南望集团模式、飞跃集团模式、江龙集团模式等典型案例的成功经验可知，应在破产重整制度中确立行政机关的支持与配合制度，应适当建立与债权人的信息沟通机制，成立债权人委员会，让债权人委员会监督与制约管理人的工作，法院与管理人、债权人委员会间可建立阶段性的例会制度，以加强信息沟通，充分法院的协调功能，从而推动重整程序的顺利进行。

3. 慎用保全，暂缓执行

对于虽有部分案件涉诉，已经面临破产困境但仍有复苏希望的中小企业，由政府主导，综合各方力量对企业进行重整。法院对于由政府主导企业自主重整的，积极伸出援助之手，创造司法条件，对于涉诉案件慎用诉讼保全强制措施，执行案件暂缓执行，同金融机构等债权人协调暂缓行使担保物权的优先受偿权等等，尽力将对企业的影响降到最低限度，同时参与政府和企业的重组协调会，协助政府主导企业自主重组，为政府和企业提供法律帮助，提供各种化解的重组方案，合理确定管理人，落实监督措施，为重组实施扫清法律障碍。

4. 参与协调，提供援助

除了运用司法手段积极应对企业困境，还要综合运用司法外手段拯救企业。针对浙江大量的中小企业，借鉴国外非司法重整的有益经验，构建适合浙江省中小企业的非司法重整机制，为中小企业解困并实现产业转型升级提供一个新的途径。即由省市县地方政府成立中小企业重整机构，由政府主导，法院及其他各部门共同协助陷入困境的企业与债权人进行法院外的协调或进行重组，评估困境企业是否有再生的价值，若无再生价值，则依破产法律程序进行清算偿还债权或建议关闭；若有再生价值则进行债权债务协商，延期还款、分期还款、放弃债权或减少还款金额，使陷入困境企业有喘息的机会。甚至提供必要的资助，使困境企业恢复正常的运营状况，而债权人的债权可获得保障。或者通过企业重组，使企业脱胎换骨，获得重生。

如我院受理的某中港公司案，因该企业资金链断裂引发金融借款诉讼，后引发系列案件，各地法院纷纷采取查封措施，由于被查封的铜棒价格一直下跌，又亟需处理。同时由于企业停产，引发大量的劳资纠纷案件。因此，在当地政府的主导下，由金融办牵头，召集金融债权人及其他债权人进行协调，因该企业生产经营状况尚可，以尽可能救活企业、使企业维持为原则，暂缓收贷，解除查封，恢复正常生产经营，给予一定宽限期，使企业存活。

（四）激励创新，司法护权促进企业转型升级

司法不仅要承担起化解企业困境的重任，同时，法院更要发挥司法的能动性，坚持尽量救活企业的司法理念，在合法合规的前提下，加强对有利于转型升级的金融创新举措、企业融资等方式的保护，并形成相应的指导规范。依法审理各类知识产权案件，在查明事实，分清是非，依法裁判的同时，充分发挥知识产权司法保护的主导作用，注重知识产权民事案件的诉讼调解，最大限度地发挥调解在解决知识产权民事纠纷中的独特作用，支持并保障我省技术跨越战略、品牌战略、知识产权战略和标准化战略的实施，为促进我省技术创新和经济转型升级提供有力保障。对涉企案件审理中司法应急措施的采取实行必要

的限制，将司法扶助重点放在生产力先进、有生存能力、社会影响面大的企业上，积极推动产业转型升级战略的实施。

（五）加强制裁，促使民间资本规范运作

从温州“灰色借贷危机”到目前全国的经济形势，反映出民间资本大量流向民间借贷市场，且规模十分巨大，特别是在民营经济中占很大比例。从所审理的民间借贷纠纷案件看，隐性高利贷现象十分猖獗但无法遏制。一些企业主正是由于高利贷越陷越深而无力自拔。一旦民间资本借贷出现问题便会像多米诺骨牌一般引发一连串的问题。在我国民营经济占据半壁江山，若不能很好解决民营经济的融资问题，那么中小企业的倒闭潮或会如滚雪球一般越来越大，最终危及我国的实体经济。温州的“借贷危机”只是全国的一个缩影，但是却给整个金融运作与监管体系敲起了警钟，如果不进行改革，直接影响到的是全国各地的资金链与企业生存，乃至于整个社会的稳定。因此，必须进行金融体制改革，开放金融市场，给民间资本一个合法出路，引导民间借贷阳光化、规范化、当是根本之策。而作为司法，应着手规范民间借贷程序，对诉讼中的违法借贷、虚假诉讼等加大制裁力度，进一步规范民间资本的民间借贷中的运作。

结　语

面对涉诉企业所面临的困境，必须综合运用经济、行政、政策、法律、教育等各种手段，才能及时、有效地化解企业目前所面临的各种困境。法院应充分发挥司法能动性，妥善处理涉企案件，为预防和化解企业风险提供坚强有力的司法保障。同时积极争取党委、政府和社会各方面力量的支持，努力将司法手段与非诉手段结合起来，形成各方面分工负责、互相配合、共同化解社会矛盾的整体合力，充分发挥多元纠纷解决机制的使用。

（获最高人民法院第五次优秀调研成果二等奖，
浙江省法学会世界贸易组织法研究会2011年年会优秀论文一等奖）

民事强制执行中自由裁量权的规范

——兼议比例原则在民事强制执行中的适用

蔡淑妃*

广东省高级人民法院执行局原局长杨贤才受贿案尚未平息，武汉市中级人民法院六名执行法官又“前腐后继”，法院执行腐败又一次在世人面前展露无疑。人们不禁要问，为什么执行法官会频频落马，为什么司法腐败常常在执行中原形毕露，执行法官手中的权力到底有多大？“我国目前较为严重的司法腐败，究其根源在于现代司法体制赋予司法人员的自由裁量权过大，缺乏监督制止约束。”① 那么民事执行自由裁量权现状如何？我们该如何去规范这样的权力呢？

一、民事强制执行的特性——自由裁量权存在之基础

《布莱克法律辞典》将法官自由裁量权解释为法官或法庭自由斟酌的行为，意味着法官或法庭对法律规则或原则的界限予以厘定。以此引申，所谓法官自由裁量权是指法官或法庭在诉讼活动中依法自由斟酌以确定法律规则或原则的界限的一种权力。而在民事强制执行过程中，这种“自由斟酌的行为”显得尤为突出：执行法官可以采取这样或那样的措施，如对被执行人的财产查封或扣押；可以采取或不采取某项执行措施，如拘留、罚款；可以确定不同的措施强制，如拘留的天数或罚款的数额。可以说自由裁量权在民事强制执行中随处可见，而之所在存在这样的现象，一方面，我们不能否认法律规范本身的模糊性、滞后性，使得立法者在立法时不可能面面俱到，完全准确地把握所有社会复杂关系，把所有应调整的问题全部作出科学的规范，成文法的局限性给法官行使自由裁量权留下了广阔的空间；而另一方面，民事强制执行其本身的性质也决定的自由裁量权在其实施过程中的重要性。

---

* 宁波市鄞州区人民法院执行局审判员。

① 章武生：《路径与选择：司法公正的实现》，载《中国法学》2003 年第 1 期。

"民事强制执行者，国家机关经债权人之声请，依据执行名义，使用国家之强制力，强制债务人履行义务，以实现债权人私权之程序。"[①] 故民事强制执行的行使体现的是国家对私权利的强制救济，其根本而言是实现债权人权利的一种程序。程序本身而言，是行使者一种选择，有选择就是有自由裁量，这是自由裁量权最基本的生存空间，而民事强制执行这种程序又有别于审判程序，它有着自己的独立特性和存在价值：

（一）程序实施中之强制性

民事强制执行的目的是为了保护债权人的合法权益，使生效法律文书所确定的义务能得以实现，而使用国家之强制力，强制债务人履行义务。可以说执行权本质是上一种强制权，[②] 且是国家机关运用公权力来实现私权保护的强制权。因此，在民事强制执行实施中，强制执行措施在所难免，如查封、扣押、拘留等，但在这些强制措施实施的过程中，会面对诸多情形：当事人的行为是否达到了拘留的条件、查封的财产是否属于法院不可处分的财产，由于法律规范本身的模糊性，它不可能事无巨细地对所有情形予以规定，面对这些情形时法官却必须"自由斟酌"并做出选择，这就需要法官的自由裁量权。

（二）程序实施中之职权主义模式

民事执行程序是由执行的一般规定和多种执行措施及其实施的具体程序等构成，[③] 而民事强制执行具有更加明显的职权行为特征：主动性、单向性。虽然民事强制执行程序的启动是依当事人的申请，但此后的执行程序几乎不受当事人的控制，执行法官可以依职权主动选择多种执行模式：调查财产方式的选择、查控财产方式的选择、处罚形式的选择，而在这些执行模式的选择中，就充分体现了法官的自由裁量权。

（三）以效率优先的程序价值

与审判程序追求公平、公正的价值有所不同，民事强制执行程序将效率摆在了第一位。执行程序最终是为了实现当事人私权利的程序，"当事人之权利义务，业已确定，为迅速实现债权人之权利，自应偏重债权人利益之保护"[④] 为此，在效率优先的指导思想下，如何及时确定高效与执行措施穷尽的原则，这又需要法官的自由裁量权来选择。

---

① 杨与龄：《强制执行法论》，中国政法大学出版社 2002 年版，第 3 页。
② 吴英姿：《审执分离和执行权制约》，载《山东警察学院学报》2008 年第 1 期。
③ 童兆洪：《民事执行权的定位》，载《法律适用》2003 年第 9 期。
④ 杨与龄：《强制执行法论》，中国政法大学出版社 2002 年版，第 20 页。

二、困惑、反思——民事强制执行自由裁量权之现状分析

正由于上述民事强制执行的特点，使得自由裁量权在民事强制执行中有着不可或缺的作用，可以说自由裁量权为法官高效及时地执行案件提供了保障。但我们同时也会发现，民事强制执行中的自由裁量权在运用中已经存在了不少问题：以此次武汉中院的六名执行法官落马事件为例，其中的导火线便是“超标查封”，[①] 应该说像查封这样的执行措施在日常执行过程中司空见惯，由于民事执行强制措施采取的适当性与时效性，对债权人债权实现的时间、程度发挥着至关重要的作用。为此，在执行实践中能对强制措施予以灵活、恰当地应用，是对执行法官的基本要求，也是赋予执行法官的一种最大的自由裁量权。可是令人困惑的是，这种权力似乎少了制约与规范，导致执行法官在执行过程中的随意性不断增强，而权利一旦随意增大，缺乏制度的制约和规范，各方利益的寻租便会接踵而至，各方当事人想方设法“租用”权力，为自己正当或不正当的利益寻找法律保护。于是乎打着“重实体轻程序”的幌子，执行腐败开始显现，执行程序的权威开始动摇。而这些问题的根源，不外乎以下几个原因：

（一）立法上缺乏明确的规定

一方面，相比审判，执行立法远远滞后，以 2007 年修改的《民事诉讼法》为例，268 条规定中执行程序仅有 34 条，所占比例为 12%，而我国每年要办理的执行案件却多达 200 多万件，大量的程序操作无法可依，虽然近几年陆续出台了几部执行司法解释，也仅仅是对一些重要的执行措施予以规范，相对复杂多变的执行程序而言，这些都是杯水车薪。而另一方面，在司法实践中，我们虽然承认由于成文法本身的局限性所要求，法官自由裁量权的重要性，但是作为成文法的国家，无论是实体法或是程序法中，都没有对自由裁量权予以具体规定，这就导致审判实践中，大多数法官对什么是司法自由裁量权、如何合理地自由裁量一片茫然，这必然导致法官在行使自由裁量权时要有所偏颇。

（二）司法实务中缺乏具体的指导原则

立法上的不明确，使法官感到无法可依，而具体指导原则的缺失，则更导致司法实践中执法的混乱。民事强制执行过程中，我们仅能发现有模糊的价值导向，即效率与公正，以前“重实体轻程序”，使得执行法官盲目地追求最后

---

① 载新浪网。武汉中院执行局因被执行人不履行两千余万元的债务，而查封了被执行人上亿元的土地。

的结果，致使诟病不断，如今强制了程序的公开、公正，但此时的公正该如何摆位，效率优先的前提在公正中如何突出？执行过程中，却没有一个明确的政策态度，执行法官自由裁量时在价值衡量上往往会迷失方向。这样直接导致的后果是：一是法官认为无以为据，不敢自由裁量；二是法官对同类案件自由裁量的标准执行不一，甚至大相径庭；第三种后果是法官在自由裁量领域内为寻找可适用的规则或原则而耗费心力、重复劳作。

（三）运作程序缺乏规范

自由裁量权的运作必须在规范的程序中才能得到控制。但执行权的运行本身就缺乏有效的程序控制，这就增加了法官自由裁量的随意性。如在执行强制措施采取形式上，执行法官是采取对不动产的查封还是扣押动产，是对银行账户的冻结还是直接扣划，这些都只要执行法官“自行斟酌”、自由裁量即可，没有严格的规范予以细化控制；又如在现实中，法官对自由裁量权的运作过程往往不愿意公开或公开程度不够，使各种监督机制对于法官自由裁量权的行使缺乏有效的监督，尤其是当事人监督与社会监督更是无法落实，当事人几乎是被排斥在执行程序之外，甚至缺乏有效途径和平台对法官的自由裁量权提出自己合理的建议。这些都极大地扩大了执行法官自由裁量权滥用的可能。

（四）执行法官素质的低下使自由裁量更加肆意、专横

在人类追求司法公正这一永恒的价值目标的过程中法官是法律由精神王国进入现实王国控制社会生活关系的大门。[①] 民事强制执行中自由裁量权作为一种权力，其主体素质的高低对于该权力能否正确行使，可否达到权力设立目的至关重要。就整个法官群体来说，多数法官的素质是能够胜任法官职业要求的，但不容否认，也有少部分法官的素质并不尽如人意。有的法官主观上虽有良好的执法愿望，但自身业务素质的低下使得他们在处理疑难复杂案件时常感到力不从心；而有的法官则难抵金钱、美色等物欲色欲的诱惑，丧失伦理道德、职业操守、法官使命，为司法腐败的蔓延起到了推波助澜的作用。执行法官素质的不足使民事强制执行中自由裁量权的行使显得更加肆意和专断。

三、探索、规范——比例原则在民事强制执行中的适用探析

（一）实践中的探索

为规范民事强制执行同时有效化解日益突出的“执行难”问题，我国司法

① ［德］拉德布鲁赫：《法学导论》，米健译，中国大百科全书出版社 2003 年版，第 122 页。

实践进行了大量的改革：

一方面，2012 年修改《民事诉讼法》对执行程序作出了修改，然而面对纷繁多变的执行情况，《民事诉讼法》的规定显得如此的自然简单，只对执行过程中涉及的简单概念进行了规定，既没有对执行的具体措施进行设置，也没有对执行的具体程序进行规范，对执行法官在实践中的自由裁量权更是没有多大的改变；虽然最高人民法院根据实践的需要陆续制定了《最高人民法院关于人民法院民事执行中查封、扣押、冻结财产的规定》、《最高人民法院关于人民法院民事执行中拍卖、变卖财产的规定》、《最高人民法院关于适用〈中华人民共和国民事诉讼法〉执行程序若干问题的解释》等，对《民事诉讼法》进行了补充，但是这些司法解释大都是就事论事，只解决某一方面的问题，不但内容显得支离破碎，而且位阶低于法律，对执行工作的规范缺乏权威性，有时甚至会发生冲突，不但不能从全局上对执行工作形成有益的指导，反而使公众和执行法官无所适从，执行法官手中的自由裁量权不但没有因此而减少，反而是在众多的选择中更加诚惶诚恐。

另一方面，司法实践也一直都在探索可以规范民事强制执行、杜绝执行腐败的运作规范和执行模式，以限制执行法官自由裁量权的滥用。“从事物的性质来讲，要防止滥用权力，就必须权力制约权力。”[①] 而分权制约无疑是最好的选择，能够有效地制衡权力，最大限度的防范权力的危险。于是，实践有了审执分离、审执兼顾的执行模式，将审判法官排除在执行法官之外，执行成为相对独立的专业司法工作；把委托评估、拍卖工作从执行法官手中分离，将执行中最大的“蛋糕”予以剔除，以减少执行工作中寻租现象的产生；实施权与裁决权分离，不再让执行法官“自说自话”，从而在一定程度上抑制自由裁量权；构建异议之诉，充实债务人和第三人的执行救济方法，从而约束执行法官自由裁量权的空间。

民事强制执行实践一系列的探索，在一定程度上对执行法官的自由裁量权予以了细化和规范，我们可以看到一丝欣慰。但是我国现在还没有一部完整的强制执行法，在执行立法上缺乏一个统一的体制前提下，运作程序的规范以及执行法官队伍素质提高，在最终达到的规制执行法官自由裁量权效果上始终是有限的，在巨大的利诱下，它无法杜绝权力滥用，此时我们更需要一个科学完整的基本原则体系，来弥补我国现行民事强制执行法律的“大片空白”和规范运作程序上所形成的强大的自由裁量权，使民事执行过程中有正确的价值导向。而比例原则，这个被称为西方行政法上的“帝王条款”，对于督促行政机关合法、适当地行使职权，约束行政自由裁量权，对于切实保护行政相对人的合法权益具有十分积极的作用。笔者大胆设想将比例原则应用于民事强制执行

① ［法］孟德斯鸠：《论法的精神》（上册），张雁深译，商务印书馆 1985 年版，第 154 页。

中，求同存异、扬长避短，同样可发挥出积极的作用。

（二）比例原则的概述

比例原则源于“正义”观，其思想最早可追溯至1215年英国自由大宪章中关于犯罪与处罚应具有衡平性的规定，即人民不得因轻罪而受重罚。[①] 而如今比例原则已有了独具的内涵，即行政机关采取的措施和手段应当必要、适当，行政机关实施行政管理可以采用多种方式实现行政目的，应当避免采用损害当事人权益的方式，这是制约国家公权力以保护公民宪法所规定的基本权利的一种公法上的基本原则。

比例原则有三个子原则，即妥当性原则、必要性原则和法益相称性原则。妥当性原则要求手段有助于目的实现，必要性原则要求实现目的的手段是最小侵害的，法益相称性原则是通过对手段负面影响的考量，要求目的本身的适当、不过分。比例原则的这三项子原则分别从“目的取向”、“法律后果”、“价值取向”上规范国家权力与其行使之间的比例关系。三者相互联系、不可或缺，构成了比例原则的完整而丰富的内涵。可以说，比例原则对国家行为要求是比较严格的，主要适用于自由裁量权领域，是控制自由裁量权的有效手段。

而如上文所分析民事强制执行体现的是国家对私权利的强制救济，其法律关系中执行机关与当事人之间关系具有强制性、职权主义、单向性、主动性等公权力特点，民事强制执行可以也应当受比例原则的约束。事实上，同样在大陆法系国家里，德国的司法实务在民事执行中就应用了比例原则，并且取得了良好的效果。[②] 我们也不妨结合我国司法实践，探讨比例原则在我国民事强制执行中的应用。

（三）比例原则在我国民事强制执行中的应用

首先，结合妥当性原则，又称适当性原则，它要求所采取的手段有助于目的的实现。在民事强制执行中，要求法院执行权的行使要符合行为目的的达成，避免无益执行。民事强制执行的目的是实现生效法律文书所确定的债权人所拥有的权利，故执行法官在执行权行使的过程中，所采取的强制措施，应综合考量时间、费用、方式与范围等因素，避免无益执行。如在查封拍卖财产的过程中，如果扣除评估、拍卖等费用后，拍卖款所得已无剩余，此时是否还要继续采取拍卖的强制措施，是否是采取变卖或者其他手段更为妥当，这里在执行法官自由裁量的同时，就可以以妥当性原则为规范，避免无益执行。

---

① 蔡宗珍：《公法上之比例原则初论——以德国法的发展为中心》，载《政大法律评论》1999年第62期。

② 孙加瑞：《强制执行实务研究》，法律出版社1994年版，第215页。

其次，比例原则的另一子原则是必要性原则，指在众多能够有效实现公共目的的手段中应当选择对公民权利限制或侵害最少的手段，必要性原则以有效性为前提，是以“法律后果”为导向来考量手段，是比例原则的核心内容。

适用到民事强制执行中它指在达成执行目的的多个方法中，应选择对被执行人或利害关系人最少侵害的执行措施。它主要体现在以下几个方面：一是在强制执行过程中，能够不使用强制措施，如通过规劝、提示而使当事人自动履行义务的，就不应该再使用强制措施，《民事诉讼法》第 216 条规定的执行员接到申请执行书或者移交执行书，应当向被执行人发出执行通知，责令其在指定的期间履行，逾期不履行的，强制执行，即是此意；二是当执行法官使用强制措施来促使当事人履行义务时，一旦债权实现了，目的达到了，就应当立即解除强制；三是财产性强制执行措施同样有效时，不得适用限制人身的强制执行措施；四是在采取财产性强制执行措施时，应按照责任财产的类型、执行的难易程度来确定妥当的执行顺序，如有银行存款可以先行执行扣划时，就不应当先行采取拍卖动产或不动产等措施。

事实上在 2007 年《民事诉讼法》修改后，执行措施多样化立法本意已充分显示，第 231 条“被执行人不履行法律文书确定的义务的，人民法院可以对其采取或者通知有关单位协助采取限制出境，在征信系统记录、通过媒体公布不履行义务信息以及法律规定的其他措施”，便是新增的执行措施。可以说执行措施的多样化给执行法官也带来了更多的自由斟酌的空间，自由裁量权的范围也更大了，为此如何规范这样的自由裁量权，真正做到执行效果与社会效果的统一，必要性原则就可以起到至关重要的衡量作用。

最后，在民事强制执行过程中结合法益相称性原则，通过对手段负面影响的考量，要求目的本身的适当、不过分，即所采取的行为所引起的不利益应较行为所欲防阻之利益为低。[①] 民事强制执行过程中，法院应斟酌被执行人的财产状况、履行能力，以及被执行人因执行行为所受损害与申请执行人所欲实现的利益是否显失公平，对二者进行必要的利益衡量。比如在债权利益与被执行人最基本的生存权相比，生存权理应高于一般债权，故在执行过程中，执行法官应保障被执行人日常生活之必要，而不能不对利益予以衡量，一味追求执行结果。另外在强制执行的方式上禁止采取有辱被执行人人格尊严的执行方式，也不得随意侵害被执行人的宗教信仰、姓名权、肖像权，被执行人属特殊人群的应灵活执行等等，这些都是法益相称性原则最基本的要求，也是民事强制执行中自由裁量权使用中最根本的规范要求。

可以说，借鉴比例原则在规制自由裁量权时的特殊作用，将比例原则适用时民事强制执行中，有其可行性更有必要性，然而可惜的是这个西方法学中的

---

① 黄异：《行政法总论》，台湾地区三民书局 1992 年版，第 80 页。

“帝王原则”，在我国行政法上都尚未确定，在民事强制执行，我们也只能翘首以盼。但有一点是肯定的，在我国目前民事强制执行立法尚未统一完善的前提下，一个能引导执行程序价值取向的原则，在规范自由裁量权上的作用和价值是无限的。

（获浙江省法院系统执行理论研讨会二等奖）

房产登记名不符实的弊端与对策

郭敬波* 俞 昉**

虽然房产新政已经初见成效，但消费者对房产价格走势仍如雾里看花，忽涨忽跌的房价使房屋买卖纠纷大为增加。而登记的房屋所有人与实际房屋所有人不一致，更使房产纠纷平添了诸多变数。据宁波市两级法院统计，在房产纠纷案件中，因登记所有权人与实际所有权人不一致，共有人提出异议而导致纠纷的案件的比例，从 2009 年的 28.57%上升到了今年的 50%以上。

一、房产登记名不符实的表现

案例一：早在 1996 年，家住宁波市鄞州区某镇的刘某出资 34 万元，与王某合伙建造了一幢别墅，因该幢别墅是未批先建，建好后王某以解决生活和工作需要为由向政府申请，在王某补缴土地出让金后政府同意改变用途予以出让，土地证及房屋所有权证均登记在王某名下。去年 4 月份，王某以 270 余万元的价格偷偷将该房产卖于他人，刘某得知情况后，以房屋属于合资建造，房产登记机构将房屋单独登记在王某名下违法而提起行政诉讼，要求撤销房屋登记机构给王某颁发的房屋所有权证。

法院经审理认为，刘某虽是对房地产登记行为提起行政诉讼，但其提起诉讼的理由是认为争议房屋系与王某合资建造，纠纷的实质在于民事实体权利争议，登记机关在登记时不可能对房屋的归属作出实质性的审查与判断。所以，刘某应通过民事诉讼来解决，据此裁定驳回了刘某的起诉。

刘某又提起民事诉讼，但是因为王某已经将房屋卖给他人并办理了过户手续，按照《物权法》的规定，购买人属于“善意取得”，所以刘某无法再从购买人那里要回房产，法院最终判决王某赔偿刘某 130 余万元。据刘某讲按照案件宣判的时间，这幢别墅市场价起码可以卖到 400 万以上，法院按王某当时的

---

* 宁波市鄞州区人民法院姜山人民法庭副庭长，法律硕士。
** 宁波市鄞州区人民法院望春人民法庭副庭长。

卖价来确定损失，他无法认同。

像刘某这样因为房屋是实际共建，初始登记时因种种原因只登记在一人名下，造成实际权利人与登记权利人不一致只是其中的一种情况，较常见的还有夫妻在婚姻关系存续期间所购买或者自建的房产，登记在一人名下。更多的是因为各种原因造成的房屋权属变动，实际权利人没有及时变更登记，比如父母一方去世后，子女可以继承去世一方不动产份额，但实际上，子女通常不会与健在的父或母进行析产并申请共有权登记，这样也会出现不动产登记权利人与实际权利人不一致的情形。

二、造成登记名不符实的原因

案例二：家住宁海县的张某，为了能让自己的儿子到宁波市比较好的小学读书，于是便提前在该小学附近买了一套学区房，利用“购房入户”的政策把儿子的户口迁至该房，在办理房产证时，还特意将儿子的名字也写进了房产证。

儿子小学毕业后，该套房产完成了历史使命，张某准备将房屋卖掉，但却遇到了麻烦。房产登记部门告诉张某房子是他和儿子的共有财产，必须经过其儿子的同意才能卖掉。但他的儿子还未满 18 岁，不具备完全民事行为能力，不能对自己名下的房产进行处置。因此，只有等他儿子年满 18 岁后，经儿子同意才能处理这套房产。张某不服，以房屋登记机构行政不作为为由，向法院提起行政诉讼。

据房屋登记机构的工作人员讲，这几年“娃娃房主”的数量不断增长，其中的原因很多，有夫妻不和约定将房屋提前登记在子女名下的，有害怕将来有财产纠纷而将房屋直接登记在子女名下的等。像这种情况一旦父母出于某种原因需要转让房产，或者是想用孩子名下的房产抵押贷款，都会像张某一样遇到麻烦。

之所以出现这么多“名不符实”的房屋登记，主要是法律对实际所有权人没有规定及时变更登记的义务。《物权法》仅要求实际所有权人在处分物权前需要办理登记，但在实际所有权人与登记所有权人不一致的情况下，却没有规定实际所有权人和实际共有权人有及时变更登记的义务。在实际所有权人或实际共有权人怠于变更物权登记的情况下，导致实际的物权归属长期与登记的内容不符，这样不但使物权登记应有的公示、公信力降低，并且很容易引发纠纷。特别是在当前房价动荡的情况下，共有人提出异议主张房屋买卖合同无效更成为出卖方毁约的常用理由。根据目前的物权制度，处分共有的不动产应当经共同共有人同意，未经同意则构成无权处分，如果房屋尚没有过户，任何一个实际共有人提出异议，则买卖合同将归于无效，这会给买方造成很大的交易风险。

三、约定内容难在登记中体现

案例三：方某和妻子结婚后关系一直不太融洽，于是两人便协议离了婚。考虑到年仅两岁的儿子归妻子抚养，分割财产时方某同意将登记在自己名下的一处价值百余万元的房产归妻子所有，但同时约定妻子不能转让或者出售，等妻子去世后此房产权归儿子所有。

离婚后方某的前妻提出过户该房屋产权时，方某却不愿配合，于是方某的前妻向法院提起诉讼，要求判令方某配合将该房屋过户在自己名下。法庭上，方某说出了自己不愿配合过户的顾虑：离婚时虽然是约定房屋归前妻所有，但亦同时约定前妻不得转让、出售，将来前妻去世后此房产权归儿子所有。如果把房屋产权过户给前妻，前妻就可以出售或者转让该房产，协议的内容显然就无法得到保障。所以自己不是不同意过户，但必须过户在儿子名下而不是前妻名下。

法院经审理认为，原、被告离婚协议约定争讼房屋产权归原告所有，被告应按约定履行，协助办理房产权属变更登记手续。双方离婚协议中同时约定该原告不得转让出售房屋，原告在取得房屋产权后亦应按约履行，但被告以此理由阻止房产过户，于法无据，故判决被告配合将争讼房屋产权过户给原告。

这样判决虽然理由充分，但从实际效果来看，“约定”的内容显然没有得到法律的应有保护。为了保障不动产的财产安全，我国对不动产设立了登记制度，并区别一般的动产，规定不动产必须经过登记才发生物权的转移。对于房屋登记主要有所有权登记、担保物权登记、用益物权登记三种类型。由保护物权的需要而衍生出预告登记、更正登记、异议登记三种辅助登记，但这仍然难以涵盖民间大量存在的关于房屋的特别“约定”，使“约定”内容不为外人所知，缺乏公示性，为以后的民事纠纷埋下了隐患。

四、登记与产权人应实至名归

房屋实际权利人与登记权利人不符，不但容易形成矛盾纠纷，更多的是被一些官员用来隐匿财产，被一些“老赖”用来逃避债务，其社会危害性非常严重。堵塞房屋登记过程中的法律漏洞，使房产登记权利与实际权利实至名归，是亟待解决的问题。

首先，应当通过法律对实际权利人课以及时进行变更登记的义务。因为实际权利人对自己的物权有进行保护的义务，其完全有能力也有条件及时进行产权变更登记，以使实际的物权归属与登记的状态相统一。即使有时间上的误差或者他人已经申请登记，其也可以通过预告登记或者异议登记等方式进行补救。其次，在未经变更登记之前，法律应当规定其他人可推定实际所有权人或者实际共有权人同意登记所有权人代为行使处分权，确认登记人订立的物权合同的有效性，以防止“登记权利人卖房，实际共有权人看涨毁约”的情形。再次，在未经变更登记之前，实际所有权人对登记所有权人就标的物的对外行为，承担连带责任。

另外，不动产权利登记从法律属性上只不过是以原有的法律关系为基础的一个附加行为，不产生权利义务关系从无到有的变化，只是加强了原有的法律关系，使原有的法律关系的变动得到国家的认可，或者使原有的法律关系具有相应的公示、公信效力等。所以，不动产登记不应只是“静态”地证明权利归属，更应该是“动态”地显示权利变动。因此，除对房屋产权设立、变更、转让、消灭的结点进行登记外，更要对不动产法律关系变动的动态过程应当事人的申请进行登记，使变动过程之中的房屋暂时处于“冻结”状态，当事人约定的权利义务能够在登记簿上有所显示。只有这样，才能保障不动产交易的安全，防范不动产权利变动中的失信行为。

（载于最高人民法院《民事法律文件解读》2010 年第 10 辑）

调研报告

当前赌博新表现、危害性与司法应对

——以近年来鄞州区涉赌案件为分析样本

宁波市鄞州区人民法院课题组*

赌博是典型的社会传统糟粕之一，近年来，赌博现象在基层社会盛行，无论在城镇街道还是乡野农村，赌博的渗透力日渐增长，成为影响基层社会稳定和经济发展的重大问题，基层组织和人民群众对此反响非常强烈。为此，我们以鄞州法院近年来审理的涉赌案件为分析样本，对当前赌博现象的新特点和规律以及司法实践中存在的问题进行研究，并努力寻求对策，以期人民法院能够更好地参与社会治安综合治理和社会管理工作。

一、涉赌刑事案件的基本情况

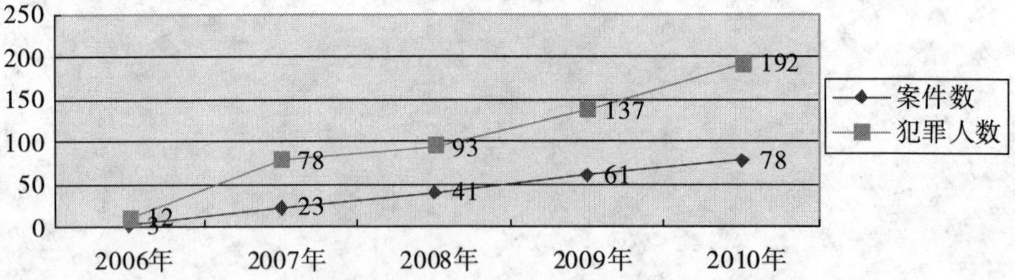

图一：近五年赌博罪、开设赌场罪案件数与犯罪人数

（一）赌博罪、开设赌场罪的基本情况

“赌博罪”与“开设赌场罪”直观地反映出了涉赌刑事案件的基本情况。从图一可以看出，鄞州法院审理的赌博罪、开设赌场罪案件数量由2006年的

* 课题组成员：张盛世、郭敬波、徐旭霞、马晓。

3件12人到2010年的78件192人，呈直线上升趋势。可见，赌博这种不良社会现象近年来有不断蔓延扩大的趋势。

（二）赌博引发其他类型犯罪情况

赌博行为也极容易引发其他类型的犯罪。比如一些参赌者在输光钱财后仍不收手，在赌场上借高利贷参与赌博，而当在输光所借的高利贷又不能偿还时，往往成为放高利贷者暴力追讨的对象。另外，开设赌场罪中的犯罪人员往往由人数众多的外来无业游民组成，这些人的群集也容易引发其他暴力型犯罪。

仅2010年鄞州法院审理的因赌博引发的其他类型的刑事案件就有31件，绝大多数是暴力追讨赌债引起的，其中非法拘禁案17件、故意伤害案8件、敲诈勒索案4件，非法持有枪支案2件。另外，开设赌场人员也会有其他犯罪行为。据统计，近年来共犯有强奸案1件、抢劫案2件、寻衅滋事案5件、妨害公务案2件。在有些案件中，因参赌人输钱后在外避债，其家人、亲友等却成了放高利贷者的直接追讨对象的现象也时有发生。如鄞州姜山镇张村庙村、董家跳村，2010年就发生了多起打砸参赌人员亲属房屋、哄抢参赌人员财产等暴力追债事件。

二、涉赌民事案件基本情况分析

（一）民间借贷纠纷案件涉赌情况

赌博也是许多民事案件的诱发因素。2010年鄞州法院受理的自然人之间的民间借贷案件，可以确认涉赌的案件有173件，标的额达1543.54万元。民间借贷涉赌案件一般可分为两种情况，一种是参与赌博人员在赌博中输钱后，开设赌场者采用允许参赌人员“压空注”或者在赌场现场放贷，引诱参赌人员继续赌博。从图二可以看出，由于这种借款并没有实际金钱流转，不能对参赌者造成强烈的心理刺激，所以虽然案件数量不多，但往往涉案数额非常巨大，反复几次就可能高达数十万元。另一种情况则相对比较常见，即参赌人员因赌博输钱后，为了继续参与赌博，而向亲戚、朋友或者社会上专门放贷者借款。

（二）劳动争议案件涉赌情况

鄞州属于经济发达地区，尤其是中、小型企业比较发达。一些原本经营良好的中、小型企业，因企业主赌博而倒闭的事件时有发生，由此引发了不少工人失业后追索劳动报酬的纠纷，成了困扰当地政府的一大难题。在鄞州法院2010年受理的涉及村镇企业劳动争议纠纷案件中，由于企业主赌博无力还债，

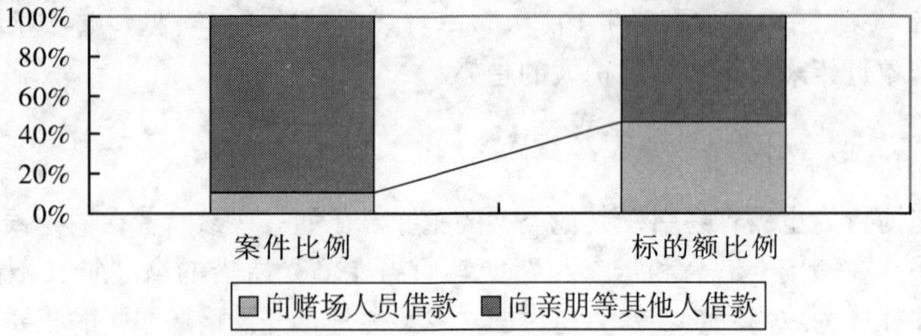

图二：民间借贷中借款参赌案件数与标的额所占比例

外逃避债的占到了 15.9%。

（三）离婚案件涉赌情况

赌博也是影响婚姻家庭稳定的重要因素，因夫妻一方或者双方沉溺赌博导致婚姻解体的现象十分普遍，鄞州法院下属五个人民法庭 2008～2010 年受理的离婚纠纷案件中，诉状中载明因一方沉溺赌博或因赌博欠下巨额借款或因赌博逃债下落不明而要求离婚的案件，分别占到了 10.46%、11.62% 和 12.39%，并呈逐年上升趋势。

除上述三类案件外，还有部分如健康权纠纷案件、侵犯财产权案件也都有不同程度的涉赌原因存在。

三、当前赌博的新表现与社会危害性

（一）赌博形式多样，窝点隐蔽，赌资巨大

从传统的硬牌九、斗地主机、麻将到境外传入的赌球、赌马、六合彩、网络赌博等，赌博的形式呈现多样化。聚赌场所包括宾馆、农家小院、出租房、游戏室、小区活动中心、社区会馆等，甚至有一起案件开设赌场者分别在鄞州洞桥镇石舀庙村芦苇塘边、洞桥镇沙港村桔子地、毛竹林和河边鸭棚等地不断变换，逃避打击。赌博金额也日渐增大，从以前的几千发展到现在的几万，甚至成百上千万。如鄞州姜山镇一名村会计的儿子因赌博欠债达 1000 余万元。

（二）团伙赌博及团伙开设赌场现象严重

团伙赌博或者团伙开设赌场的案件中，赌头为了严密控制赌场，一般会雇用打手监控赌场，必要时用武力解决赌资纠纷，而有前科的人成为赌头雇用打手的首选。特别是 2008 年之后，赌博罪与开设赌场罪案件中有 23 起案件涉案人数在 5 人以上，最多的达 13 人，12.3%的罪犯有赌博犯罪前科。比如在一起开设赌场案中，张某等 12 人分别在鄞州姜山镇西郑村、新屋村、奉化市方桥村等地开设赌场，招徕赌客以硬牌九的形式进行赌博，其中 3 人专门负责用车辆接送参赌人员，4 人专门负责望风，望风地点在村里必经要道上，且远离赌场位置，利用手机、对讲机等现代通讯方式互相联系，组织形式非常严密。

（三）参赌人员的年龄层次、职业构成面广

赌博已经成为一些村镇农民的重要“娱乐项目”，参赌人员构成从青少年到老年人，从农民工到企业主甚至国家公职人员都存在。如鄞州法院受理的一批 8 起涉及严建平的民间借贷纠纷案件，身为五乡镇小学副校长的严建平因沉溺赌博欠债 180 余万元，在当地造成极坏的影响。

（四）境外赌博、网络赌博成为一种新动向

近几年，沿海一带兴起去澳门、缅甸、朝鲜等地赌博的热潮，个别企业主以赴澳门赌博为时尚，而到缅甸赌博则成为贫困地区农民一夜致富的希望。鄞州有一个相对贫困的村庄有 13 人到缅甸赌博，输的赌资都在几十万上下，给该村经济带来毁灭性打击。鄞州法院 2010 年受理的一个涉及 45 名农民工追薪的案件，就是因为酒店业主赴境外赌博、参与网络赌博欠下巨债而无力支付农民工薪水所致。

四、赌博案件增长迅速的原因分析

（一）涉赌者好逸恶劳、寻求暴富的心理因素

从涉赌刑事案件情况看，大多数赌场持续时间为 2 个月左右，最长的也仅持续 4 个月。时间虽短，但被告人大多数能从中获利几万元甚至上百万元。正因如此，才致使开设赌场者心存侥幸、铤而走险。一些参赌者好逸恶劳又梦想一夜暴富，赌博便成为他们幻想不劳而获的手段。

（二）鄞州位置特殊、人员复杂的社会因素

鄞州半包围宁波市区，除中心区外其他所辖区域大都处于城乡结合部，这些地方相对比较隐蔽，不会引起外界的注意，适合赌博行为的滋生。另外，由于鄞州经济比较发达，社会流动资金多，一些企业主财富观与人生观失衡，在获得财富后缺乏进一步发展的动力，转而借助赌博寻求刺激；而一些靠拆迁暴富的农民手头握有大量现金，却没有投资的渠道，无聊之余沉溺赌博。而且鄞州外来务工人员多，开设赌场的“赌头”较容易雇用到外来人员作为打手。

（三）赌博案窝点隐蔽、取证困难的侦查因素

从涉赌刑事案件查明的情况来看，大多数赌场设在乡镇的宾馆或者“赌头”自家的院落、房间内，一般人很难察觉。最高人民法院、最高人民检察院在 2005 年 5 月发布施行的《关于办理赌博刑事案件具体应用法律若干问题的解释》，其中第一条规定有下列情形之一的属于“聚众赌博”：组织 3 人以上赌博，抽头渔利数额累计达到 5000 元以上的；组织 3 人以上赌博，赌资数额累计达到 5 万元以上的；组织 3 人以上赌博，参赌人数累计达到 20 人以上的。此三项标准均是累计计数。但实践中公安机关侦查阶段取证困难，常常存在抓一次算一次的情形。据向公安机关了解，因为不能得到足够的证据，难以认定被抓之前发生的赌博的数额的案件占 2/3。这在一定程度上助长了惯赌者的侥幸心理。

（四）刑罚过轻、缓刑适用过宽的法律因素

《刑法》规定赌博罪处以 3 年以下有期徒刑、拘役或者管制，并处罚金。法定最高刑只有 3 年有期徒刑，而且只有一个量刑幅度。2006 年 6 月施行的《刑法修正案（六）》增加了“开设赌场的，处三年以下有期徒刑、拘役或者管制，并处罚金；情节严重的，处三年以上十年以下有期徒刑，并处罚金”。但对“情节严重”的认定没有细化，可操作性不强。并且经调查，在司法实践中，有 47％的赌博案件在进入审判阶段前被告人已经取保候审，刑事审判中依据强制措施的情况决定是否对被告人适用缓刑是倾向性选择，特别是对犯罪情节并不严重，判决的结果处于判处监禁刑和缓刑中间的模糊状态的被告人，法官为了避免繁琐的程序更倾向对被告人判处缓刑。在这些取保候审的涉赌刑事案件中，有 87％的案件判了缓刑。

（五）文化建设滞后、禁赌不力的管理因素

基层村镇文化建设目前仍然滞后，以赌致富的错误观念在许多基层村镇尤其是相对贫困的地区盛行。由于文化活动的相对匮乏，一些村镇的“文化活动室”慢慢被参赌人员所挤占，甚至一些街道的“老年文化活动中心”，也被一些爱好赌博的离退休人员作为了赌博场所。而基层村镇综合治理部门对赌博问题认识不到位，认为赌博只是一种游戏，怠于管理，对禁赌工作的宣传也不够到位，导致赌博风行。

五、预防和打击赌博的对策与建议

（一）加强文化引导和社会管理力度

注重村镇文化、社会文化建设，让优良文化抢占精神高地与活动场地，增加对基层各类文化设施建设的投入，满足基层群众的精神生活需求，减少对赌博的关注和依赖。注重对中小企业主和拆迁地区农民的引导，防止出现成功后精神颓废认为即便输点也没啥的错误思想，和暴富后无正常投资渠道而参赌的错误做法。依托基层综合治理部门抓好禁赌，加强对村镇田间地头小型聚众赌博行为的治理。人民法院在民事审判中对于发现有涉赌现象的，应及时与有关部门联系，积极参与社会治安综合治理。

（二）加强刑事打击和罚金执行力度

对涉嫌犯罪的大型赌博行为，要加强刑事打击力度。为了改变法院对取保候审的赌博罪、开设赌场罪被告人判处缓刑比例过高的现状，应当采用科学的缓刑裁量量化评价方法，综合犯罪情节、后果或影响、家庭情况、学习生活工作情况、简历、社会环境影响等，将这些因素予以量化，转化为具体的数据，再根据最终统计结果来决定是否对被告人适用缓刑。在当前赌博罪法定刑偏轻的情况下，应当重视罚金刑的适用，合理加大罚金的幅度和对罚金刑的执行力度，充分发挥罚金这一财产刑的作用，从根本上剥夺赌博犯罪行为人获取不义之财的机会，从经济利益的角度断绝行为人再次实施赌博犯罪的物质来源，以有效控制赌博现象的蔓延。

（三）完善赌博立法和相关司法解释

由于《刑法修正案（六）》关于开设赌场罪中何谓“情节严重”没有细化，司法机关对于情节严重的认定无标准可依，所以直至目前，尚未有因开设赌场被判处3年以上有期徒刑的案件。根据目前赌博罪高发的态势，最高人民法院应合理制定“情节严重”的认定标准，对达到标准的被告人按规定判处刑罚。对“聚众赌博或者以赌博为业的”行为，目前只能以赌博罪判处3年以下有期徒刑，不能很好发挥刑罚的威慑作用。建议修改这一条款，把赌博罪的最高法定刑提高到10年有期徒刑，使罪刑相适应。

（载于《宁波法院调研》2011年第22期）

相邻关系行、民诉讼交叉问题研究

宁波市鄞州区人民法院课题组*

本课题主要以宁波市鄞州区人民法院审理的 36 起因相邻关系纠纷引起的行政、民事诉讼为样本，旨在分析相邻关系的特点与共性问题，而以典型案例的引入作为研究法律适用的依据。

一、相邻关系中"相邻"概念的检讨与重构

（一）相邻关系纠纷形态的演变

2009 年至 2010 年，宁波市鄞州区人民法院共受理基于相邻关系纠纷而提起的行政、民事诉讼共 36 件。从案件的情况看，传统的通风、采光、通行纠纷仍是相邻关系纠纷的热点问题，但建筑物区分所有权、不可量物侵害纠纷所占的比重较以往有所上升，相邻关系纠纷的具体类型呈现多样化（见图表一）。

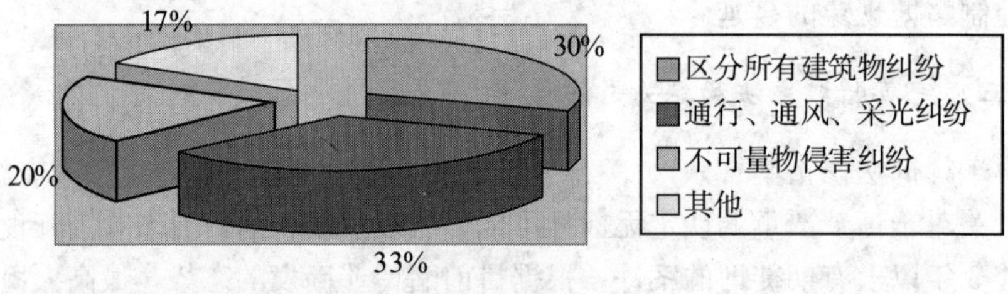

图表一：2009 年至 2010 年鄞州区法院受理基于相邻关系纠纷而提起的 36 件行政、民事诉讼案件纠纷原因构成图

在审理这些案件的过程中，传统意义上的相邻关系概念已经无法解决相邻权所衍生出来的权益冲突与困扰。传统民法上的相邻关系，主要是基于地表不动产之间相互毗邻而形成的平面相邻关系，其特点在于它的"平面性"，以一

* 课题组成员：张光宏、郑贤达、高志刚、郭敬波。

个不动产为基准，其相邻的形态主要表现为前后左右的相邻。随着农村城市化与城市建设的发展，土地的立体利用已成为一种普遍趋势。土地立体利用的结果，必然导致一个空间内出现多个权利并存以及空间权利相邻的现象。空间相邻关系形态比普通地上权人与其他不动产权利人的相邻形态更为复杂，它不仅表现为平面相邻关系，而且表现为“立体性”相邻关系，既有前后，又有左右，更有上下之间的综合的相邻关系。相邻的两个空间可能直接与地面邻接，也可能不与地面直接邻接，而是与地面间接邻接。而不可量物如煤气、烟尘等产生的影响经常可以传播到很远的地方，而不以邻接的土地为限，使“相邻”的距离观念被拉远。

基于相邻关系形态的“立体化”与“远距离化”演变，所衍生的权益冲突与困扰，决非传统意见上的相邻关系所能解决。所以，必须对传统相邻关系中“相邻”的概念进行检讨，以此为基础多方位、多视角地寻求法律途径，才能更好地解决相邻关系纠纷问题。

（二）据以研究的典型案例

青岛市周绍全等 60 位市民诉山东省民政厅、青岛市规划局请求撤销在徐家东山公园内兴建公墓行政行为一案，① 周绍全等人不服一审判决提起上诉。上诉人其中的一个上诉理由认为：“一审法院确认公墓与上诉人住所超过 200 米，以距离来说明不构成相邻关系是非常错误的。《民法通则》第 83 条采取罗列加包含式的表述方式，既罗列了相邻关系所涉及的客体，如通风、排水、采光、通行，还包括一些无法完全罗列的内容，如噪声、垃圾、臭气、烟尘、眺望等内容。”对此，二审法院在判决中认为，原审法院认定上诉人住所与两被上诉人审批的、民政局所建福宁诗翠园距离超过 200 米，只是对两不动产之间的距离的客观表述，而非对双方之间是否构成相邻关系作出认定。上诉人提出的原审法院以距离来否认相邻关系存在的上诉理由不能成立。

不动产之间的“距离”是否会影响相邻关系的成立，毋庸置疑。因为相邻关系本身就是指相互毗邻的两个以上不动产所有人、用益物权人或占有人，在用水、排水、通行、通风、采光等方面根据法律规定产生的权利义务关系，没有“毗邻”这一距离的前提，就没有相邻关系的产生。

但是“毗邻”是不是仅是一种物理概念？距离渐远的量变是否会对权利义务的关系产生质的影响？由于对毗邻的理解具有较大的伸缩性，相邻也就成了一个不确定的、弹性的和相对的语词，不能在地理上作精确定义，很难用一个计量单位来确定。

---

① 周绍全等以相邻权人的身份，诉山东省民政厅、青岛市规划局在徐家东山公园内兴建公墓的行政行为影响其相邻权、居住权，一审以原告不能举证影响其相邻权、居住权为由裁定驳回起诉。

法律是调整人与人之间关系的规范，产生相邻关系的基础是不动产距离之“毗邻”，而本质上是因为这种毗邻使人的行为“对他人的生活参与程度”加大，法社会学家布莱克称这种参与程度为“关系距离”。这种关系距离拉近，可能使对方不动产上的经济利益减损，或者舒适、安宁等生活利益受损。比如，邻居之间未经同意把住宅用房改成了经营用房，并得到有关行政机关的批准，虽然两家之间距离并没有变化，但经营噪音等影响了邻居的生活，使两家之间的关系距离拉近了。

（三）相邻关系的“法定”与“约定”

公法往往是以一定的规范标准介入到相邻关系之中。司法实践中相邻纠纷案件判决往往会回归到这些公法规范的引用上。公法规范不仅是民事诉讼中认定是否侵犯相邻权的依据，也是在行政诉讼中考量具体行政行为是否合法的标准。

公法规范多属于强制性规范，如果再详细分类的话，这些规范又可分为物权调整规范和行为禁制规范，二者最大的区别在于当事人对规范的后果有无再行处分可能性，有则为物权调整性规范，反之则是行为禁制性规范。

在《物权法》关于相邻关系的规定中，分别以“不得”、“应当”、“可以”来设置相关条款。按照我国法理学通常的说法，强行性规范乃是当事人必须遵守的行为规范，其标志便是法律规范中出现“禁止”、“不得”、“应当”、“必须”等词。那么，在《物权法》中是不是含有“不得”和“应当”的词语，都应视为是行为禁止性规范？并非如此，《物法法》相关条款中“不得”的行为，包括侵害相邻权利人的通风采光日照权、危害相邻权利人身体和精神健康、危及相邻不动产权利人人身和财产安全的。应视为禁止性规范。而“应当”和“可以”的行为，其内容主要包括用水、排水、通行、铺设管线等而需要利用他方不动产的行为，应属于物权调整性规范，允许当事人意思自治。

更多的相邻关系规范包含在《物权法》之外的其他法律、法规之中。一般来说，行为禁制性规范所保护的公共利益具有直接性和显著性，物权调整规范所涉及的公共利益比较间接且不显要。在某个相邻关系规范究竟为调整规范还是禁止规范发生疑义时，从《物权法》体系考虑，应解释为物权调整性规范，以维护物权法作为自治法的品格。①

当邻居通过协商形成的相邻关系，如果涉及行为禁止性规范，这种协商是无效的；如果只是对物权调整性规范进一步协商，应视为是对相邻权的处分。

---

① 金启洲：《民法相邻关系制度》，法律出版社2009年版，第166页。

二、相邻关系行、民诉讼交叉的程序问题

（一）相邻关系行、民诉讼交叉的原因

民法相邻关系的规定通过对双方所有权内容的扩张或者限制并设置补偿制度，一方面使双方当事人的利益得到平衡，另一方面也使相邻土地实现最有效率的利用。但仅仅依靠调整私人关系和以保护私人利益为目的的民法相邻关系制度，尚不能解决相邻土地的利用问题，此时，公法调整的必要性彰显出来。公法相邻关系的调整虽然基本的目的在于实现城镇规划、防险等公法的利益，但同时也具有间接保护相邻权人利益的功能，如建筑、规划法关于建设间距、高度等的强制性规定。所以，对相邻关系的调整出现了私法相邻关系和公法相邻关系并存的法律格局。

《最高人民法院关于执行〈中华人民共和国行政诉讼法〉若干问题的解释》第 13 条规定，被诉具体行政行为涉及相邻权的，公民、法人或者其他组织可以依法提起行政诉讼。这样，基于相邻关系而引起的纠纷，当事人既可提起民事排除妨害或损害赔偿之诉，也可提起撤销具体行政行为或者确认具体行政行为违法的行政诉讼。

在 36 起相邻关系纠纷案件中，其中提起相邻关系民事诉讼的，有 8 起诉讼当事人在举证中涉及把行政许可、行政确认等具体行政行为作为证据使用。6 起以具体行政行为侵害其相邻权的行政诉讼，纠纷的根源都在于民事争议（见图表二）。

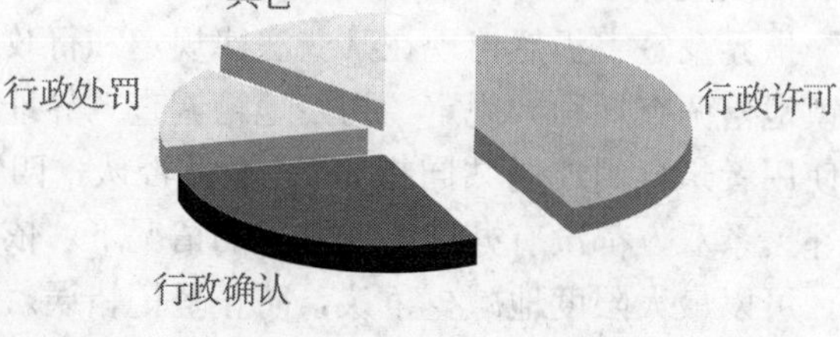

图表二：相邻关系诉讼涉及具体行政行为的类型

行政、民事诉讼交叉是指一个矛盾纠纷既涉及行政争议，又涉及民事争议的案件。如此定义是从审判实践中处理争议的角度出发，采用的是形式主义的定义方法，即只要在案件中出现了行政、民事两种有一定法律上或事实上关联的争议，就构成本课题所称的行政、民事争议交叉。

相邻关系人的行政诉讼主体资格，是构成诉讼交叉的前提。有学者认为，依据《最高人民法院关于执行〈中华人民共和国行政诉讼法〉若干问题的解释》第 13 条之规定，相邻权人在所有情况下都事先被规定为与行政行为有法

律上的利害关系，享有一个一般性的公法上的相邻权。[1] 也就是说，只要有相邻权人的“身份”，就“当然地”有原告资格对行政管理机关在涉及确权、确认及批准、许可等具体行政行为中启动司法审查权，而不需要原告举证被告的具体行为已经侵犯了其相邻权。用相邻关系“身份”来确定行政诉权并不具有合理性，我们可以用以下的案例来论证。

（二）据以研究的典型案例

樊某租住的公房与张某的房屋南北相邻。樊某将租住的公房购买后准备翻建，找张某签字，张某认为樊某的北墙占了自家的宅基地，不肯签字，并阻止樊某翻建房屋。樊某向法院提起民事诉讼，法院的生效判决确认：“樊某购买房屋时，手续完备，四至清楚，请求在原房基础上翻建房屋理由正当，张某主张房屋北墙归其所有无事实依据”。并判决：“樊某在原房屋基础上翻建房屋，被告张某不得干涉……”樊某房屋翻建好后向房管部门申请登记，因为张某不肯签字，樊某在申请表“北邻签字”栏假造了张某的签名。后张某提起行政诉讼，要求撤销房屋登记机构的登记行为。法院经审理认为，房屋登记机构为樊某颁发房屋的所有权证，张某作为相邻权人认为房屋登记机构的具体行政行为侵犯了自己的合法权益，可以提起行政诉讼。并以登记机构程序违法，且申请表中北邻不是原告签名，事实不清，撤销了房屋登记机构的行政登记。

“邻居”在不动产权利中一直扮演着重要的角色，在历史上四邻作为地缘的约束人，享有优先购买权，如《宋刑统》中有：“凡典卖物业，先问房亲，不买，次问四邻。其邻以东南为上，西北次之，上邻不买，递问次邻。四邻俱不售，乃外招钱庄。”并且，“卖地须四邻到场，若四邻不到场，即不能成交”。[2] 可以看出，历史上相邻关系身份本身确实包含了许多“权利”内容。

目前“四邻”指界及签字仍然出现在某些法律规定和行政管理制式表格之中。如根据《城镇地籍调查规程》规定，初始地籍调查“界址的认定必须由本宗地及相邻宗地使用者亲自到现场共同指界”。不可否认，四邻签字在比如农村和城市郊区相邻关系双方都没有办理土地登记的情况下，依据惯用确定土地或者房产的边界，可以最大限度地减少争议，防止登记错误。但是，并非所有的邻里关系都是和睦的，如果邻居因为其他原因拒不签字，显然有可能影响不动产所有权人申请行政登记，进而影响不动产权利行使。

（三）行政诉讼中的“诉的利益”

《最高人民法院关于执行〈中华人民共和国行政诉讼法〉若干问题的解释》

① 金启洲：《民法相邻关系制度》，法律出版社 2009 年版，第 250 页。

② 施沛生等编纂、上海政法学社校阅：《中国民事习惯大全》（卷四），上海广益书局 1924 年版，上海书店出版社 2002 年影印本，第 7 页。

第十二条规定，与具体行政行为有法律上利害关系的公民、法人或者其他组织，对该行政行为不服的，可以依法提起行政诉讼。

但仅就“法律上的利害关系”这一规定，来确定行政诉讼原告资格是很困难的。从理论上来说，利害关系可分为直接利害关系和间接利害关系，切身性利害关系和普遍性利害关系，现实性利害关系和可能性利害关系，法律上利害关系和事实上利害关系。结合《最高人民法院关于执行〈中华人民共和国行政诉讼法〉若干问题的解释》第1条第2款第6项，“对公民、法人或者其他组织权利义务不产生实际影响的行为”法院不予受理，可以看出，“利害关系”的范围为“权利义务产生实际影响”。所以，从外延上来说，“法律上的利害关系”与“合法权益”是一致的，“法律上的利害关系”实质上就是实体法和程序法所保护的公民、法人或者其他组织的权益。

这种权益也是原告“诉的利益”之所在。上述判决持相邻人因“身份”而具有行政诉讼原告资格，但从整个案情来看，民事判决已经确认樊某的房屋并未侵犯张某的权利，那么，张某在行政诉讼中“诉的利益”又是什么呢？

“诉的利益”作为诉讼制度中的重要概念，具有独立的程序意义，它决定了当事人诉权的核心，以诉的利益确定原告的主体资格，并非民事诉讼特有的，在行政诉讼中同样存在判断什么样的起诉是适格之诉的问题。判断适格起诉的主要标准就是看起诉人对于诉讼是否具有诉的利益，即法院通过“诉的利益”来保证起诉人与案件审理有一定的关联性。

行政诉讼中诉的利益，是行政相对人或相关人受行政行为侵害的利益有行政司法救济的必要性。这种利益是行政相对人或相关人保护利益的诉讼法上的根据，是由原告主张、法院确定的，它构成了诉权的条件和判决的依据。所以，相邻关系人在行政诉讼中的诉权，并非来自于与行政相对人的相邻身份，而是因为一个指向相邻关系人的具体行政行为，侵犯了自己的合法权益。否则，便不具备行政诉讼原告主体资格。

一个民事行为往往需要多个行政行为来支持，如修建房屋，涉及土地使用许可、建筑规划许可、房屋确认登记等。按照现行的法律，相邻权人的保护主要是在用地和建设阶段，而不在房屋登记阶段，相邻权虽然是一种法律权利，但保护它的任务主要是规划部门等行政机关，而不是房屋的登记管理机关。所以，相邻关系人对于房屋登记部门的登记行为，一般来说，并不具有诉的利益。如果土地使用许可侵权了相邻关系人的土地使用权，或者建筑规划许可行为违法而影响了相邻关系人通风、采光等权益，当事人才具有诉的利益。

三、相邻关系行、民诉讼交叉的实体问题

（一）相邻关系二元化诉讼存在的问题

涉及相邻关系行政、民事交叉的案件，不但容易形成不动产所有人或使用人相互间以对方侵犯自己的权益为同上的“双向民事诉讼”，并且也容易形成如上述的一方诉另一方侵权，而另一方诉具体行政行为违法的“行政、民事双向诉讼”。大多数相邻关系人直接提起的行政诉讼案件，民事权利义务关系处于一种待定状态，只有通过行政诉讼过程才能确定具体行政行为是否侵犯相邻权。因此，有的地方认为：“原告与被诉行政行为有形式上的利害关系，但经实体审理后发现被诉行政行为实际并未侵害原告所主张的合法权益的，应当判决驳回原告的诉讼请求。”[①] 笔者认为，虽然“是否侵犯相邻权人的相邻权”的审查有实体内容，但该审查主要在于确定“原告是否具备行政诉讼主体资格”的程序意义，而行政诉讼实体审理的内容是“具体行政行为的合法性”，所以，笔者认为用“驳回起诉”裁定处理此类案件更为合理。

在 14 起涉及行政行为与民事争议交叉的案件中，一般都要启动两次以上的诉讼，其中只启动一次诉讼就解决纠纷的案件仅 2 起，并且都是通过调解结案的案件，启动四次以上诉讼程序的占比例最大（见图三）。

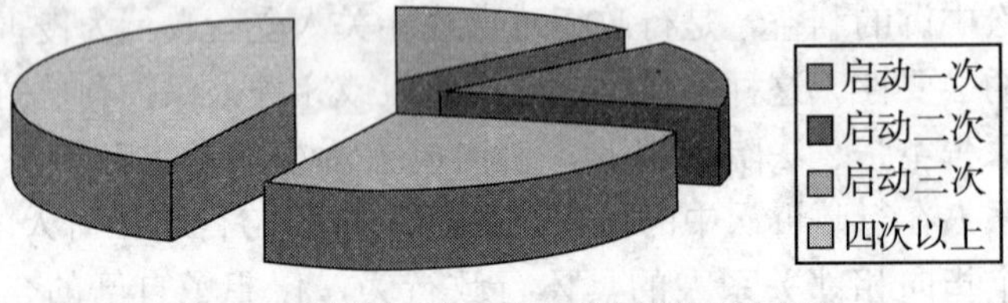

图三：相邻关系行、民交叉案件启动程序

民法上的相邻关系制度调整的是相邻不动产私人之间的关系，主要保护的是私人利益。而行政法调整的相邻关系则涉及两种关系：行政主体与行政对象的关系和行政主体与行政对象的相邻人的关系。行政主体负有不得损害行政对象的相邻人所享有的私法相邻权的义务，相应的，行政对象的相邻人也有参与行政行为并提出异议的权利，以及在异议不被行政机关采纳时提起行政诉讼的权利。

这两者调整关系的不同，并且行政诉讼与民事诉讼的诉讼目的与审理重点不同，按照不同的诉讼模式，往往难以殊途同归，有时会得出不同的结论，甚至裁判结果大相径庭，这在一定程度上造成了司法混乱，影响了法院裁判的权

① 参见《河南省高级人民法院关于行政审判工作有关问题的意见》。

威。看似对相邻关系人有利的“双重保护”，有时候又会让当事人两头落空。所以，从实际解决争议的角度研究二元诉讼的实体解决方法，统一两种诉讼审判人的认识非常必要。

（二）据以研究的典型案例

原告和第三人房屋并排，均为坐西北朝东南方向，两房屋之间隔案外人房屋一间。区政府向原告颁发了房屋集体土地使用证。后又向第三人颁发了集体土地使用证，按照该证第三人房屋翻建后原告通道宽度为 2.68 米。原告向法院起诉称：根据历史状况该公用通道宽度在 3.3 米以上，被告将原通道登记在第三人房屋集体土地使用证上，侵害了原告的通行权，要求撤销被告为第三人颁发的集体土地使用证。

法院经审理认为：因该通道不是村主要通道，为原告一户人家进出通行，且从我国农村通道实际情况以及通行习惯来看，只要基本上能满足农村居民生活、生产上的需要，保持通道合理的宽度，作为原告对此应负有合理的容忍义务。而本案讼争通道的宽度为 2.68 米左右，从我国农村通道实际情况以及通行习惯来看，应系合理的宽度，足以满足原告进出自己的房屋。因此，本案被诉具体行政行为并没有侵害原告的通行权，原告与被诉的具体行政行为不存在法律上的利害关系。故法院裁定：驳回原告的起诉。

《物权法》第 85 条规定：法律、法规对处理相邻关系有规定的，依照其规定，法律、法规没有规定的，可以按照当地习惯。因为相邻关系类型繁多，相邻方负有怎样限度的容忍义务大多数情况下并没有法律直接规定，法官只能通过利益衡量，来确定相邻一方应承担容忍义务，承担多大的容忍义务。我们无法对相邻关系中利益的位阶提供一个可以普遍适用的标准，但是一些基本的原则应该遵循，如生命权高于健康权，健康权高于财产权，财产权高于娱乐权。本案中通道的宽度为 2.68 米左右，法官就是根据我国农村通道实际情况以及通行“习惯”，认定该宽度“足以满足原告进出自己的房屋”，认为被告的具体行政行为并不侵犯原告的相邻权，把“容忍义务”作为核心要素来认定，而不是拘泥于只对“具体行政行为的合法性审查”，是值得肯定的。

应当注意的是，习惯只是在法律、法规缺位的情况下才适用，并且还要考虑这些习惯是否合理。比如在某些农村地区，存在建房时前房不能比后房高，否则会挡住后房家里的财气，这些习惯非但不应在民事诉讼中得到支持，更不应成为行政诉讼判决的依据。

（三）相邻关系二元化诉讼冲突的结果

相邻关系“法定”与“约定”的分界是探讨相邻关系行政、民事交叉诉讼实体协调处理的出发点。

以日照为例，《物权法》并没有简单地设定日照要求为相邻权，而是设定“国家有关工程建设标准”属于相邻权的范畴。所以，对国家规定的日照标准之内的部分，当事人可以提起行政诉讼。而当事人如果要超过国家日照标准，享受更多的阳光，而限制他人对土地的利用，则已经由相邻权范畴转化成地役权性质。这种权利的来源要有合同的约定，双方为此发生纠纷的，只能通过民事诉讼来解决，因为高于国家有关规定的标准，已经不再是规划许可等行政机关应履行的义务了。

《物权法》第156条第一次在法律中设定了“地役权”的规定，更是拓宽了相邻关系协商的空间。在这种情况下，如果相邻关系人提起行政诉讼，司法实践往往判决维持具体行政行为，笔者认为这样欠妥，因为行政行为无法对地役权约定内容进行审查，维持具体行为可能会与相邻关系人约定的内容发生冲突。所以，裁定驳回原告的起诉更为合理。

对相邻关系纠纷的实体处理，区分“私法优先”抑或“公法优先”都是不可取的。如上述周绍全案中，法院认为原告不能证明被告的审批行为侵害了他们的相邻权与居住权，故两被告的审批行为与原告无涉，不具有法律上的利害关系，裁定驳回了原告起诉，是采用“私法优先说”的结果。而在富顺县永年镇农机管理服务站诉肖顺明相邻土地使用关系纠纷案中，被告以原告施工造成房屋墙体拉裂影响安全为由阻止施工，法院认为原告经有关部门批准取得合法手续后，在规划用地范围内修建职工集资综合楼符合法律规定，应受法律保护，判决被告肖顺明立即停止对原告富顺县永年镇农机管理服务站建筑施工行为的侵害，[①] 是采用“公法优先说”的结果。如果行政法官持“私法优先”观念，而民事法官持“公法优先”观念，将会使相邻权人陷入一个举证不能的怪圈之中，特别是在公法相关规范不确定的情况下，提起行政诉讼无法证明民事权益受损，提起民事诉讼又无法证明行政行为违法。

因为相邻关系最根本的任务是在不动产权利人双方的权利义务之间确立一条合理的界限，而法律完成这一任务的方法就是设定一种特殊的义务，即“容忍义务”。所以，“容忍义务”边界的确定是处理民事相邻关系的关键。行政诉讼和民事诉讼也只有把思想统一到“容忍义务”的认定上，才能改变“民事优先”抑或“行政优先”思想所造成行政与民事裁判结果的不统一。而容忍义务边界有公法规范的必须按照公法规范（注意是公法规范而不是具体行政行为），没有公法规范的则应当通过习惯与法官的利益衡量来确定。

（载于《宁波法院调研》2011年第25期）

① 参见自贡市富顺县人民法院〔2001〕富民初字第888号民事判决书。

案例精选

蔡红辉诉金才来信用卡纠纷案

郭敬波[*] 金 首[**]

【裁判摘要】

银联卡特约商户在受理银联信用卡时，负有核对持卡人在交易凭证上的签字与信用卡签名条上的签字、信用卡正面的拼音姓名是否一致的合理审查义务。未尽到合理审查义务造成持卡人损失的，应承担相应的赔偿责任。但因为持卡人原因导致密码泄露的，应适当减轻特约商户的赔偿责任。

【裁判文书】

原告：蔡红辉。

被告：金才来。

原告蔡红辉与被告金才来发生信用卡纠纷，向宁波市鄞州区人民法院提起诉讼。

原告蔡红辉诉称：2009年5月16日晚22时30分许，原告驾车在邱隘镇方庄社区路边停车时，被罪犯汪成楠等四人劫持，抢走了原告的信用卡六张并逼迫原告说出了密码，原告次日9时被解除人身限制后立即报案，经查询信用卡，得知罪犯已在5月19日上午8时19分、8时20分利用原告的信用卡在被告个体经营的金凤珠宝店进行刷卡消费，其中鄞州银行信用卡消费75000元，中国银行信用卡消费3670元，POS签购单上持卡人签名为刘明，而当时原告在该两张信用卡背面均有原告本人的预留签名。原告认为，被告未审查该持卡

---

[*] 宁波市鄞州区人民法院姜山人民法庭副庭长，法律硕士。
[**] 宁波市鄞州区执行局局长，法律硕士。

人签名与信用卡预留签名是否一致，也未对持卡人的身份证进行核对审查，对持卡人的不正常消费行为未采取严格的审查措施，导致原告经济损失，请求法院判令被告赔偿原告经济损失 78670 元。

被告金才来辩称：首先，法律并未禁止使用他人的信用卡消费，而且信用卡上也无法显示信息，被告无法确认持卡消费人是否是原告本人；其次，原告被盗刷的两张信用卡均是凭密码消费，而不是凭签名消费，故原告经济损失与被告无关；再次，案发后，公安机关已经追回部分赃物、赃款，因此原告实际的经济损失不足 78670 元。故请求驳回原告的诉讼请求。

宁波市鄞州区人民法院经审理查明：

2009 年 5 月 16 日晚 22 时 30 分许，原告驾车在邱隘镇方庄社区路边停车时，被罪犯汪成楠等四人劫持。罪犯通过搜身，劫得原告身上现金 850 元、价值 21177 元的手表一只及信用卡 6 张，并用威胁手段逼得这些信用卡的密码。随后，罪犯继续控制住原告，先后在几家银行的 ATM 机上取得现金 49200 元。次日 8 时许，罪犯汪成楠至被告个体经营的宁波市鄞州邱隘金凤珠宝店，以劫得的鄞州银行、中国银行两张信用卡及密码刷卡购得价值 78670 元的黄金项链 3 条、黄金手链 2 条和黄金戒指 2 枚，并以“刘明”的名义在两份 POS 签购单上持卡人签名处签名。此后，原告被弃于他处。原告报案后公安机关陆续将四罪犯抓获。案发后，共追回现金 15040 元、合计价值 50706 元的黄金项链 2 条、黄金手链 2 条和黄金戒指 2 枚，其中 1 条价值 8013 元的黄金项链系罪犯汪成楠所有并自愿退赔给原告，其余价值 42693 元的金饰均系罪犯从被告处刷卡购得。上述款物均已发还原告。另查明，除追回的现金和实物外，其余现金和实物，或被挥霍或已遗失，四罪犯以抢劫罪被判刑后，至今未继续退赔原告的经济损失。

以上事实，有〔2009〕甬鄞刑初字第 762 号刑事判决书、〔2009〕甬刑终字第 275 号刑事裁定书、中国银行及鄞州银行信用卡复印件、签字为“刘明”的宁波银联商务 POS 签购单两份、中国银行及鄞州银行信用卡交易明细清单等证据证实，足以认定。

本案争议的焦点是：第一，罪犯在劫得原告的信用卡并逼得密码后，在被告处刷卡消费，导致原告经济损失，对此被告有无过错，应否承担赔偿责任；第二，如果被告应当对原告的经济损失承担责任，那么原告可以要求被告赔偿的经济损失总额为多少，案发后追回的现金和实物以及罪犯自愿退赔的实物如何扣除。

宁波市鄞州区人民法院经审理认为：被告作为银联卡的特约商户，按照中国人民银行《支付结算办法》以及银联公司与特约商户的受理协议书的规定、约定，在受理银联信用卡时，负有核对持卡人在交易凭证上的签字与信用卡签名条上的签字、信用卡正面的拼音姓名是否一致的合理审查义务。在本案中，罪犯持抢劫所得的信用卡至被告处刷卡购买黄金饰品，消费金额及消费时间均异于普通人，持卡人在POS签购单上的签名与信用卡背面的预留签名以及卡正面的姓名拼音明显不符，应认定被告未尽到合理审查义务，对于原告因此而造成的损失，被告应当承担责任。但基于原告被抢的信用卡均属凭密码消费，且其在罪犯的威胁之下告知了消费密码，故可适当减轻被告的赔偿责任。原告被抢信用卡在被告处刷卡消费的金额为78670元，但后追回并发还原告的金饰价值合计42693元应当在损失中扣除，罪犯自愿退赔的黄金项链，可按8013元评估价以刷卡消费额占全部损失的比例予以折算扣减。对于原告信用卡消费损失的金额，本院确定为31810元。结合被告的过错和原告披露密码的因素，本院认定被告对原告的损失承担60％的赔偿责任即19086元。

据此，宁波市鄞州区人民法院判决：

被告金才来赔偿原告蔡红辉经济损失19086元。

一审宣判后，双方当事人在法定期间内均未提出上诉，一审判决已经发生法律效力。

（载于《最高人民法院公报》2010年第12期）

龚玉君诉中国人民财产保险股份有限公司宁波市鄞州支公司保险合同纠纷案

金 首*

【要点提示】

交强险实行无过错责任赔偿原则，但交强险的强制性并不表示在任何情况下，只要发生了交通事故，造成第三者人身或财产损失，保险公司均要按交强险予以赔付。醉酒驾驶肇事属于保险公司的一种特殊免责。对于醉酒驾驶发生事故造成的损失，致害人在赔偿受害人后不能要求被告承担交强险赔偿责任。

【案例索引】

一审：宁波市鄞州区人民法院〔2008〕甬鄞民二初字第 2469 号（2009 年 4 月 10 日）

二审：宁波市中级人民法院〔2009〕浙甬商终第 547 号（2009 年 9 月 30 日）

【案情】

原告：龚玉君。

被告：中国人民财产保险股份有限公司宁波市鄞州支公司。

宁波市鄞州区人民法院经审理查明：原告于 2008 年 5 月 24 日向被告投保机动车交通事故责任强制保险。2008 年 6 月 29 日晚原告驾驶普通二轮摩托车从东吴镇小白村开往东村方向，18 时 50 分许，行驶至东吴镇新江厦超市附近处，与陆阿岳驾驶自左往右横过道路的无牌电动自行车（后座搭乘汪爱萍）发

---

* 宁波市鄞州区人民法院执行局局长，法律硕士。

生碰撞，造成原告、陆阿岳、汪爱萍受伤及车辆损坏的交通事故。2008 年 7 月 4 日事故经鄞州交警大队认定，原告醉酒后未戴安全头盔驾驶摩托车上路行驶，是导致涉案交通事故的主要过错，负事故的主要责任，陆阿岳负事故的次要责任，汪爱萍对事故不负责任。2008 年 9 月 2 日经鄞州法院调解，陆阿岳因本起事故造成的损失：医疗费 8857 元、伙食补助费 325 元、护理费 650 元、残疾赔偿金 40204 元、鉴定费 1200 元、拖车费 30 元、误工费 1300 元，合计 52566 元，其中医疗费及伙食补助费 3720 元、残疾赔偿金 40204 元、护理费 650 元、误工费 1300 元、拖车费 30 元，计 45904 元由原告按《机动车交通事故责任强制保险条例》（以下简称《条例》）全额赔偿。汪爱萍因本起事故造成的损失合计 19151 元，其中医疗费及伙食补助费 6280 元、护理费 850 元、误工费 2800 元，计 9930 元由原告按《条例》全额赔偿。事故发生后，原告要求被告赔付上述损失 55843 元，但遭拒赔。

原告诉称：2008 年 6 月 29 日晚原告驾驶二轮摩托车与陆阿岳驾驶的无牌电动自行车发生碰撞，造成原告、陆阿岳、陆后座搭乘的汪爱萍受伤及车辆损坏的交通事故。事故经鄞州交警大队认定原告负事故的主要责任，陆阿岳负事故的次要责任，汪爱萍对事故不负责任。同年 9 月 2 日经鄞州法院调解，陆阿岳因本起事故造成的损失合计 52566 元，其中医疗费及伙食补助费、残疾赔偿金、护理费、误工费、拖车费计 45904 元由原告按《条例》全额赔偿。汪爱萍因本起事故造成的损失合计 19151 元，其中医疗费及伙食补助费、护理费、误工费计 9930 元由原告按《条例》全额赔偿。原告于 2008 年 5 月 24 日向被告投保机动车交通事故责任强制保险，原告向受害人赔付后要求被告赔付上述损失 55843 元，但遭被告拒赔，请求判令被告赔偿原告因交通事故造成的损失 55834 元。

被告辩称：对原、被告之间存在交强险保险合同关系、原告发生交通事故及责任认定均没有异议，因原告系醉酒驾驶，故被告无须承担赔偿责任，理由如下：1.《交通事故责任认定书》明确载明原告醉酒驾驶，这一事实无可争议。2. 根据《条例》第 22 条和保监会制定的《机动车交通事故责任强制保险条款》（以下简称《条款》）第 9 条的规定，驾驶人醉酒的，保险公司在强制保险责任限额内垫付抢救费用，并有权向致害人追偿，对于其他损失和费用，保险人不负责垫付和赔偿。因此，被告无需对原告进行赔偿。3.《条例》第 22 条规定包括未取得驾驶资格和醉酒驾驶等四类事项属于交强险的除外责任，并将“驾驶人未取得驾驶资格或者醉酒的”两种情形放在同一项，条例的此种设置表明，醉酒驾驶与未取得驾驶资格驾驶具有相同性。将醉酒驾驶列为除外责任，是为了督促被保险人遵纪守法，维护社会公共秩序，更好地体现以人为本的精神，对此，负责《条例》起草的国务院法制办、中国保监会联合撰写的《机动车交通事故责任强制保险条例释义》指出，机动车是高度危险的交通工具，驾驶机动车应当具备合法的驾驶资格和清醒的状态，在未取得驾驶资格或者醉酒情况下上路形式是对人对已极不负责任的行为，应由驾驶人本人承担责任，保险公司不负赔偿责任。由此可见，根据交强险立法本意，醉酒驾驶导致的损失不属于保险责任，被告亦无需向原告赔偿。4. 省高院在《全省法院民事审判业务培训班问题解答》中对驾驶人未取得驾驶资格或者醉酒肇事后保险公司是否承担责任的答疑完全是出于保护受害人的角度考量法律适用问题，并不是在肯定致害人可以将风险转嫁给保险公司承担。综上，涉案事故中，受害人已从致害人原告处获得合理赔偿，受害人的合法权益已得到有效保障，保险公司不应为原告的违法行为承担责任，请求驳回原告的诉讼请求。

【审判】

宁波市鄞州区人民法院认为：根据《条例》的规定，交强险是指由保险公司对被保险机动车发生道路交通事故造成本车人员、被保险人以外受害人的人身伤亡、财产损失，在责任限额内予以赔偿的强制性责任保险。与商业第三者责任险不同的是，交强险实行无过错责任赔偿原则，即无论被保险的机动车在交通事故中是否有过错，只要造成了他人的人身损害或财产损失，保险公司均须在交强险的责任限额内负责赔偿。但交强险的强制性并不表示在任何情况下，只要发生了交通事故，造成第三者人身或财产损失，保险公司均要按交强险予以赔付。首先，醉酒驾驶肇事属于《条例》及《条款》规定的一种特殊免责。《条例》第 22 条规定，驾驶人醉酒的，保险公司在交强险责任限额内垫付抢救费用，并有权向致害人追偿，《条款》第 9 条规定，被保险机动车在驾驶人醉酒的情形下发生交通事故，造成受害人受伤需要抢救的，对于符合规定的抢救费用，保险人在医疗费用赔偿限额内垫付，对于其他损失和费用，保险人不负责垫付和赔偿，对于垫付的抢救费用，保险人有权向致害人追偿。从上述规定的内容来看，本案原告作为致害人在醉酒驾驶肇事后不能要求被告承担交强险赔偿责任。其次，本案原、被告之间的争议应受双方订立的保险合同包括所对应的《条款》的约束。原告与被告之间存在保险合同关系，原告作为被保险人和肇事的驾驶员对已赔偿受害人的损失向被告请求赔偿，应当按照合同纠纷予以裁量，况且《条款》是以社会公告的形式公布的，关于醉酒驾驶的危险性和严重后果众所周知，因此《条款》的规定理应成为界定原、被告权利义务的依据。再次，本案交通事故的受害人未向保险公司索赔，其损失已经获得原告的合理赔偿，作为致害人的原告无权要求获得交强险赔偿。交强险的保障对象主要是被保险机动车致害的交通事故受害人，国家设立交强险制度的首要目的是有利于受害人及时获得经济赔偿，减少其经济负担。而原告醉酒驾驶的行为是对人对已极不负责任的违法行为，因交通事故产生的法律责任包括经济损失应当由原告自行承担。依照《机动车交通事故责任强制保险条例》第 22 条的规定，判决：驳回原告龚玉君的诉讼请求。案件受理费 1196 元，由原告龚玉君负担。

一审宣判后，原告龚玉君不服提出上诉。

经宁波市中级人民法院调解，双方当事人达成调解协议。

【评析】

醉酒驾驶肇事的致害人，在赔偿受害人损失后，能否要求保险公司承担交强险的赔偿责任，在司法实践中，存在极大争议，本案一审法院直接适用《条例》第 22 条之规定判决保险公司免责，尽管二审法院的调解方案在某种程度上改变了一审的免责判决，但一审的判决结果仍然值得肯定。

（一）醉酒驾驶肇事属于《条例》及《条款》的一种特殊免责

《条例》第 22 条本身规定的不明确性，导致众多投保人认为“只要投保了交强险，均可获得保险赔偿”的错误观念。那么如何正确理解《条例》第 22 条的规定，该规定是否是免责事由的规定？

首先，立法者对一个应当规定的事项没有规定，即为法律漏洞。在存在法律漏洞的情况下，就该规定而言，应当从法律目的和立法理由进行解释填补，即采用当然解释的方法。《条例》第 22 条规定，驾驶人醉酒的，保险人对抢救费用负垫付责任，并有权向致害人追偿，也就是说根据该规定，保险人对驾驶人醉酒发生事故所产生的抢救费用，仅负垫付责任，基于当然解释有关“举重明轻”的法律解释规则，保险人对于事故造成的损失不负赔偿责任，如果保险人对抢救费用仅承担较轻的垫付责任，而对其他费用和损失须承担较重的赔偿责任，该项规定也失去了存在的合理性和必要性。

其次，从权威部门的解释看，国务院法制办、中国保监会产险部、中国保监会法规部主编的《机动车交通事故责任强制保险条例释义》明确释义：《条例》第 22 条是关于机动车交通事故责任强制保险除外责任的有关规定。2007 年 4 月 10 日中国保险监督管理委员会《关于交强险有关问题的复函》（保监厅函〔2007〕77 号）规定：“根据《条例》和《条款》，被保险机动车在驾驶人未取得驾驶资格、驾驶人醉酒、被保险机动车被盗抢期间肇事、被保险人故意制造交通事故情形下发生交通事故，造成受害人受伤需要抢救的，保险人对于符合规定的抢救费用，在医疗费用赔偿限额内垫付。被保险人在交通事故中无责任的，保险人在无责任医疗费用赔偿限额内垫付。对于其他损失和费用，保险人不负责垫付和赔偿。”

综上，醉酒驾驶肇事是一种特殊免责，本案原告作为致害人在醉酒驾驶肇事后不能要求被告承担交强险赔偿责任。

（二）《条例》和《条款》均合法有效，本案原、被告之间的争议应受双方订立的保险合同包括所对应的《条款》的约束

许多判决以《道路交通安全法》第 76 条的规定为理由，判决保险人承担交强险赔偿责任，该类判决绕开了《条例》第 22 条的规定，值得商榷。虽然《道路交通安全法》第 76 条规定了交强险的基本制度，但是，该项规定缺乏实施方法和操作规范，仅凭该项规定，无法建立、实施交强险制度。《道路交通安全法》第 17 条规定，“国家实行机动车第三者责任强制保险制度，具体办法由国务院规定”。国务院因此获得授权，制定了《条例》，作为国务院根据《道路交通安全法》授权立法的行政法规，应当成为司法审判的法律依据。而《条款》是根据《条例》制定并经保监会批复同意实施的统一的保险条款，属于保险合同的组成部分，而原告与被告之间存在保险合同关系，原告作为被保险人和肇事的驾驶员对已赔偿受害人的损失向被告请求赔偿，应当按照合同纠纷予以裁量，况且《条款》是以社会公告的形式公布的，关于醉酒驾驶的危险性和严重后果众所周知，《条款》的规定理应成为界定原、被告权利义务的依据。

（三）从立法目的分析，交强险的保障对象主要是被保险机动车致害的交通事故受害人，致害人无权要求获得交强险赔偿

我国实行第三者强制保险制度的目的除了保障受害人依法得到赔偿，更是为了促进道路交通安全，《道路交通安全法》第 1 条明确了立法目的，是“为了维护道路交通秩序，预防和减少交通事故，保护人身安全，保护公民、法人和其他组织的财产安全及其他合法权益，提高通行效率，将交通安全列为首要地位。而《条例》第 1 条，也将促进道路交通安全列为立法目的。原告醉酒驾驶的行为是对人对己极不负责任的违法行为，因交通事故产生的法律责任包括经济损失应当由原告自行承担。如果判令保险人承担对致害人的交强险赔偿责任，那么将极大纵容、鼓励醉酒驾驶这一严重违法的高度危险性行为，醉酒驾驶的行为将更加恣意妄为，将使行人等其他交通参与人面临极其严重的威胁，这显然违背了我国设立第三者责任强制保险制度的初衷。因此，交强险的社会公益属性应当体现在对受害人的保障上，而不应扩大到对醉酒驾驶者的保障上，基于此，本案交通事故的受害人未向保险公司索赔，其损失已经获得原告的合理赔偿，作为致害人的原告无权要求获得交强险赔偿。

（载于《人民法院案例选》2010 年第 1 辑）

柴安林与宁波万乐车业有限公司合作销售协议纠纷案

徐力英*

【裁判要旨】

一、特许经营是总部将商标、商号、专利、经营诀窍等的使用许可和经营指导等作为组合提供与其加盟店，由此获得加盟店支付的使用费。其核心内容是涉及商标、商号、专利和专有技术等的许可使用问题。而特约店、代理店、专卖店是基于定型合同（格式合同）就附有某一制造商商标的特定商品进行持续性地买入、再卖出，或者受其委托经销该产品，通常不能请求支付使用费。

二、当事人可以约定一方解除合同的条件，解除合同的条件成就时，解除权人可以解除合同。但合同中对于合同解除后所造成的损失如何承担未作约定的，应由过错方承担赔偿责任；如双方均无过错，则根据公平原则来确定。

【案例索引】

一审：宁波市鄞州区人民法院〔2008〕甬鄞民二初字第493号（2008年6月13日）

【案情】

原告（反诉被告）：柴安林。

被告（反诉原告）：宁波万乐车业有限公司。

宁波市鄞州区人民法院经审理查明：2007年10月11日，原告（反诉被告）柴安林与被告（反诉原告）宁波万乐车业有限公司签订了一份合作销售协

* 宁波市鄞州区人民法院望春人民法庭庭长，法学硕士。

议，协议约定，为做好万乐车业品牌的多功能电动车销售工作，被告授权原告为专卖店级别销售合作商，原告先支付被告销售投入资金 10 万元，原告可在 10 万元内投入资金运作提货。今后原告每批订货，需要提前订货……，先订单、先汇款、先发货。被告账户里收到原告相应的货款后，予以发货，10 辆车起批。同日，双方又签订补充协议书一份，约定满足下列条件之一，任何一方可以单独解约：一是甲方（被告）供货不足；二是乙方（原告）没有销售额；三是产品在市场上滞销；四是签约期满，没有续签。同时约定了解约的结算方法：解约时，乙方（原告）应向被告退回剩余的车辆及部（配）件（完好无损的车辆及配件）、授权书等；甲方（被告）应该接收退还的车辆并将退回款连同原告投入的运作资金（10 万元）剩余款退还给乙方（原告）。并约定公路运输的运费由原、被告各承担一半。协议签订后，原告于同日将 10 万元投入资金汇给被告。同年 10 月 20 日原告又与他人签订了租赁协议租赁了位于江山市鹿溪中路 373 号（建筑面积为 36.53 平方米）的店面房，并于 2007 年 11 月 15 日申请办理了字号为江山市万乐车业经营部的个体工商户营业执照。被告于 2007 年 11 月 30 日将 16 辆电动车（其中 C8Ah 型 13 辆，单价 2940 元；C6Ah 型 2 辆，单价 2765 元；A14Ah 型 1 辆，单价 2117.50 元）代运至原告处，原告支付了运费 300 元，并开始销售。2007 年 12 月 1 日、12 月 29 日，被告开具给原告 16 辆电动车的销售统一发票两份共计金额 45867.50 元。2008 年 2 月 14 日原告书面提出没有销售额，难以继续经营，要求按照协议关于解约的规定解除与被告的合作销售协议，并要求退还车辆。因被告不同意解约并要求原告支付货款，致纠纷发生。

原告柴安林起诉称：2007 年 10 月 11 日，原、被告双方签订了一份合作销售协议。协议约定，被告授权原告为专卖店销售合作商，原告先支付被告销售投入资金 10 万元整，原告可在 10 万元内投入资金运作提货。同日双方又签订补充协议一份，约定原告没有销售额，产品在市场上滞销，可以单独解约，被告应该接收退还的车辆并将退回款连同原告投入资金剩余款退还给原告。协议签订后，原告于同日将 10 万元投入资金汇给被告，被告于 2007 年 11 月 30 日将 15 辆电动车代运至原告处，由原告进行销售。但至今原告没有销售出其一辆电动车，无销售额。原、被告双方签订的补充协议中原告可以单独解约的事实已出现，原告向被告提出解约，却遭到被告无理拒绝，并拒绝接收退还电动车，也拒绝将车辆应退款和原告投入资金剩余款退还给原告。现要求解除与被告的合作销售协议，接收原告退还电动车，退还原告的投资款 10 万元。本案诉讼费用由被告承担。

被告宁波万乐车业有限公司答辩称：原告诉称不是事实，原、被告之间不是合作销售协议，而是特许经营协议。原告投入投资款 10 万元属实，但系特许使用费和保证金，与车辆货款是两回事，货款应该另行先行支付，不能从投资款中扣除。原告提出的解约条件并不成立，2007 年 11 月 30 日被告将 16 辆车发给原告，原告即于同年 12 月就要求解约，2008 年 2 月 14 日并书面提出要求解约。因原告要求赢利心切，但经营时间太短，没有赢利就提出解约，说明原告没有销售能力和诚意。而且原告擅自违约改变经营地址，减少面积，也没有按照销售合同配备销售人员，是影响销售额的原因。被告认为合同签订后一年内若无销售额，才可以解约。所以原告提出解约条件并不具备，被告不同意解约，也不退还投资款。若解约成立，补充协议约定退还电动车的条件是车辆必须完好无损，完好无损就是没有拆封。现该 16 辆电动车原告均已拆封，且被告已经向原告开具了发票，已不具备退还的条件。要求驳回原告的诉讼请求。如原告主张退货，已经开给原告的发票必须退回，6%的税款应由原告承担。同时被告提出反诉称，被告（反诉原告）发给原告（反诉被告）电动车共 16 辆，计货款 45867.50 元，反诉被告至今未付。现要求反诉被告支付尚欠的货款 45867.50 元；另外，反诉原告将 16 辆发运给反诉被告时支付了运费 300 元，也要求由反诉被告承担。并承担上述款项从 2007 年 11 月 30 日至 2008 年 3 月 30 日的银行同期贷款利息（以 6.57%计算）。

反诉被告柴安林答辩称：收到反诉原告 16 辆电动车是事实，货款数额也无异议。根据合同约定，反诉被告可以在投入资金 10 万元内运作提货，今后要先付款再提货是指 10 万元投入资金提货提完后。因此，反诉被告在 10 万元以内不用先支付货款。但由于该 16 辆车至今未销出一辆，根据合同约定可以退还剩余车辆。至于运费 300 元系反诉被告支付，发票也在反诉被告处，并不是反诉原告支付的。因此，要求驳回反诉原告的诉讼请求。

【审判】

宁波市鄞州区人民法院经审理认为：本案的主要争议焦点包括四个方面：第一，本案是合作销售关系还是特许经营关系。第二，本案解约条件是否成立。第三，货款 45867.50 元是否可以在投入资金 10 万元中扣除。第四，如果解约条件成立，是否可以退还车辆及投资款。关于第一个争议焦点本案是合作销售关系还是特许经营关系。原告方认为双方所签订的合作销售协议已经明确写明是合作销售关系，协议中也没有特许经营费的约定；被告方认为本案双方所签订的合作销售协议就其条款设计和具体内容看是一份特许经营协议，协议实际履行也是按照特许经营协议来履行的。10 万元销售投入资金性质为特许使用费。法院认为，特许经营是总部将商标、商号、专利、经营诀窍等的使用许可和经营指导等作为组合提供与其加盟店，由此获得加盟店支付的使用费。其核心内容是涉及商标、商号、专利和专有技术等的许可使用问题。而特约店、代理店、专卖店是基于定型合同（格式合同）就附有某一制造商商标的特定商品进行持续性地买入、再卖出，或者受其委托经销该产品，通常不能请求支付使用费。从本案双方当事人所签订的合同内容看，原、被告之间应该属于专卖店形式的合作销售关系，合同中也没有相关特许使用费的明确约定，因此，被告辩称本案系特许经营关系，不予采信。

本案第二个争议焦点是本案解约条件是否成立。原告方认为由于被告产品在江山市场滞销，原告没有销售额，根据补充协议约定的解约条件已经成立，应予解约。被告方则认为解约条件尚不具备。因为履行协议时间过短，从 2007 年 11 月 30 日发货给原告至 2008 年 2 月 14 日原告书面提出要求解约时间仅 3 个月，一个正常的销售经营活动，如此短的前期准备阶段没有销售额应属正常，原告以如此短的时间内没有销售额为由要求解约，对被告来说显然是不公平的。而且导致原告没有销售额的事实完全是由于原告擅自改变经营地址，减少专卖店面积，没有配备相关销售人员，也没有参加销售培训，并擅自中止销售等原告自己的违约行为造成的，因此不同意解约，要求原告继续履行合同。合同约定有效期为 1 年，至少 1 年内没有销售额才具备解约条件。法院认为，根据补充协议第 4 条第 1 项关于解约的条件第 2 目规定“乙方（原告）没有销售额”，任何一方可以单独解约。且协议中并未对“没有销售额”作出一定的时间限制。尽管从被告发货给原告到原告提出解约时间共 3 个半月，履行时间较短，但原告至今未销售出一辆电动车是不争的事实。从原告投入 10 万元资金，并租赁店面经营，办理营业执照，在提出解约后仍委托他人代为销售等一系列行为，说明原告也具有一定的经营诚意。但是鉴于目前原告专卖店已关闭，至今仍然没有销售额，原、被告之间的合作销售协议事实上已无履行可能，因此，解约条件已经成立。

本案第三个争议焦点是货款 45867.50 元是否可以在投入资金 10 万元中扣除。对此争议主要在于双方合作销售协议和补充协议约定内容的理解。原告方认为合作销售协议第 1 条第 3 项写明“乙方（原告）可在壹拾万元内投入资金运作提货”及补充协议第 4 条第 2 项关于解约的结算方法中写明“甲方（被告）应该接收退还的车辆并将退回款连同乙方（原告）投入的运作资金（10 万元）剩余款退还给乙方（原告）”，即说明在 10 万元以内原告可以提货，货款从中扣除，原告不需要向被告另行支付货款。被告方则认为根据合作销售协议第 6 条第 1 项写明“今后乙方（原告）每批订货，需要……，先订单、先汇款、先发货”，该条明确规定了原告在缴纳 10 万元的投入资金后，货款必须另行支付，而且约定款到发货。另外从补充协议中关于解约的结算方法规定“甲方（被告）应该接收退还的车辆并将退回款”中的退回款是指已付的车辆货款，也说明货款必须是先行支付的。法院认为，双方当事人所争议的条款规定，从字面理解，乙方即原告可在投入资金 10 万元内提货，货款从中扣除，原告不需要向被告另行支付货款。今后即超出 10 万元以后的提货要求先付款再发货，即款到被告账号后才予以发货。解约时货款（即退回款）及10万元中的剩余款（扣除货款后的余款）予以退还。而且从双方实际履行情况看，对于第一次交货，原告并未先付款，被告也未要求原告款到账号后再发货。由此可见，原告的解释相对更为合理，本院予以采信。如果按照被告的解释，10万元资金是不能扣除的，则对于可在投入资金10万元内提货以及解约时投入的运作资金（10万元）剩余款无法做出合理解释。被告辩称该10万元投入资金属于特许使用费，剩余款是指解约时按使用时间扣除相应的使用费后所剩下的余款，但双方的协议中并未对此作任何规定，显然与事实不符，不予采信。即使原、被告双方对合同条款的理解存在不同解释，但因为被告系专卖店的授权方，可以针对不特定对象签订同样的定型合同即格式合同，而且从违约责任等条款的规定内容看，仅对原告单方作出违约规定。因此，参照格式合同的理解规则，也应认定有利于原告的解释。

本案第四个争议焦点是如果解约条件成立，是否可以退还车辆及投资款。在分析第三个争议焦点时已经阐述了本案解约条件成立，应予解约，因此，必然涉及车辆及投资款等的退还问题。原告方认为根据补充协议约定，被告应接收退还的车辆连同原告投入的运作资金10万元退还给原告。被告方则认为即使解约条件成立，根据补充协议约定，原告向被告退回完好无损的车辆及配件，被告应该接受。但现在原告自认要求退还的车辆均已拆封，已经不可能具备“完好无损”的条件，因此，根据商业惯例货物已经售出，并应原告要求开具了发票，也不属于“三包”质量范围，被告不同意退货，并认为如原告主张退货，应由原告承担车辆“完好无损”的举证责任和检验、运输等的费用和风险，已经开给原告的发票必须退回，6%的税款应由原告承担。原告投入的10万元资金属于特许使用费，自2007年10月11日签订协议时开始授权原告销售被告的专利产品，至今近8个月，合同有效期为1年，因此，原告应按支付被告8个月的专利特许使用费8万元，余款2万元，折抵相应货款。并提出反诉要求原告支付车辆款45867.50元及利息损失。法院认为，补充协议中明确约定“解约时，乙方（原告）应向甲方（被告）退回剩余的车辆及部（配）件（完好无损的车辆及配件）”，因此，解约时原告可以退回剩余车辆无异议，其中约定的退货条件是“完好无损的车辆及配件”，应该是指车辆及配件的外观及性能完好没有损坏，并没有特别约定要求包装完好无损。而且作为销售专卖店，陈列所销售的商品进行销售是前提条件，因此，对于被告提出要求包装完好无损才能退货的辩解，显然与事实相悖，不予采信。因此，原告要求退回完好无损的车辆及配件，被告应该接收；对于退回的车辆，被告应退还原告相应的货款（即从10万元投入资金中扣除的货款）。同时鉴于被告已经开具给原告销售统一发票计金额45867.50元，交纳了6%的税款，而本案解约退货系原告没有销售额所致，被告无过错，因此，原告应退还被告所开具的两份销售发票，并赔偿由此造成被告的税款损失。至于10万元投入资金，应扣除已经发给原告16辆电动车的价值45867.50元，即剩余款为54132.50元，根据补充协议明确约定，解约时应将该投入资金剩余款同时退还原告。被告提出10万元投入资金系专利产品的特许使用费，但是原告只是销售被告的专利产品电动车，并没有使用被告的专利技术进行生产，合同中也没有约定收取特许使用费，因此，对于被告辩称，不予采信。同时，由于发给原告的16辆电动车的货款45867.50元已从10万元投入资金中先行扣除，因此，该货款并不存在逾期支付的利息损失。

综上，宁波市鄞州区人民法院认为：原、被告之间签订的合作销售协议和补充协议，系双方当事人在自愿协商一致的基础上真实意思表示，且不违反法律规定，应为合法有效，原、被告应按约履行。现因合同约定的解约条件成立，原告要求解约并按约退回车辆，本院予以准许。但原告应按补充协议中约定的退货条件（完好无损的车辆及配件）退还相应车辆，被告同时应返还退回车辆的相应货款，并返还10万元投入资金的剩余款。因此，对于被告反诉要求原告支付货款45867.50元及自2007年11月30日至2008年3月30日的银行同期贷款利息的请求，不予支持。但鉴于导致本案解约的原因系由原告没有销售额所致，被告没有过错，因此被告要求原告退回已开具的销售统一发票，并赔偿6%的税款损失，予以支持。关于被告反诉提出的运费300元，虽然发票上交款单位为宁波车业，但实际付款人为原告，而且根据补充协议约定，公路运费应由原、被告各半承担，被告应承担其中一半的运费，但原告已自愿承担并未向被告主张。因此，被告要求原告支付运费300元的反诉请求，不予支持。

据此，宁波市鄞州区人民法院根据《中华人民共和国合同法》第8条、第93条第2款、第97条的规定，判决：一、原告柴安林退还被告宁波万乐车业有限公司电动休闲车（完好无损的车辆及配件）C8Ah型13辆、C6Ah型2辆、A14Ah型1辆（具体数量以柴安林实际退还为准），同时被告宁波万乐车业有限公司返还柴安林上述车辆的货款（C8Ah型以单价2940元，C6Ah型以单价2765元，A14Ah型以单价2117.50元计算）；二、被告宁波万乐车业有限公司返还原告柴安林投入资金剩余款54132.50元；三、原告柴安林退还被告宁波万乐车业有限公司开具的销售统一发票两份，并赔偿被告宁波万乐车业有限公司销售统一发票金额6%的税款损失计人民币2752.05元；四、驳回反诉原告宁波万乐车业有限公司的反诉请求。本诉案件受理费2300元，减半收取1150元，反诉受理费524元，合计诉讼费1674元，由原告柴安林负担300元，被告宁波万乐车业有限公司负担1374元。

【评析】

本案是一起合作销售纠纷案，与当前较为普遍的特约店、代理店、专卖店形式相类似的合作销售法律关系，往往采用定型合同（格式合同）方式订立，与特许经营关系也非常相似，而法律对此两类合同如何区分未作明确规定。本案主要争议焦点是两个方面：一是本案是合作销售关系还是特许经营关系；二是本案解约条件是否成就；如果成就，是否具备退货条件；解约后所造成的损失如何处理。

（一）本案是合作销售关系还是特许经营关系

本案中被告提出该案并非合作销售关系，而是特许经营合同。笔者认为，特许经营是总部将商标、商号、专利、经营诀窍等的使用许可和经营指导等作为组合提供与其加盟店，由此获得加盟店支付的使用费。其核心内容是涉及商标、商号、专利和专有技术等的许可使用问题。而特约店、代理店、专卖店是基于定型合同（格式合同）就附有某一制造商商标的特定商品进行持续性地买入、再卖出，或者受其委托经销该产品，通常不能请求支付使用费。本案原告只是销售被告的专利产品电动车，属于二次销售行为，并没有使用被告的专利技术进行生产；且合同中也没有相关特许使用费的明确约定，原、被告之间应该属于专卖店形式的合作销售关系。

（二）本案解约条件是否成就；如果成就，是否具备退货条件；解约后所造成的损失如何处理

1. 本案解约条件是否成就

根据《合同法》第93条的规定，当事人可以约定一方解除合同的条件，解除合同的条件成就时，解除权人可以解除合同。根据补充协议第4条第1项关于解约的条件第2目规定“乙方（原告）没有销售额”，任何一方可以单独解约。虽然被告提出从被告发货给原告到原告提出解约时间共3个半月，履行时间较短，至少应该要销售满1年才具备解约条件。但协议中并未对“没有销售额”作出1年或一定的时间限制，且鉴于目前原告专卖店已关闭，至今仍然没有销售额是不争的事实。原、被告之间的合作销售协议事实上已无履行可能，因此，解约条件已经成立。

2. 如果解约，是否具备退货条件

因本案解约条件已经成就，根据协议约定，解约时原告可以退回剩余车辆。但其中约定的退货条件是“完好无损的车辆及配件”，双方存在争议。被告提出必须是包装完好无损才能退货，原告已经全部拆封，不具备完好无损条

件，不同意退货。笔者认为，协议中约定的“完好无损”应该是指车辆及配件的外观及性能完好没有损坏，并没有特别约定要求包装完好无损。而且作为销售专卖店，陈列所销售的商品进行销售是前提条件，因此，对于被告提出要求包装完好无损才能退货的辩解，显然与事实相悖。只要原告的车辆及配件的外观及性能完好没有损坏，被告应接受退货。

3.解约后所造成的损失如何处理

如果解约，因被告已开具给原告销售统一发票计金额45867.50元，交纳了6%的税款，被告因此造成了相应的损失。但双方在协议中对解约所造成的损失如何承担未作约定，因此，必然涉及被告的损失如何承担问题。笔者认为，虽然原、被告双方所签订的协议中对于解约后的损失如何承担未作约定，应由过错方承担赔偿责任；如双方均无过错，则根据公平原则来确定。而本案解约退货系原告没有销售额所致，被告无过错，应由原告即过错方承担赔偿责任。

（载于《人民法院案例选》2010年第1辑）

李俊诉戴伟国、任月琴排除妨害纠纷案

俞 昉* 张陶年**

【要点提示】

对住宅的装修活动受到行政管理法规和民事法律的双重规范，处理装修活动引起的民事侵权纠纷，应以民事法律关系作为认定民事责任的基础。

【案例索引】

宁波市鄞州区人民法院〔2008〕甬鄞民一初字第 3888 号（2009 年 4 月 13 日）

【案情】

原告（反诉被告）：李俊。

被告（反诉原告）：戴伟国。

被告（反诉原告）：任月琴。

宁波市鄞州区人民法院经审理查明：原告房屋与两被告的房屋隔墙相邻。2008 年 4 月 6 日，原告对其房屋进行装修，拆除了楼梯及部分墙体。两被告向小区物业管理公司反映，小区物业管理公司于同月 7 日以原告拆除楼梯未办理审批手续为由作出停工通知书，责令原告停工接受处理。此后原告继续装修，并于同月 15 日由原设计单位宁波市房屋建筑设计院有限公司出具技术联系单，于同月 16 日向小区物业管理公司办理了备案手续。小区物业管理公司仍于同月 18 日、23 日两次发出停工通知书，责令原告停工。原告于同月 25

* 宁波市鄞州区人民法院民事审判第一庭副庭长。
** 宁波市鄞州区人民法院民事审判第一庭书记员。

日停止装修。小区物业管理公司及社区管委会于 2008 年 4 月 23 日及 6 月 6 日组织原、被告双方进行了调解，但未能达成协议。原告装修过程中，于 2008 年 4 月 22 日租赁了脚手架，至同年 7 月 30 日支付了 100 天的租费计 1220 元。被告房屋各处墙体包括未与原告房屋相邻的墙体均存在细小裂纹。

原告李俊诉称：2007 年 6 月，原告购得三层房屋一幢。2008 年 4 月初，原告依法对该房屋进行装修，在装修初期，即遭两被告无理阻挠，欲拆除原告房门，经原告多次要求被告协商解决，均遭两被告无理拒绝。因两被告的阻挠，导致原告无法对该房屋进行装修，并因此造成原告经济损失，计有：租赁脚手架损失 1220 元，误工费损失 2000 元，原材料涨价的损失 1640 元，另租房屋的损失计五个月为 5000 元。现请求判令两被告立即停止对原告装修活动的妨碍，并赔偿原告损失计 9860 元。

被告戴伟国、任月琴答辩并反诉称：两被告所居房屋与原告房屋隔墙相邻。原告自 2008 年 4 月 6 日开始对房屋进行装修，未经合法审批擅自拆改房屋结构，拆除与被告房屋相邻的楼梯，挖掉地坪，被告向小区物业管理公司反映后，小区物业管理公司于同年 4 月 7 日责令原告停止装修，但原告不听劝告继续关起房门强行进行装修，小区物业管理公司又两次责令原告停工，在各方指责和压力下，原告才停止装修。原告进行的野蛮装修，导致原、被告房屋之间相邻的墙体和平顶多处出现裂缝，严重影响被告房屋的使用安全性。要求驳回原告的诉讼请求；并判令原告停止侵害被告房屋建筑结构的行为，排除对被告房屋使用安全性的妨碍，恢复原、被告之间相邻房屋被损坏的墙体及楼梯的原状。在审理过程中，两被告增加反诉诉讼请求，请求原告对被告房屋损坏的墙体和楼梯进行修复。

原告李俊就反诉答辩称：原告房屋装修方案系经过房屋建造商及原设计单位宁波市房屋建筑设计院有限公司审核，也向小区物业管理公司备过案，原告并无野蛮装修行为，也未对被告房屋造成损害，要求驳回被告的反诉请求。

【审判】

宁波市鄞州区人民法院认为：根据《物权法》第 2 条第 3 款的规定，物权人依法对其所有物享有直接支配和排他的权利。本案原告有权对其所有的房屋依法进行装修。根据建设部《住宅室内装饰装修管理办法》和《宁波市城市房屋使用安全管理条例》的相关规定，本案原告对房屋进行拆改楼梯和墙体的装修，应在施工前提供原设计单位或其他有相应资质的设计单位出具的装修设计方案，并向物业管理单位申报登记。原告于 2008 年 4 月 6 日开始上述拆改楼梯和墙体的装修，并未按照上述要求提供设计方案办理申报登记手续，属于违法装修；2008 年 4 月 16 日，原告提供了原设计单位的技术联系单，并向物业管理单位办理了申报登记手续，此后原告依设计进行的装修活动已经符合上述相关法规的规定，不在上述法规的禁止范围。小区物业管理公司三次向原告发出停工通知单，系行政管理的范畴，其是否合法，本案中不予置评。本案原、被告双方之间的争议系为相邻不动产使用的民事纠纷，需要考察的是原告拆改楼梯和墙体的装修活动是否造成对相邻的被告房屋的实际损害或潜在危险，据此确定双方的民事责任。《物权法》第 35 条规定，妨害物权或者可能妨害物权的，权利人可以请求排除妨害或者消除危险。原告的装修活动如果造成了被告房屋建筑结构的实际妨害，则被告有权请求排除妨害；如果造成了被告房屋使用安全的潜在危险，则被告有权请求消除危险；上述排除妨害或者消除危险的请求权均可成为阻却原告装修行为的事由。在本案中，原告提供的原设计单位出具的技术联系单明确原告的装修方案可以满足安全使用要求；被告主张原告拆除楼梯和墙体妨害被告房屋的建筑结构，影响被告房屋的使用安全，则无相关证据支持；故被告请求恢复原告已拆除的楼梯和墙体原状，排除妨碍和消除危险，缺乏事实基础，亦缺乏法律依据，本院难以支持。《物权法》第 36 条规定，造成不动产或者动产毁损的，权利人可以请求修理、重作、更换或者恢复原状。如果原告的装修活动造成了被告房屋的损坏，则即使其装修合法，亦应对被告受损房屋进行修复。本案中，被告虽举证证明了其房屋内存在多处裂纹，但是该损害结果与原告装修行为之间的因果关系，仍应由被告承担举证责任，而被告并未能举证证明其房内之裂纹系因原告装修行为造成，故被告请求由原告对其房屋进行修复，亦缺乏事实和法律依据，本院不予支持。如上已述，并无证据表明原告的装修行为对被告房屋使用造成实际的妨害或潜在的危险，故被告阻却原告装修活动的事由并不成立。在原告于 2008 年 4 月 6 日开始装修时，因原告未提供设计意见，被告基于对其房屋可能造成妨害和危险的担忧，通知物业管理单位，由小区物业管理公司依法制止原告装修，系合理的行为；在原告依法提供设计意见并办理申报登记手续后，如继续阻止原告装修，则缺乏理由。原告请求被告停止对原告装修行为的阻却，符合法律规定的物权排他性的要求，本院予以支持。但是，就原告请求的因停工造成的损失赔偿，则应考察该损失与被告行为之间的因果关系。如原告停工系因被告直接、强制的阻挠行为，则被告应承担相关损失的赔偿责任；如被告系以向物业管理单位施压的方式阻止原告装修，则在物业管理单位作出停工通知书的情况下，原告停工之原因并非直接出于被告的侵权，原告因停工造成的损失与被告之间亦缺乏必然的因果关系，被告亦无赔偿之责。就被告阻止原告装修活动的行为和方式，原告并未提供有效的证据证明被告有直接、强制的侵权行为，故原告请求被告赔偿停工损失，本院不予支持。《物权法》第 84 条规定：不动产的相邻权利人应当按照有利生产、方便生活、团结互助、公平合理的原则，正确处理相邻关系。本案原、被告房屋相邻，原告对房屋进行装修，势必对邻里生活造成影响，理应预先告知邻里，取得邻里谅解，尤其在进行如此规模拆改结构的装修时，原告更应主动与被告沟通，打消被告的顾虑；而原告不告而作，殊不符合世理人情，造成被告的顾虑和困扰，亦在所难免。被告在原告提供符合安全性要求的设计意见后，亦应理性看待相邻房屋的合理使用，仍不依不饶，多方施压，亦不符合处理相邻关系的原则。希望双方当事人依法行事，以情待人，互相谅解，建立和谐的邻里关系。综上，根据《物权法》第2条第3款，《民事诉讼法》第64条第1款的规定，判决：

一、被告戴伟国、任月琴不得再阻挠原告李俊的合法装修活动。二、驳回原告李俊的其他诉讼请求。三、驳回被告戴伟国、任月琴的反诉诉讼请求。本诉案件受理费50元，反诉案件受理费，减半收取40元，合计诉讼费90元，由原告李俊负担10元，由被告戴伟国、任月琴负担80元。

一审宣判后，双方当事人均未上诉，一审判决已经发生法律效力。

【评析】

（一）对住宅的装修活动受行政管理法规规范；本案中物业公司发停工通知书责令原告停工系行政管理行为

因住宅的装修活动可能产生噪音、污染等影响，甚至建筑物造成危险或损害，故其范围、程序等均受行政管理法规的规范。2003年5月1日起施行的建设部《住宅室内装饰装修管理办法》（以下简称《办法》）即系针对住宅室内装饰装修活动的管理规范。该《办法》第5条规定：住宅室内装饰装修活动，禁止在未经原设计单位或者具有相应资质等级的设计单位提出设计方案之情况下，变动建筑主体和承重结构。第13条规定：装修人在住宅室内装饰装修工程开工前，应当向物业管理企业或者房屋管理机构申报登记。第十四条规定：申报登记应当提交房屋所有权证、申请人身份证件、装饰装修方案等材料，变动建筑主体或者承重结构的，还需提交原设计单位或者具有相应资质等级的设计单位提出的设计方案。《宁波市城市房屋使用安全管理条例》作为地方性法规对此亦有大致相同的规定。对住宅的装修活动，应符合上述行政管理法规的规定。

本案中，被告阻止原告装修系通过向小区物业管理公司反映，由小区物业管理公司发出停工通知书的方式。那么物业管理公司向原告发停工通知书制止原告装修的行为究竟是何性质呢？一种意见认为，基于《住宅室内装饰装修管理办法》第16条规定：装修人，或者装修人和装饰装修企业，应当与物业管理单位签订住宅室内装饰装修管理服务协议。第17条规定：物业管理单位应当按照住宅室内装饰装修管理服务协议实施管理。故物业管理公司的管理之权来源于物业管理公司与装修人签订的管理服务协议。物业管理公司与装修人签订协议这一行为本身即表明双方是一种平等民事主体之间的民事法律关系，双方的行为都受到协议的限制；物业管理公司发停工通知书制止原告装修，系根据协议对装修人实施监督管理，阻止装修人的违约行为，而非行政管理行为。笔者认为，物业管理公司向原告发停工通知书制止原告装修的行为系行政行为。《住宅室内装饰装修管理办法》第13条将物业管理企业与房屋管理机构一起界定为“物业管理单位”；第16条规定：物业管理单位发现装修人有违法装修行为的，应当立即制止；已造成事实后果或者拒不改正的，应当及时报告有关部门依法处理。根据该《办法》，物业管理企业虽然没有进行处罚等行政职权，但其对具有违法装修行为临时制止之权则相当明确。如果该《办法》对物业管理企业在装修管理时的行政职权来源尚不明确的话，《宁波市城市房屋使用安全管理条例》的规定对此则更为明确。该《条例》第11条第2款规定：在已实施物业管理的住宅小区，房屋使用安全管理部门可以委托物业管理公司对房屋装修行为进行日常管理。宁波市房屋使用安全管理部门根据该《条例》的规定，委托有相应资质的物业管理企业对房屋装修行为进行日常管理。在此，受委托的物业管理企业即成为受行政机关委托的组织，其虽然没有行政主体的地位，但基于行政机关的委托具有对房屋装修行为进行日常管理的行政职权。本案中的物业管理公司即系受委托的组织，其使用统一格式的《停工通知书》，以“违反《宁波市城市房屋使用安全管理条例》”为由，责令原告停工，属于行使行政机关委托的行政职权。如果认为物业管理公司的制止违法装修的权利系来自其与装修人的管理服务协议，那么对装修人未签订管理服务协议时进行的违法装修，物业管理公司是否还有制止之权呢，其制止的权力又源于何处呢？

（二）对住宅的装修活动同时受民事法律规范；对于请求物权保护的民事诉讼，应以民事法律关系作为认定民事责任的基础

以上已述，对住宅的装修活动，应符合相关行政管理法规的规定。但是装修活动即使符合了行政管理法规的规定，如其过程和结果造成相邻不动产的实际侵害或潜在危险，则仍受民事法律关于相邻不动产利用制度的限制。《物权法》第91条规定：不动产权利人挖掘土地、建造建筑物、铺设管线以及安装设备等，不得危及相邻不动产的安全。该法第35条规定：妨害物权或者可能妨害物权的，权利人可以请求排除妨害或者消除危险。本案中，原告的装修活动如果造成了被告房屋建筑结构的实际妨害，则被告有权请求排除妨害；如果造成了被告房屋使用安全的潜在危险，则被告有权请求消除危险；上述排除妨害或者消除危险的请求权均可成为阻却原告装修行为的事由。

虽然违反行政法规和民事法律均成为阻止原告装修行为的事由，但是对于

双方基于物权利用和物权保护提起的民事请求，应以民事法律关系作为认定民事责任的基础。本案中，需要考察的是双方是否有侵权行为以及与损害结果之间是否有因果关系。被告主张原告的装修行为对其房屋使用安全造成危险并造成实际损害，但未能提供证据证明危险的存在，也不能证明实际损害与原告装修行为之间的因果关系，要求原告承担侵权责任则缺乏要件基础。同样，原告主张被告阻止其装修造成停工损失，亦因为停工损失与被告非直接的阻止行为之间缺乏必然的因果关系而不能成立。

而本案中原告装修行为是否符合行政管理法规的规定，则非认定民事责任的基础。即使原告装修行为符合了所有行政管理法规的规定，如果对被告之物权造成了侵害，则原告亦需承担停止侵害他人物权之民事责任。即使原告装修行为违反了相关行政管理法规的规定，而请求排除对违法行为的妨碍看起来是如此荒谬，但如果未对被告之物权造成侵害，那么其基于《物权法》赋予其对所有物享有的直接支配和排他的权利，请求排除他人对其装修行为的妨碍，则也能成为合理的民事诉求。至于依行政法规应予禁止的行政责任，则非民事诉讼处理的范围。

（载于《人民法院案例选》2010 年第 3 辑）

宁波市鄞州永泰服饰有限公司与永安财产保险股份有限公司宁波中心支公司保险合同纠纷案

金　首*

【裁判要旨】

一、在车主与受害者之间的道路交通事故损害赔偿纠纷中，车主被判令赔偿是基于承担侵权责任，而车主向保险公司索赔，保险公司作出赔偿是基于保险合同产生的合同责任，故法院在损害赔偿案生效法律文书中确定的赔偿金额不一定就是保险公司应当赔偿的金额。

二、保险公司不能以保险合同中没有约定的基本医疗保险标准制约车主对受害者的赔偿，核定保险赔偿金额应当法律规定的赔偿范围、项目和标准以及保险合同的约定进行。

【案例索引】

一审：宁波市鄞州区人民法院〔2008〕甬鄞民二初字第582号（2008年4月24日）

【案情】

原告：宁波市鄞州永泰服饰有限公司。

被告：永安财产保险股份有限公司宁波中心支公司。

宁波市鄞州区人民法院经审理查明：2005年6月24日，原告与被告签订机动车辆保险合同一份，约定：原告为其所有的轿车投保车损险、第三者责任

* 宁波市鄞州区人民法院执行局局长，法律硕士。

险、玻璃单独破碎险、车上人员责任险、主险不计免赔特约险等险种，保险期间为从 2005 年 6 月 25 日至 2006 年 6 月 24 日等。保险合同签订后，原告按约支付了保险费 4200 元。2005 年 7 月 7 日，原告员工姜金国驾驶轿车行驶至 34 省道北渡附近路口时，车辆在越中心双实线左转弯过程中与相对方向由吴波驾驶的二轮摩托车发生碰撞，造成乘坐在摩托车上的王文辉受伤。事故经交警部门认定为姜金国负全部责任。该起事故中王文辉所受人身损害经宁波市鄞州区人民法院〔2007〕甬鄞民一初字第 4132 号民事判决书判决，姜金国应赔偿王文辉医疗费 111621.90 元，住院期间及出院后护理费 4350 元，住院伙食补助费 1425 元，误工损失 5316 元，残疾赔偿金 78696 元，鉴定费 1200 元，交通费 150 元，营养费 2000 元，精神损害抚慰金 3000 元，后续医疗费 9000 元，后期住院护理费 700 元，后期住院伙食补助费 350 元，合计 217808.90 元；宁波市鄞州永泰服饰有限公司对上述赔偿负连带责任。判决后，原告履行了全部付款义务并随后向被告申请理赔，但被告仅同意赔付 185803.99 元，双方遂酿成诉讼。

原告宁波市鄞州永泰服饰有限公司诉称：原、被告之间存在车辆保险合同关系，原告已经全额赔付了交通事故第三人王文辉的损失，该损失是法院生效判决确定的，被告应予赔偿。现被告在核损后仅同意赔付 185803.99 元，其以不合理的借口扣除相关费用没有法律和合同依据，请求判令被告赔付 219103.9 元，其中 217808.90 元系原告对第三人赔付金额，1295 元为前案的诉讼费。

被告永安财产保险股份有限公司宁波中心支公司辩称：与原告存在保险合同关系、投保车辆发生道路交通事故、原告已经赔偿第三人王文辉 217808.90 元并承担另案诉讼费 1295 元均为事实，被告对事故发生后产生的医疗等费用的剔除都是依据国家相关规定以及保险合同的约定进行的，并无不当，如药品医疗费用是参照国务院卫生主管部门制定的交通事故人员创伤临床诊疗指南和国家基本医疗保险标准确定的，乙类药应扣除 5%、丙类药则不予赔偿；此外后续治疗费过高，后期住院护理费和伙食补助费尚未发生，精神损害抚慰金则不属于赔偿范围。请求按照被告核定的赔偿金额进行赔付。

【审判】

宁波市鄞州区人民法院经审理认为：本案争议的焦点在于法院就交通事故受害人与车主之间的损害赔偿纠纷做出的判决对保险公司有无约束力，保险公司在保险合同纠纷中的赔偿以何为依据？

原告主张在受害人王文辉起诉其道路交通事故损害赔偿纠纷一案中，鄞州法院依照《民法通则》、《最高人民法院关于审理人身损害赔偿案件适用法律若干问题的解释》、《最高人民法院关于确定民事侵权精神损害赔偿责任若干问题的解释》判决原告赔偿王文辉医疗费、住院期间及出院后护理费、住院伙食补助费、误工损失、残疾赔偿金、鉴定费、交通费、营养费、精神损害抚慰金、后续医疗费、后期住院护理费、后期住院伙食补助费合计217808.90元，因此原告的保险损失已经生效法律文书确定，被告理应全额赔付。而被告则认为两者系不同的法律关系，原告因为交通事故侵权而被判决支付受害人损失，对此，被告没有也不可能提出异议，但原告要求被告理赔必须依据保险合同约定进行，对于超出合同范围的费用和不符合国家有关规定的费用，被告有权拒赔。

鄞州法院认为：原告车辆发生交通事故，致使第三人遭受人身损害，原告作为车主应当依法承担赔偿责任，而被告作为保险公司理赔，是按照法律法规规定的赔偿范围、项目、标准以及保险合同的约定，在保险单载明的责任限额内确定赔偿金额，故不能简单地以人身损害赔偿纠纷中确定的赔偿金额作为保险公司赔偿的金额，如精神损害抚慰金就属于责任免除之列。但保险公司亦不能超出合同约定范围以医疗保险的标准对第三人合理的医疗费用进行剔除。经过法院的调解工作，最终原被告达成调解协议如下：一、被告赔偿原告保险金205481.84元，在2008年5月15日前履行完毕；二、被告在履行上述义务后，原告不得再就其投保的轿车于2005年7月7日发生的道路交通事故所受的损失再向被告为任何主张。三、本案受理费4587元，减半收取计2294元，由原告负担294元，被告负担2000元。

调解协议生效后，被告已履行了付款义务。

【评析】

在交通事故引起的损害赔偿案件中，车主投保了第三者责任险，车辆造成第三人人身伤害，受害人起诉至法院，法院依据民法通则、道路交通安全法以及人身损害、精神损害的相关司法解释作出判决，判令车主赔偿医疗费等损失。车主根据判决支付赔偿金额后向保险公司理赔，保险公司往往会以种种理由提出抗辩，在核损中对部分费用予以剔除。本案即是相当典型的案例。

（一）保险公司在保险合同纠纷中的赔偿以何为依据

因交通事故引起的侵权责任与保险责任，两者既存在事实上的密切关联，但又是不同的法律关系。车主的赔付是基于其对第三人的侵权行为而承担的侵权责任。《道路交通安全法》中实行以无过错责任原则为主，以过失相抵原则和优者负担原则为辅的归责体系，认定交通事故侵权责任的要件一般包括机动车交通事故致人损害的事实、机动车交通事故致人损害行为的违法性以及机动车交通侵权行为与损害事实之间的因果关系等三要件，这也是法院判断道路交通事故损害赔偿纠纷中责任承担的法理依据，至于赔偿的范围、项目、标准则按照法律和司法解释的规定确定，其中各个项目赔偿金额的大小除了事实依据（如医疗费发票）外，往往还有合理性的判断（如对交通费的认定、对医疗器材、残疾器具价格的取舍）。而责任保险合同是以被保险人对第三者依法应负的赔偿责任为保险标的的保险合同，机动车辆第三者责任险属于责任保险，是指机动车在使用过程中发生意外事故造成第三者财产或人身损害，依法应当由被保险人承担经济赔偿责任时，由保险公司负责赔偿给被保险人。它是各商业保险公司自行依法制定保险条款并自主经营的商业性的保险，是完全按照《保险法》和保险合同的规定来执行的责任保险（这里暂不涉及强制三者险）。因此人身损害赔偿纠纷中确定的赔偿金额既是保险公司赔偿的依据，但又不等同于保险赔偿金额，保险公司可以按照其与投保人签订的保险合同的约定进行理赔，在本案中，由于保险合同双方将精神损害抚慰金列入责任免除条款，所以精神损害抚慰金的扣除即符合合同约定，原告不能以自己已作赔偿为由要求被告赔偿精神损害抚慰金损失。

（二）基本医疗保险的报销标准能否作为第三者责任保险理赔的标准

众所周知，基本医疗保险制度是通过国家立法，强制性地由用人单位和个人缴纳医疗保险费，建立医疗保险基金，当个人因疾病需要获得医疗服务时，由社会医疗保险机构按规定提供医疗费用补偿的一种社会保障制度。医疗保险具有社会保险的强制性、互济性、社会性等基本特征，该制度的建立是为了减轻劳动者患病所带来的风险。基本医疗保险实行定点医疗机构和定点药店管理，在颁布的基本医疗保险药品目录中将药品分甲、乙、丙三类，甲类为全部纳入基本医疗保险支付范围的药品，乙类为部分纳入基本医保、个人适当支付的药品，丙类为营养品和儿童药品等自费药品。作为一种社会保障制度，为保障基本医疗用药，合理控制药品和医疗材料费用，这样的划分当然是可行和必要的，然而保险公司在三者险理赔中却经常将该标准作为核损的标准，本案中被告就是以此标准来核定损失进而得出原告 217808.90 元赔偿的部分金额是不合理的、应予剔除的结论。首先，被告的做法不符合保险合同的约定，在被告提供的《机动车辆第三者责任保险条款》第 6 条约定，被保险人或其允许的合格驾驶人员在使用保险车辆过程中发生意外事故，致使第三者遭受人身伤亡或财产直接损毁，依法应当由被保险人承担的经济赔偿责任，本公司按照《道路交通事故处理办法》规定的赔偿范围、项目和标准以及本保险合同的约定，在保险单载明的责任限额赔偿金额。纵观其全部 38 条条款，并没有关于赔偿标准参照基本医疗保险标准的约定，因此被告在费用方面的抗辩是不成立的。其次，被告的做法也是不符合保险合同的目的的，基本医疗保险制度作为社会保险，其设置的目的在于为人们提供基本医疗保障，是广泛的也是低层次的保障，而商业保险的基本功能在于消化损失、分散危险，其商业性决定了其较高的费用以及较高的保障，在机动车辆投保人不可能以基本医疗保险标准来赔付交通事故受害人损失的情况下，他必然希望通过签订保险合同获取损失补偿以转移车辆运行的危险，否则第三者责任险也就失去了其存在的一些意义。因此基本医疗保险的报销标准在本案中不能作为第三者责任保险理赔的标准。

（载于浙江省高院《法官培训案例选读》）

宁波爱斯姆汽车饰品制造有限公司诉葛红莉劳动争议案

徐望霞*

【要点提示】

劳动争议案件中对加班事实的举证责任应当分配给劳动者。对用人单位作出的解除劳动合同的决定的合法性，应当由用人单位承担举证责任。

【案例索引】

一审：宁波市鄞州区人民法院〔2009〕甬鄞民初字第 3491 号（2009 年 12 月 17 日）

二审：宁波市中级人民法院〔2009〕浙甬民一终字第 200 号（2010 年 3 月 3 日）

【案情】

原告（被告）：宁波爱斯姆汽车饰品制造有限公司。

被告（原告）：葛红莉。

宁波市鄞州区人民法院经审理查明：被告与宁波广业人力资源开发服务有限公司曾先后三次签订《派遣员工劳动合同》，约定自 2005 年 10 月 19 日起由该公司将被告派遣至原告公司工作，派遣期间工资由宁波广业人力资源开发服务有限公司支付，实行计件工资制。最后一份派遣合同的期限为 2007 年 10 月 17 日至 2008 年 10 月 16 日。后原、被告于 2008 年 11 月 5 日签订劳动合同一份，该合同约定，被告进入原告单位任操作工，月岗位工资

* 宁波市鄞州区人民法院民事审判第四庭庭长助理。

为 960 元，合同期限为 2008 年 10 月 18 日至 2011 年 10 月 17 日。被告在职期间双休日加班 179 小时，平时延时加班 171 小时。月实际平均工资为 1575.68 元。原告分别于 2009 年 1 月 21 日、2009 年 6 月 5 日及同年 6 月 8 日以被告旷工、散布不良言论和扰乱公司正常生产为由向其出具 4 份处罚通知，并于同年 6 月 9 日书面通知被告解除劳动关系。后原告向宁波国家高新技术产业开发区劳动争议仲裁委员会申请仲裁，该委于 2009 年 9 月 7 日作出仲裁裁决，裁决原告向被告支付 2008 年 10 月 18 日至 2009 年 5 月 31 日加班工资 256.02 元及 25％的经济补偿金 64 元；原告向被告支付违法解除劳动合同的赔偿金 3151.36 元。

原告起诉兼答辩称：被告于 2008 年 10 月 18 日进入原告公司上班，双方签订了书面的劳动合同，约定月工资为 960 元。被告在上班期间所有的加班工资都在工资中予以发放。后因被告严重违反公司的规章制度，原告与其解除了劳动关系。因此原告对宁波国家高新技术产业开发区劳动争议仲裁委员会作出的仲裁裁决不服，诉至法院，请求判决原告无需向被告支付 2008 年 10 月 18 日至 2009 年 5 月 31 日的加班工资 256.02 元及 25％的经济补偿金 64 元；无需向被告支付违法解除劳动合同赔偿金 3151.36 元。

被告答辩兼起诉称：被告于 2005 年 10 月 19 日与原告建立劳动关系，担任车工。最后一期劳动合同期限为 2008 年 10 月 18 日至 2011 年 10 月 17 日，实行计件工资制，2009 年原告发了三份处罚通知给被告，并于 2009 年 6 月 9 日解除了与被告的劳动关系。被告向宁波国家高新技术产业开发区劳动争议仲裁委员会申请仲裁，该委于 2009 年 9 月 7 日作出仲裁裁决，被告不服该裁决，诉至法院，请求判决原告向被告支付违法解除劳动合同的经济赔偿金 18452.23 元；支付 2007 年 6 月 1 日至 2009 年 5 月 30 日期间的加班工资 22114.50 元及 25％的经济补偿金 5528.63 元。

【审判】

宁波市鄞州区人民法院认为：发生劳动争议，当事人应当对自己的主张，有责任提供证据。原、被告双方对建立劳动关系的时间存在争议，但根据原告提供的劳务派遣合同，在 2008 年 10 月 16 日前，被告系由宁波广业人力资源开发服务有限公司派遣至原告单位工作，派遣期间的工资由宁波广业人力资源开发服务有限公司支付，故双方并非劳动关系，原告系被告的用工单位。在用工期间被告实行计件工资制，被告对该期间的加班情况未能提供证据予以证明，本院对被告要求原告支付该期间的加班工资的诉讼请求不予支持。原、被告自 2008 年 10 月 18 日始建立劳动关系，被告在职期间的双休日加班工资 1975.17 元（960 元÷21.75 天÷8 小时×179 小时×2 倍），平时延时加班工资为1415.17元（960元÷21.75天÷8小时×171小时×1.5倍）. 扣除原告已经支付的加班费2015.50元，尚有加班费1374.84元及25%的经济补偿金343.71元，被告应当向其支付。原告分别于2009年1月21日、2009年6月5日及同年6月8日以被告旷工、散布不良言论和扰乱公司正常生产为由向其出具三份处罚通知，并依据公司的规章制度，于2009年6月9日解除与被告的劳动关系。本院认为，原告对被告存在旷工、散布不良言论及扰乱公司正常生产的事实均不能提供相应的证据予以证明，故本院认定原告2009年6月9日解除与被告的劳动关系系违反《中华人民共和国劳动合同法》的行为，原告应按照经济补偿金标准的二倍向被告支付赔偿金3151.36元（1575.68元×1个月×2倍）。

浙江省宁波市鄞州区人民法院依照《劳动法》第2条，《劳动合同法》第47条、第48条、第87条，《工资支付暂行规定》第13条第1款第（1）、（2）项，《违反和解除劳动合同的经济补偿办法》第3条的规定，判决如下：一、原告（被告）宁波爱斯姆汽车饰品制造有限公司支付被告（原告）葛红莉2008年10月18日至2009年5月31日的加班工资1374.84元及25%的经济补偿金343.71元；二、原告（被告）宁波爱斯姆汽车饰品制造有限公司支付被告（原告）葛红莉违法解除劳动合同赔偿金3151.36元；三、驳回原告（被告）宁波爱斯姆汽车饰品制造有限公司的其他诉讼请求；四、驳回被告（原告）葛红莉的其他诉讼请求。

上述一、二项限原告（被告）宁波爱斯姆汽车饰品制造有限公司于本判决生效之日起10日内履行完毕。

一审宣判后，宁波爱斯姆汽车饰品制造有限公司不服提出上诉。称：公司的规章制度已经明确公示，葛红莉也签字认可，但工作期间多次违反规章制度，公司据此与其解除劳动关系，不必支付经济补偿金。葛红莉上班期间的加班工资已经全额支付在其每月工资之中，其也在工资单中签字确认，不应再向其支付加班工资。对原审认定的“葛红莉在职期间双休日加班179小时，平时延时加班171小时”有异议，认为应当按照有领导签字确认的加班申请单作为依据，而不能以考勤卡的打卡记录来计算加班时间。因为员工存在提前或者延后打卡的情形。

被上诉人葛红莉辩称：请求驳回上诉，维持原判。

宁波市中级人民法院经审理查明的事实与原审查明的事实一致。

宁波市中级人民法院认为：用人单位违反《劳动合同法》的规定解除或者终止劳动合同的，应当按照经济补偿标准的二倍向劳动者支付赔偿金。本案中，爱斯姆公司没有证据证明的情况下，以旷工、散布不良言论及扰乱公司正常生产等为由与葛红莉解除劳动关系，显属违法，应按照经济补偿金的两倍支付解除劳动合同的赔偿金。劳动者与用人单位对有无支付加班工资的事实发生争议的，应由用人单位对其已经支付加班工资的事实负举证责任。现爱斯姆公司未提供证据证明其已经足额支付葛红莉的加班工资，故应予以补足。对于爱斯姆公司提供的考勤记录，系其在一审时提供，欲以此证明葛红莉的“加班情况及已足额支付工资和加班工资的事实”，其关于应以加班申请单作为加班时间计算依据的主张未提供相应的证据予以证实，因此原告以考勤记录作为加班时间的计算依据并无不当，本院对爱斯姆公司的上述异议不予采信。综上，本案经本院审查，原判审判程序合法，事实认定清楚，上诉人之上诉理由难以成立，本院不予采纳。依照《民事诉讼法》第 153 条第 1 款第（1）项之规定，判决如下：驳回上诉，维持原判。本判决为终审判决。

【评析】

本案的主要争议焦点在于：劳动关系存续期间，劳动者是否存在加班及加班工资是否支付的举证责任如何分配，劳动者和用人单位各自的举证责任如何转移；用人单位作出的解除劳动关系的决定是否符合法律规定，该举证责任如何分配。

1. 用人单位对劳动者是否缺勤承担举证责任。根据《劳动法》第 4 条的规定：用人单位应当依法建立和完善劳动规章制度，保障劳动者享有劳动权利、履行劳动义务。考勤制度是单位重要的规章制度之一，用人单位应当依法建立相应的考勤制度，记录并约束劳动者履行劳动义务的情况。因此，在发生劳动争议时，用人单位如果主张劳动者缺勤、旷工的，应当承担相应的举证责任。本案爱斯姆公司主张葛红莉存在旷工，但未能提供相应证据证明，应承担举证不能的不利后果。

2. 劳动者对加班事实承担举证责任。在履行劳动合同的过程中，劳动者往往存在加班事实。但由于劳动者自身维权意识不高，在劳动争议产生前，很少注意保留加班的相关证据。在诉讼过程中对加班事实的举证责任的分配成为两难的问题。因为能够证明加班事实的考勤记录、加班审批单等都由用人单位保存，若将加班的举证责任分配给劳动者，其要取得该部分证据困难较大，造成往往存在加班的事实，但由于取证困难，劳动者的权利无法得到保护，使法院认定的法律事实与客观事实相背离。但若将存在加班的举证责任分配给用人单位，用人单位必须对不存在加班事实承担举证责任。这显然违反“谁主张、谁举证”的民事诉讼规则。另一方面，在实行审批制加班的单位，则其就必须对一个不存在的事实进行举证，显然也是无法举证的。综上，我们认为，应当将存在加班事实的举证责任分配给劳动者。首先这是与劳动争议司法解释的规定及《民事诉讼法》的“谁主张，谁举证”的原理相符的。其次，劳动者在履行劳动合同的过程是能够接触到证明其加班的相关证据的，只要劳动者提高自身的维权意识，相关证据仍可保留。

3. 用人单位对其作出的解除劳动关系决定的合法性承担举证责任。在劳动争议案件中，因用人单位作出的解除劳动关系的决定而发生的争议占案件比例的一半以上。而其中又以用人单位以劳动者严重违反公司的规章制度为由作出解除决定所占比例最大。根据劳动争议司法解释的规定：因用人单位作出的开除、除名、辞退、解除劳动合同、减少劳动报酬、计算劳动者工作年限等决定而发生的劳动争议，用人单位负举证责任。这种举证责任的分配是“谁主张，谁举证”原则的例外。是由用人单位和劳动者在劳动合同履行过程中的地位所决定的。用人单位处于决定者、管理者的地位，其较劳动者而言，在举证能力、条件以及所掌握的证据材料方面均占优势。而用人单位作出的解除劳动合同的决定，是以一定的事实和理由作为前提的，具有积极、主动和权利干预的性质。其应当对其决定提供相应的事实依据。

在审判实践中，用人单位以劳动者严重违反公司规章制度为由解除劳动关系，用人单位的胜诉率不足10%。究其原因，主要在于用人单位对其作出的决定举证不充足。《劳动合同法》第39条之规定：劳动者有下列情形之一的，用人单位可以解除劳动合同：……（二）严重违反用人单位的规章制度的；……。同时，《劳动合同法》第4条规定：用人单位应当依法建立和完善劳动规章制度，保障劳动者享有劳动权利，履行劳动义务。用人单位在制度。修改或者决定有关劳动报酬、工作时间、休息休假、劳动安全卫生、保险福利、职工培训、劳动纪律以及劳动定额管理等直接涉及劳动者切身利益的规章制度或者重大事项时，应当经职工代表大会或者全体职工讨论，提出方案和意见，与工会或者职工代表平等协商确定。……用人单位应当将直接涉及劳动者切身利益的规章制度和重大事项决定公示，或者告知劳动者。因此，用人单位应当对其规章制度的民主制定程序、民主公示程序、劳动者违反规章制度的具体情形以及劳动者的行为所造成的影响承担举证责任。本案中，爱斯姆公司主张葛红莉旷工、散布不良言论及扰乱公司正常生产，但对该事实不能举证，故承担举证不能的不利后果。经法院确认其解除违法，应承担支付赔偿金的法律责任。

综上，本案判令爱斯姆公司向葛红莉支付加班工资及解除劳动合同赔偿金是正确的。

（载于《人民法院案例选》2010年第2辑）

陈文章诉谢宗良等合伙协议纠纷案

龚媛媛* 郭敬波**

【案例索引】

一审：宁波市鄞州区人民法院〔2008〕甬鄞民二初字第2834号

二审：宁波市中级人民法院〔2009〕浙甬商终字第790号

【案情】

原告（上诉人）：陈文章。

被告（被上诉人）：谢宗良。

被告（被上诉人）：施风宇。

被告（被上诉人）：高苗德。

宁波市鄞州区人民法院经审理查明：2003年3月12日，原、被告四人签订《联营协议》一份，约定：原、被告及徐友权五人共同出资成立象山县祥龙石材厂，并对出资比例等作了约定，但徐友权未予同意，未在《联营协议》上签名。2003年3月25日，原告与谢宗良、施风宇、徐友权四人共同出资成立了合伙企业象山县祥龙石材厂，并签订了合伙协议，约定：谢宗良以实物出资280000元，占投资比例的28%，其余三人均以现金出资240000元，各占投资比例的24%；按出资比例分配利润、承担亏损。原告被选举为合伙企业事务执行人及负责人，办理了合伙企业的工商登记。2003年8月10日，陈文章、施风宇、高苗德三人签订《合股协议书》一份，约定：陈文章、施风宇在象山县祥龙石材厂投入480000元，分成三股，高苗德投入160000元，三人各有160000元股权；三人共同投资，共享利润，共担风险。高苗德将160000元汇

* 宁波市鄞州区人民法院民事审判第三庭助理审判员，法学硕士。

** 宁波市鄞州区人民法院姜山人民法庭副庭长，法律硕士。

入陈文章个人银行卡，原告陈述该款已用于象山县祥龙石材厂经营。同年 9 月份，高苗德又投入 80000 元，其出资变成 240000 元，对此原、被告均认为是四人合伙，按出资比例共负盈亏。2003 年 12 月份，徐友权退出合伙，陈文章、谢宗良、施风宇与徐友权签订退伙协议一份，约定：陈文章、谢宗良、施风宇分期退还徐友权合伙金 240000 元，并支付相应利息。徐友权退伙后，工商登记显示象山县祥龙石材厂投资人为谢宗良、施风宇、陈文章，原、被告未签订新的合伙协议。2004 年 4 月 6 日、8 月 23 日，象山县祥龙石材厂分别向柴永根借款 150000 元，柴利利借款 50000 元，张立借款 30000 元，上述借条均由象山县祥龙石材厂盖章及原、被告四人共同签名，其中柴利利一份借条上载明原、被告为象山县祥龙石材厂股东。2006 年 8 月 27 日，陈文章、高苗德出具给林玲借条一份，载明向林玲借款 80000 元，其中 20000 元系高苗德个人所借。2007 年 5 月 17 日，陈文章、高苗德出具给张林衮借条一份，载明向张林衮借款 80000 元，利息由二人各付一半。以上借款合计 390000 元，除林玲借款 80000 元中的 20000 元高苗德认为系其本人归还外，其余已由原告经手还清，借条原件由原告收回，但原、被告对是用企业资产归还还是用原告个人资产归还产生争议。2006 年 10 月至 11 月期间，原告四次汇入谢宗良个人账户共计 56970 元，谢宗良陈述该款已用于象山县祥龙石材厂经营。象山县祥龙石材厂于 2004 年 8 月 20 日出具给原告借条一份，载明向原告借款 80000 元，由象山县祥龙石材厂盖章及原、被告四人共同签名。2004 年 9 月至 2005 年 1 月期间，象山县祥龙石材厂出纳郑赛玲出具给原告借条四份，共计金额 35280 元，载明郑赛玲为经手人。徐友权退伙后，陈文章、谢宗良、施风宇未按约支付退伙款，徐友权向法院起诉，象山县人民法院于 2004 年 5 月 9 日判决陈文章、谢宗良、施风宇给付徐友权退伙费 200000 元，偿付利息 6201 元，并互负连带责任。该案在执行过程中，由原告三次交了执行款 90292 元。2006 年 10 月 28 日，象山县祥龙石材厂因未参加年检被象山县工商局吊销营业执照，但一直未经清算。原告经手处理了象山县祥龙石材厂的部分机器设备，所得款项原告陈述已付田租等。陈文章的个人银行卡还用于象山县祥龙石材厂部分资金进出，象山县祥龙石材厂在上海的一笔债权 40 多万元已由被告高苗德收取，高苗德陈述该款已用于象山县祥龙石材厂经营。象山县祥龙石材厂的账本两本，原、被告一致陈述一本在会计处，一本在高苗德处。

【审判】

宁波市鄞州区人民法院经审理认为：2003 年 3 月 12 日原、被告四人签订过《联营协议》；2003 年 8 月 10 日陈文章、施风宇、高苗德三人签订《合股协议书》，约定高苗德投入 160000 元，三人各有 160000 元股权，共享利润，共担风险；同年 9 月份，高苗德又投入 80000 元，出资变成 240000 元，原、被告均认为是四人合伙，按出资比例共负盈亏。综上，说明原、被告四人合伙意思表示真实，但当时象山县祥龙石材厂另一合伙人徐友权尚未退伙，高苗德入伙未经徐友权同意，高苗德并非象山县祥龙石材厂合伙人。徐友权退伙后，虽然原、被告未签订新的书面协议，但陈文章、谢宗良、施风宇均承认高苗德是象山县祥龙石材厂合伙人，被告高苗德自己也认为当初意思是原、被告四人合伙经营，按出资比例共负盈亏，且高苗德投资已到位，收取了象山县祥龙石材厂的应收款，保管了账本，以象山县祥龙石材厂股东名义与陈文章、谢宗良、施风宇共同对外出具借条，已实际参与了象山县祥龙石材厂经营管理，其入伙行为并未违反法律强制性规定，应为有效，本院认定高苗德系象山县祥龙石材厂合伙人，被告高苗德认为其入伙行为无效的辩称不成立。2006 年 10 月 28 日，象山县祥龙石材厂被吊销营业执照后，原、被告应对企业进行清算。由于未经清算，本案以下事实无法确认：1. 林玲借款 80000 元，张林衮借款 80000 元，均系陈文章、高苗德二人出具，无企业盖章及其他合伙人签名；原告四次汇入谢宗良个人账户 56970 元，被告施风宇、高苗德均表示不清楚；出纳郑赛玲出具给原告借条四份（计金额 35280 元），也无合伙企业盖章及其他合伙人签名；上述债务，是否入账，应经清算，查阅相关账本，否则无法确认是合伙企业债务还是相关个人所负债务。2. 柴永根借款 150000 元，柴利利借款 50000 元，张立借款 30000 元及象山县祥龙石材厂于 2004 年 8 月 20 日向原告借款 80000 元，上述借条均由象山县祥龙石材厂盖章及原、被告四人共同签名，可认定是合伙企业债务。但高苗德的 160000 元入伙款汇入原告个人银行卡，且原告经手处理了象山县祥龙石材厂的部分机器设备，所得款项也由原告收取，原告个人银行卡还用于合伙企业资金进出，原告所得款项是否已用于合伙企业也必须经过清算和查账，原告又系合伙事务执行人，其所还债务是个人出资还是用合伙企业资产归还无法确认。3. 即使原告垫付了部分合伙企业债务，象山县祥龙石材厂虽被吊销营业执照，但尚未注销，企业主体还存在，也应先由合伙企业财产先行清偿，不足部分再由三被告按出资比例分担，而合伙企业的资产负债情况也只有等清算后才能确定。综上，合伙企业未经清算，原告向三被告主张权利，依据不足，本院不予支持。至于原告三次交纳的执行款 90292 元，系陈文章、谢宗良、施风宇与徐友权因退伙纠纷产生的款项，与被告高苗德无关，不属于本案原、被告四人合伙纠纷处理的范围，原告可另行向谢宗良、施风宇主张权利。依照《合伙企业法》第 20 条、第 28 条、第 38 条、第 43 条、第 85 条第（6）项、第 86 条第 1 款规定，判决如下：

驳回原告陈文章的诉讼请求。

一审宣判后，上诉人陈文章不服一审判决，上诉至宁波市中级人民法院。二审经审理查明的事实与原审一致，依照《民事诉讼法》第153条第1款第(1)项、第158条之规定，判决如下：驳回上诉，维持原判。

【评析】

从世界各国立法例来看，对于解散和清算的关系有两种制度：一是“先清算后解散”，一是“先解散后清算”。对于前者，其解散即意味着法人人格（合伙主体资格）的消灭；而后者，解散并不表明法人人格（合伙主体资格）消灭，而仅仅是法人人格（合伙主体资格）终止的原因，法人人格（合伙主体资格）的终止应以清算完毕并办理注销登记为标志。从我国现行法律规定和司法实践看，我国采用的是“先解散后清算”制度，即公司（合伙）解散必须依法清算并办理注销登记手续后，其法人人格（合伙主体资格）始得终止。公司（合伙）进入市场和退出市场虽然是出资者的权利，但其作为法律拟制的民事主体，其权利是要受到国家意志干预的。即其进入市场和退出市场的自由是建立在不侵犯国家、社会、债权人利益基础上的。只有合伙主体资格“善始”又“善终”的社会才是一个有秩序的社会。公司（合伙）解散必须成立清算组织，负责对公司（合伙）进行清算。清算组织（清算人）负责对公司（合伙）的债权债务进行了结。

然而在实践中，工商行政管理部门根据《企业法人登记管理条例》有关规定，对大量仅提交了主管部门或清算组织出具的负责清理债权债务文件而未清算的公司（合伙）办理了注销登记。这种做法给司法实践造成了不应有的困惑。许多合伙一旦被工商管理部门吊销营业执照之后，就将合伙放在一边，根本不启动清算程序，对于合伙的债权债务消极对待，直至合伙人或者债权人就债权债务纠纷诉至法院，才发现所诉之账目根本无法辨认到底是合伙的债务还是个人的债务，这种困境又为合伙本身的财务会计制度不健全而加剧。法院面对各方说辞和混乱不堪的合伙账目，仅凭一己之力也无法作为，从而做出公正的裁断。

因此在实践中，清算程序发动之司法救济不足和清算义务人不作为之责任认定是急需解决的两个问题，故一是应当从规范解散清算入手，制定和完善特别清算程序。清算程序是保护债权人利益的最后一道屏障。公司（合伙）的解散和清算应表现为一种联动机制，清算程序的不完善，对公司（合伙）的解散有着极大妨碍。清算制度本身是一种程序制度，目的是为了使清算结果公平，即通过正义的程序保障实体的公正。故在普通清算存在严重障碍无法进行时，应由司法部门启动特别清算程序，以保障清算的顺利进行。二是明确清算义务主体未依法清算时的民事责任。如对清算开始前隐匿、私分或无偿转让财产行为；非正常压价出售财产行为；对原无担保债务提供担保行为；对未到期债务提前清偿行为；放弃债权行为等，只要能证明股东滥用法人人格，恶意解散逃废债务，则可直接追究其民事责任。

（载于《人民法院案例选》2010年第1辑）

钟向健诉解红光等健康权纠纷案

郭敬波*

【案情】

原告：钟向健。

法定代理人：钟国政（系原告钟向健的父亲）。

被告：解红光。

被告：孙江萍。

被告：宁波市鄞州区东方文武学校。

原告钟向健与解韬均系被告文武学校的学生，两人寄宿该校且同住一个寝室。2009年4月3日中午午睡刚起床两人发生争执，钟向健被解韬踢伤。当时寝室里并无被告文武学校的老师和其他保育人员在场。事故发生后，被告文武学校未及时进行救治并通知双方家长。当天下午原告父母到学校看望原告时，发现原告受伤，将原告送至宁波市妇儿医院治疗，诊断为骨盆骨折和会阴部软组织损伤。原告住院治疗11天，出院后又继续进行门诊治疗，共花费医疗费（含骨盆托支器费用）5584.80元、交通费230元。事故发生后，被告解红光和孙江萍向原告支付了4200元。解韬系被告解红光、孙江萍的儿子，2000年9月3日出生。原告与解韬入学时，被告文武学校均向他们收取了保姆费。

原告钟向健起诉称：原告因该起伤害共花费医疗费、护理费等各项费用共计14709.80元，被告解红光和孙江萍系解韬的监护人，应对解韬的侵权行为承担赔偿责任。被告文武学校对被告解红光、孙江萍的上述赔偿责任承担连带责任。

被告解红光、孙江萍答辩称：学校在管理上是有过错的，应承担相应的赔偿责任。即使解韬有责任，也应列解韬为被告，而不是其父母。

被告文武学校答辩称：事故发生的时候是学生自由活动时间，不属于上课

* 宁波市鄞州区人民法院姜山人民法庭副庭长，法律硕士。

的监管范围。

【裁判】

宁波市鄞州区人民法院经审理认为，无民事行为能力人造成他人损害的，由其监护人承担民事责任，被告解红光和孙江萍提出其不是适格的被告，缺乏法律依据，本院不予支持。事故发生时原告只逾5岁，解韬也只逾8岁，由于他们均寄宿在被告文武学校，脱离其监护人的照看，监护人应视为已尽了监护责任，可以适当减轻他们的民事责任。而作为负责他们日常生活的被告文武学校理应尽到谨慎、细致的照顾义务，而从本案的发生时间看，本起事故发生在原、被告午睡刚起床，当时并未有被告文武学校的成年职员负责看管、照顾。事故发生后，被告文武学校也未及时进行处理。庭审中，被告文武学校也承认是在原告父母到校探望原告时才发现原告受伤的事实。综上，被告文武学校在该起伤害中在管理和保护上存在明显过错，应承担相应的赔偿责任。原告认为被告解红光和孙江萍与被告文武学校之间的民事责任是连带赔偿责任，缺乏法律依据。故一审判决：原告钟向健的医疗费、护理费等各项费用共计14709.80元，由被告解红光、孙江萍承担40%的责任，即5883.92元，扣除已支付的4200元，尚应赔偿1683.92元；被告宁波市鄞州区东方文武学校承担60%的责任即8825.88元。判决后，原、被告双方均未上诉，本判决已发生法律效力。

【评析】

（一）对监护责任性质的争议

《民法通则》关于民事主体资格，仅规定了权利能力与行为能力，没有责任能力的明确规定。理论上有将责任能力依据行为能力的规定予以认定的，而事实上行为能力是法律赋予民事主体以自己的行为参与民事法律关系取得权利并承担义务的资格，其行为指民事法律行为，而责任能力是因为过错侵害了他人权利承担责任的资格，只有对过错和过错行为导致的损害后果有识别能力的人，才应该承担责任。

但责任能力与行为能力，都是以识别能力为基础，只有达到一定年龄并有相当智力水平的人，才有识别能力。所以，对于未成年人侵权案件，通行的做法是按照未成年人行为时有无“识别能力”来确定个人是否承担侵权责任。比如我国台湾地区对于未成年人侵权案件，按照未成年人有无“识别能力”和法定代理人“能否举证免责”，将其中的责任分为四种类型：未成年人有识别能力时，未成年人与法定代理人负连带赔偿责任；未成年人无识别能力时，法定代理人负单独责任；未成年人有识别能力，但法定代理人已举证免责，未成年人负单纯责任；未成年人无识别能力，法定代理人已举证免责，未成年人负衡平责任。

《民法通则》第 133 条规定：无民事行为能力人、限制民事行为能力人造成他人损害的，由监护人承担民事责任。监护人尽了监护责任的，可以适当减轻他的民事责任。有财产的无民事行为人、限制民事行为能力人造成他人损害的，从本人财产中支付赔偿费用。不足部分，由监护人适当赔偿，但单位担任监护人的除外。《最高人民法院关于贯彻执行〈中华人民共和国民法通则〉若干问题的意见（试行）》第 161 条第 1 款规定：侵权行为发生时不满 18 周岁，在诉讼时已满 18 周岁并有经济能力的，应当承担民事责任；行为人没有经济能力的，应当由原监护人承担民事责任。

《侵权责任法》延续了《民法通则》的有关规定，第 32 条规定：无民事行为能力人、限制民事行为能力人造成他人损害的，由监护人承担侵权责任。监护人尽到监护责任的，可以减轻其侵权责任。有财产的无民事行为能力的、限制民事行为能力人造成他人损害的。从本人财产中支付赔偿费用。不足部分，由监护人赔偿。

对于无财产或者财产不足以赔偿的，监护人承担的责任到底是“自己责任”还是“替代责任”，在理论上有比较大的争议。

（二）适格的被告的角色确定

这一争议直接导致未成年人侵权案件中确定“被告”主体的争议。在司法实践中，有的以监护人为被告，有的以被监护人为被告，也有的以监护人和被监护人为共同被告。

在审判中有的法院尊重了原告自己的选择，而有的法院则依当事人的申请或依职权追加监护人、被监护人或者学校等其他主体为被告。

在判决方式上，有的法院按照“无民事行为能力人、限制民事行为能力人造成他人损害的，由监护人承担侵权责任”的规定，直接判令监护人承担赔偿责任。有的法院则按照“有财产的无民事行为能力的、限制民事行为能力人造成他人损害的，从本人财产中支付赔偿费用。不足部分，由监护人赔偿。”的规定，判令被监护人承担赔偿责任，不足部分，由监护人承担。

概念乃是解决问题所必需的和必不可少的工具。没有限定的专门概念，便不能清楚地和理智地思考法律问题。[①] 为弄清楚谁是适格的被告，必须回到

---

① ［美］博登海默：《法理学——法律哲学及其方法》，华夏出版社 1987 年版，第 465 页。

"被告"的概念上来。民事诉讼中的被告是指被诉称侵犯原告民事权益或者与原告发生民事权益争议，被人民法院传唤应诉的人。[①]《侵权责任法》实行"行为人为自己的行为负责"的原则，因此，一般来说，行为主体与责任主体是统一的，行为主体是适格的被告。但是，为了更好地保护受害人的权益，诸如"替代责任"的出现逐渐淡化了这种对应关系。也有观点认为，"替代责任"本身就是一种语音表达的错误，非但监护人监护责任不是替代责任，包括《侵权责任法》规定的用人单位承担、雇主承担的侵权责任，也都是"自己责任"而非替代责任。

事实上所谓的"替代责任"，只是为解决行为主体与责任主体分离时一种称谓而已，"替代"的有因性不但取决于行为主体与责任主体的特殊的关系，而且取决于法律的直接规定，而不是无因的取代。所以，纠结于"替代"的字面语意，显然无益于解决实际问题。

我们应当在现有的法律框架下讨论未成年人有无被告资格的问题。因为民事责任是私法责任，它有别于刑事责任与行政责任，主要是财产责任，只要有财产就有履行民事责任的条件。并且，我国法律无"责任能力"的相关规定，而是以未成年人有无"财产"来确定其是否应当承担赔偿责任，所以，有无"财产"在确定未成年人的被告主体资格中起到了决定性作用，"有财产"的无民事行为能力的人和限制民事行为能力的人，也应当是适格的被告。

虽然当事人的财产情况不是其是否具备适格被告的必要条件，但不可否认民法上许多规定都是以财产作为承担民事责任的基础。比如年满 18 周岁行为人致人损害但没有经济收入的，应由扶养人垫付，就体现了财产状况对于适格被告确定的重要性。

（三）监护人可否申请追加被告

这样以是否应当承担实体义务来判断是否是适格的被告，会引来另一种质疑：把当事人与真正的实体权利义务主体画上等号，犯了先进行实体审查后进入诉讼程序的诉讼逻辑错误。

而事实上，民事诉讼当事人的确定并不单纯属于民事诉讼法的问题，必须依靠确认民事实体法律关系来解决。民事实体法上的民事主体与民事诉讼法上的诉讼主体具有同一性，看被告是否适格必须要看在具体的实体法律关系中其是否为该实体法律关系的相对方。并且，实践中以实体义务可能的承担者为被告也是原告在确定诉讼对象时的主要参考标准。

因为在民事诉讼中究竟将谁列为被告，在不损害社会公共利益和第三人合法权利的前提下，应由原告自主决定。所以，在有财产的侵权行为主体即被监

---

① 常怡等：《民事诉讼法学（第三版）》，中国政法大学出版社 2010 年版，第 124 页。

护人与侵权责任主体的监护人都是适格的被告的情况下，应尊重原告的选择权。一般来说，在被监护人财产状况不明的前提下，原告不会单独选择被监护人为被告。但如果原告单独选择监护人为被告，如本案判决所述，监护人抗辩自己不是适格的被告的理由是不能成立的，但监护人能否以被监护人“有财产”而申请法院追加被监护人为被告呢?

这涉及被告可否申请追加被告的问题。《民事诉讼法》第 119 条规定：必须共同进行诉讼的当事人没有参加诉讼的，人民法院应当通知其参加诉讼。《最高人民法院关于适用〈中华人民共和国民事诉讼法〉若干问题的意见》第 57 条规定：必须共同进行诉讼的当事人没有参加诉讼的，人民法院应当依照《民事诉讼法》第 119 条的规定，通知其参加，当事人也可以向人民法院申请追加。

有观点认为，如果同意被告申请追加被告，实际上就是混淆了被告与原告的权利，原告方的合法权益就得不到保障。[①] 笔者认为，司法解释使用了“当事人”而非“原告”，应当包括“被告”在内。并且，监护人的赔偿责任，是在被监护人财产赔偿后的“不足部分”，赔偿有一定的先后顺序，所以，此种情况被监护人属于“必须共同进行诉讼”的当事人，人民法院可以依申请或依职权追加其为共同被告。非但被监护人，包括负有教育、管理义务的学校可能有责任的，监护人也可以申请追加其为被告，这样更有利于查清案件事实，分清责任。如果原告不同意追加被告，则法院应当向原告释明，这样等于放弃了应追加的被告可能承担的赔偿份额。

当然，何谓“有财产”，数十元的压岁钱算不算“有财产”，以及在审判过程中能否查清被监护人财产状况是个实际问题。笔者认为，如果能查清被监护人的财产状况，可以判决由被监护人、监护人独立承担各自的责任。因为被监护人无法对其财产行使直接的管理权，所以在诉讼中尽可能对这部分财产进行保全。如果无法查清被监护人的财产状况，也不能因此而轻易否定了被监护人被告的适格性，对于监护人与被监护人应承担的份额，应当判决由被监护人承担，不足部分，由监护承担，如果案件进行执行程序，再对被监护人与监护人的财产状况进行审查，以保证案件及时审结。

（载于最高人民法院《民事法律文件解读》2010 年第 9 辑）

① 董林华：《关于民事诉讼中“被告能否申请追加被告”问题的探讨》，载《法学杂志》2009 年第 2 期。

主债务已判决并执行完毕，对利息出具无履行期限的欠条诉讼时效何时起算

陈文生 *

【要点提示】

主债务已判决并执行完毕，对利息被告出具无履行期限的欠条，诉讼时效何时起算，直接关系当事人对于债务承担的问题。

【案例索引】

一审判决书：宁波市鄞州区人民法院〔2009〕甬鄞商初字第 2907 号，判决时间：2010 年 5 月 17 日

【案情】

原告：王明国。

被告：王益平。

1996 年 2 月至 9 月，被告王益平分五次向原告王明国累计借款 70000 元未还，原告起诉后，法院于 1999 年 12 月判决被告归还该 70000 元，被告未履行，原告申请执行后，被告名下的楼房一间一弄作价 19932 元执行变卖给原告，余款 53968 元（含诉讼费、公告费 3900 元）双方达成执行和解协议，被告从 2000 年 8 月起每月支付原告 500 元，至付清为止，被告于 2009 年 10 月份付清了最后一笔执行款。但就该 70000 元借款在起诉之前的利息，原告于 2001 年单独向被告主张，被告向原告出具了欠条，但未归还，后经原告催讨，被告于 2005 年 10 月份向原告调换了欠条，载明欠原告从 1997 年 11 月至 1999

* 宁波市鄞州区人民法院立案二庭庭长。

年 8 月，借款的利息 38500 元，但未约定还息时间，该 38500 元被告未归还。被告认为：其按法院判决归还原告全部欠款后，被告和原告之间的借款法律关系已终止，后被告给原告出具欠条，是对 1997 年 11 月到 1999 年 8 月间利息款的结算，在原、被告间形成新的债权债务关系，被告在 2005 年 10 月给原告调换了欠条，后原告未向被告进行过催讨，故欠条已过诉讼时效。请求驳回原告诉讼请求。

【审判】

宁波市鄞州区人民法院经审理认为：

原、被告双方民间借贷及支付利息的关系，系民事主体真实的意思表示，未违反法律、法规的强制性规定，法院予以确认。原告履行了出借义务，被告出具欠息条后，拖欠不付显属无理，应立即予以支付。综上，根据《最高人民法院关于审理民事案件适用诉讼时效制度若干问题的规定》第 6 条、《合同法》第 60 条的规定，判决如下：被告王益平支付原告王明国借款利息 38500 元，于判决生效后十日内履行完毕。

【评析】

就本案诉讼时效起算时间问题，存在以下三种观点：

第一种观点认为，本案诉讼时效起算时间应为欠条调换之时，即 2005 年 10 月。本案中利息虽系借款本金的孳息，但欠条有别于借条，被告出具或调换欠条时，双方形成了新的债权债务关系，被告此后未还款，即侵害了原告的债权，因此依据民法通则的规定，诉讼时效期间应该从此时起算。

第二种观点认为，本案诉讼时效起算时间应为原告向被告催要欠款之日。本案中未约定还款期限的欠条属于不定期债权，不定期债权的当事人没有约定履行期限，当事人的债权始终处于圆满的状态，只有在债权人主张债权，债务人不履行时，其债权才受到损害，故诉讼时效的起算应自权利人主张之日起。

第三种观点认为，本案被告在 2005 年 10 月调换了欠条，双方确定了债权债务关系，但未确定付息期限，原告可以随时向被告主张付息，但应给予被告合理的宽限期，故不能认定原告持欠条向被告主张权利后诉讼时效即开始计算，只有在被告明确不履行债务，原告权利受侵害时，诉讼时效始起算。本案原告未证实在起诉前向被告主张过欠息，被告不支付该利息的情形尚未成就，故诉讼时效应从原告起诉时起算并已中断，原告起诉未过诉讼时效。

笔者同意第三种观点，理由如下：

第一，我国诉讼时效计算起点明确规定以权利被侵害时起始。《民法通则》

第 135 条、第 137 条规定，向人民法院请求保护民事权利的诉讼时效期间为二年。诉讼时效期间从知道或者应当知道权利被侵害时起计算。由此可见，我国诉讼时效期间的起算点以权利被侵害时为准，即“侵害论”。我国台湾地区的“民法典”第 128 条规定，消灭时效，自请求权可以行使时起算，以不作为为目的的请求权，自行为时起算。《德国民法典》第 198 条规定：消灭时效自请求权发生之日起开始进行。请求权以不作为目的，消灭时效自违反行为开始时进行。其第 99 条规定：权利人应催告债务人后始得请求给付时，消灭时效自得为催告之时开始进行，债务人于催告后须经过一定的期间始履行其给付者，消灭时效在此期间存续中不开始进行。《日本民法典》第 166 条第 1 款规定：消灭时效，自取得行使权利之时起进行之。由此可见，域外诉讼时效起算点通行的是以权利能够行使时作为判断标准，即坚持“请求权得行使之时”，即“行使论”。

第二，就侵权之债和约定履行期限债权而言，国内外的规定是一致的。就侵权之债而言，权利被侵害之时，请求权同时产生，也即权利被侵害之时与“请求权得行使之时”相一致。作为约定了履行期限债权而言，自履行期限届满始产生债权的请求权，债务人亦即产生了履行的义务，如未履行即侵害了债权人的债权，故约定履行期限债权请求权的产生时间和债权被侵害的时间完全一致。

第三，未约定履行期限之债权请求权成立时间和债权请求权得以行使的时间是一致的。由于债权属于请求权的一种，债权成立之时，请求权同时成立并能够行使，因而债权成立的时间和债权作为请求权得以行使的时间是一致的。债权成立以后，债务同时成立，债务不履行本身就是对债权的侵害。因此，债权成立之时，就是债权受到损害之时，同时也是债权请求权得以行使之时。未约定履行期限债权不具有请求权的属性，未约定履行期限债权需要确定债务履行时间以使得债权真正成立。故未约定履行期限债权不是真正意义上的债权，需要转化为约定履行期限债权才能行使债权的请求权。在未约定履行期限债权转化为约定履行期限债权以后，债权的请求权成立时间和债权被侵害的时间就获得了一致性。

第四，本案欠条未约定履行期限，对双方未约定还款期限的欠条，属于合同中未约定履行期限的情形，根据《最高人民法院关于审理民事案件适用诉讼时效制度若干问题的规定》第 6 条：未约定履行期限的合同，依照《合同法》第 61 条、第 62 条的规定，可以确定履行期限的，诉讼时效期间从履行期限届满之日起计算；不能确定履行期限的；诉讼时效期间从债权人要求债务人履行义务的宽限期届满之日起计算，但债务人在债权人第一次主张权利之时明确表示不履行义务的，诉讼时效从债务人明确表示不履行义务之日起计算。本案原告未证实向被告主张过欠息，被告亦无不履行债务的明确表示，故诉讼时效尚未起算。实践中权利人往往诉称主张过权利，若据此推定宽限期已过，一般会作出不利于权利人的判断，故此时应审查义务人是明确表示不履行义务还是要求再给予宽限期且双方达成新的合意。另根据《最高人民法院关于审理民事案件适用诉讼时效制度若干问题的规定》第 12 条规定，当事人一方向人民法院提交起诉状或者口头起诉的，诉讼时效从提交起诉状或者口头起诉之日起中断，诉讼时效从原告起诉时已中断，原告起诉未过诉讼时效。

（载于《宁波审判研究》2011 年第 3 期）

保险条款解释应遵循合理期待原则

陈红兵*

【案情】

原告宋某在被告某保险公司投保了一份重大疾病保险，其中约定重大疾病范围有，“慢性肾衰竭”，保险金额为50000元。该保险条款第23条第9款第4项，“慢性肾衰竭：是指两个肾脏慢性且不可康复的衰竭而必须且已进行定期透析治疗者”。在保险期内，原告被诊断为系统性红斑狼疮、狼疮性肾炎、慢性肾衰竭、肾功能不全，且两肾功能不可逆转衰竭，医院建议透析治疗，但原告未进行透析治疗。原告向被告理赔时，被告认为原告宋某所患疾病不属于理赔范围，原告遂提起诉讼。

【审判】

法院经审理认为，本案被告拒赔的主要理由就是该保险条款释义中对“重大疾病”的解释，该保险条款第23条第9款第（4）项“慢性肾衰竭：是指两个肾脏慢性且不可复原的衰竭而必须且已进行定期透析治疗者。”该解释中对进行透析治疗的限制是被告的一个单方解释，其解释内容明显违背了保险条款设立的目的，使双方给付代价相对等的利益关系失衡，将应当由保险人承担的责任排除在保险责任之外，使得投保人获得理赔权利变小。保险合同是一个权利义务对等合同，保险人单方界定的重大疾病范围不符合常人所理解的重大疾病范围。被保险人如要得到保险人的赔偿，不仅要得规定的病，还要按规定的方法诊断与治疗，缩小了投保人获得理赔的范围，违背了保险条款设立之目的，使双方给付代价相对等的利益关系失衡，让投保重疾病险的目的失去了价值和意义，故该解释对投保人不产生法律效力。据此，法院判决被告于判决生

* 宁波市鄞州区人民法院副调研员、执行局审判员。

效后十日内支付原告宋某赔偿款 50000 元。

一审宣判后，双方当事人均未提出上诉，判决已发生法律效力。

【评析】

（一）以手术方式确定“重大疾病”的不合理性

重大疾病保险是当被保险人在保险期间内发生保险合同约定的疾病、达到约定的疾病状态或实施了约定的手术时，给付保险金的健康保险产品。重大疾病保险的根本目的是为病情严重、花费巨大的疾病治疗提供经济支持。

消费者购买了重大疾病险后，会认为如果被医院诊断为所保险的疾病，就肯定可以得到保险金赔偿。但是，实践中各大公司的重疾病产品对疾病种类、疾病状态甚至疾病本身的定义都没有基本的标准，在重疾本身之外设定或多或少的保险金给付条件，如果被保险人没有满足这些条件，即使在医院得到确诊，亦无法得到赔付。这样，造成保险条款上作为赔付条件的“重疾”与消费者普遍信任的临床医学上的“重疾”定义存在着差别，造成了消费者购买重疾险的预期与实际情况的差距。

本案中，保险公司在保障合同中不但规定了重大疾病的种类，而且对应赔偿的重大疾病作出了释义，释义中规定被保险人如要得到保险人的赔偿，不仅要得规定的病，还要按规定的方法诊断与治疗。这一方面是保险人从降低理赔率、争取更大利润的角度考虑的结果，另一方面，也证明了这些条款明显对得患重大疾病的被保险人而言是不利的。仅仅因为所做手术方式与合同约定不符，保险公司就认为原告所患疾病不属于约定的重大疾病范围。这显然不符合人们的通常理解和被保险人的合理期待。

按照一般人通常的理解，重大疾病并不会与某种具体的手术方式相联系。对于被保险人来说，其在患有重大疾病时，期望采用先进的、科学的、风险更小的手术方式得到有效治疗，而不会想到为确保重大疾病保险金的给付而采取保险人限定的手术方式。所谓的透析无非是印证肾衰已经到了内服药不能起到治疗效果的地步，如果肾衰已经到了这一地步，说明已经具备理赔条件而已。

再者透析费用很高，即便可以预期随后这些费用将由保险公司承担，但前期的支付一些困难家庭也负担不了。以具体的“手术方式”限定重大疾病范围将会产生被保险人合理的投保期待无法实现的结果。另外，重疾险的保险期往往为终身，在如此长的时间内，医学必定会发展变化很大，以被保险人投保时的手术方式来限定若干年后被保险人患重大疾病时施行的手术，也不符合医学的发展规律。

（二）保险条款解释应遵循“合理期待”原则

合理期待原则是指当保险合同当事人就合同内容的解释发生争议时，应以投保人或被保险人对于合同缔结目的的合理期待为出发点，对保险合同进行解释。合理期待原则由美国法院于20世纪70年代倡导并得到发展。1970年，美国的基顿法官在总结美国近40年保险判例的基础上，发表了《在保险法上存在的与保单条款相冲突的权利》一文。该文指出：“许多保险判例的判决名义分别以疑义条款解释法则、显失公平、公共政策、禁止反言等法理作为裁决的理由，但它们实际上体现了一种共同的理念和判断，这就是以满足被保险人的合理期待为导向。”

合理期待原则超越了传统的歧义解释原则，认为保险合同条款文义明确，并无疑义，法院仍然可以探求被保险人的合理期待而作出与条款文义不同的解释。亦即是说，合理期待原则的适用，并不以保险合同有疑义为前提。可见，合理期待原则在一定意义上超越或背离了“明示合同条款必须严守和履行”这一合同法的传统思想。

强调契约的实质正义，并为实现这一正义而对已偏离自身轨迹的契约自由进行规则，就如契约理论创立契约自由原则的意义同样重要。契约理论强调契约自由是因信奉“契约即正义”，而对滥用的契约自由进行规制也是为了实现正义，二者的方向和手段不同，但目的是一致的，这是深层的经济生活发生变化的结果。

那么如何理解合理期待原则中的“合理”呢？也即合理的判断标准是什么？要回答这些问题非常困难，英美法系至今未对何为“合理”提出一个明确的标准。笔者认为合理期待之“合理”旨在考察一个理性外行人对保险合同的期待，但考察被保险人对保险合同的实际期望也是一个重要因素。如果被保险人实际知道保险人提供的保单明确表明其期望不在承保范围，而一般来说，被保险人的实际期望不是合理的期待。因为即使从一个理性外行人的角度看，任何一个人如果已经知道保险人提供的保单不对自己的期望提供保障，则不应该继续在此种保单下进行保险。

《合同法》第125条明确规定，当事人应当按照合同所使用的词句、合同的有关条款、合同的目的、交易习惯以及诚实信用原则，确定该条款的真实意思。这一规定实际上采用了文义解释、整体解释、目的解释、习惯解释以及诚实信用解释等多种解释规则。合理期待原则与《合同法》第125条规定的合同目的解释有共通之处。合同订立的目的是当事人从事交易行为所希望达到的目的，合同本身也不过是当事人实现其目的的手段。当事人双方可能具有不同的合同目的，一方订约的目的和另一方订约的目的可能不同，但是从合同的内容和订约过程能够确定一方在订立合同时，能够意识到另一方所具有的订约目的，应当按照该目的来解释合同。

我国保险业处于发展初期，保险人在设计和营销保险中普遍存在滥用强势地位、违背诚实信用原则的行为，致使被保险人的合法权益无法得到保障。合理期待原则所倡导的优先保护被保险人利益的法理精髓，对于完善我国保险立法、促进保险市场的健康发展具有积极作用。

（载于《宁波审判研究》2011 年第 6 期）

无权利义务争议仅要求确认合同有效不符合起诉条件

韩 涛*

【案情】

苏D号面包车的登记车主为任某，后任某将该车卖给李某。2005年11月，该车发生交通事故致人死亡。交警部门认定肇事司机承担事故的全部责任，死者无责任。后死者的家人向A市法院提起诉讼，要求任某、李某承担赔偿责任。李某认为其已将该车卖给了何某，遂申请何某为被告参加诉讼。法院经审理认为，李某提出何某为实际车主，自己不承担赔偿责任的辩解意见，因其不能提供证据证明其与何某签订的车辆买卖协议具备真实性和客观性，故对李某的辩解意见不予采纳，遂判决李某承担赔偿责任。李某不服，向二审法院提起上诉。

在该案审理过程中，李某向何某住所地B市法院提起诉讼，起诉称：2004年9月18日，原告李某购买第三人任某的苏D号面包车一辆，双方签订车辆买卖协议一份，未办理过户手续。2005年8月10日，原告李某将上述车辆卖给被告何某，双方也签订了车辆买卖协议，协议载明：此车手续齐全；被告何某买受后，如有后果，原告李某不承担任何责任；车款原告李某已收；车辆过户由被告何某负担；等等。但被告何某未办理过户手续。李某请求判决确认原、被告于2005年8月10日签订的车辆买卖协议有效。

【裁判】

B市法院审理认为，原告李某和被告何某于2005年8月10日签订的车辆买卖协议，从形式上判断，该合同符合《合同法》规定的合同成立要件，依法

* 宁波市鄞州区人民法院民事审判第二庭审判员。

成立，在未经人民法院或者仲裁机构撤销或者确认无效之前，应推定该合同是有效的。根据该合同记载的内容和原告李某在起诉状中的陈述，原告李某已将该合同的标的物苏 D 号面包车交付被告何某，被告何某也已将车款支付原告李某，该合同已履行完毕，并未产生争议。因此，在没有任何人对该合同的效力提出异议的情况下，原告李某与该推定有效并已履行完毕的合同无直接利害关系，原告李某起诉请求确认该合同有效，不符合起诉条件，应予驳回。据此依照《民事诉讼法》第 108 条、《最高人民法院关于适用〈中华人民共和国民事诉讼法〉若干问题的意见》第 139 条之规定，裁定如下：驳回原告李某的起诉。

李某不服该裁定提起上诉。

二审法院审理认为，上诉人要求确认其与何某于 2005 年 8 月 10 日签订的车辆买卖协议有效，其诉讼目的是为了在交通事故死者继承人提起的交通事故损害赔偿纠纷一案中不承担责任。根据上诉人提交的法院判决书可知，上诉人在该案中已经提出如下抗辩：肇事车辆已出卖给何某，自己并非实际车主，不应承担损害赔偿责任，并为此提交了相关证据。法院根据李某的申请将何某追加为交通事故损害赔偿案件的被告，亦对上诉人的上述抗辩内容进行了审查，故，上诉人就此抗辩理由另行提起诉讼，不符合起诉条件。另外，关于上诉人提出的要求确认买卖合同效力问题。根据上诉人在诉状中及当庭陈述，车辆已经交付，买受人亦支付了合同对价，买卖协议已经履行完毕。买卖协议相对人未对合同效力提出异议，上诉人起诉要求确认合同有效，不符合起诉条件。原审法院据此裁定驳回上诉人的起诉并无不当。据此依照《民事诉讼法》第 153 条第 1 款第（1）项、第 154 条之规定，终审裁定如下：驳回上诉，维持原裁定。

【评析】

本案在审理中，关于原告李某的起诉是否符合起诉条件有两种意见：第一种意见认为，李某的起诉符合起诉条件，应予受理，审理后如不能认定车辆买卖协议具备真实性和客观性，可判决驳回原告的诉讼请求。第二种意见认为，李某在合同双方已按合同约定履行义务，合同相对人未对合同效力提出异议、双方未产生合同权利义务争议的情况下要求确认合同有效，不符合起诉条件，法院不应受理。本案一、二审法院均采纳了上述第二种意见，裁定驳回了原告李某的起诉。笔者认为法院的裁定是正确的，理由如下：

（一）对起诉条件的理解

民事诉讼遵循“不告不理”原则，没有原告的起诉，也就没有人民法院的受理、审理、审判活动。但人民法院并非对原告的所有起诉均予受理，只有符合起诉（受理）条件的起诉，人民法院才能够受理。我国民事诉讼法第108条规定：起诉必须符合下列条件：（1）原告是与本案有直接利害关系的公民、法人和其他组织；（2）有明确的被告；（3）有具体的诉讼请求和事实、理由；（4）属于人民法院受理民事诉讼的范围和受诉人民法院管辖。《最高人民法院关于适用〈中华人民共和国民事诉讼法〉若干问题的意见》第139条规定：起诉不符合受理条件的，人民法院应当裁定不予受理。立案后发现起诉不符合受理条件的，裁定驳回起诉。

笔者认为，民事诉讼的直接目的是解决民事纠纷即民事权利义务争议。因此，判断当事人的起诉是否符合起诉条件，就要通过其起诉意图、诉讼请求和事实理由等因素综合判断原告与被告之间是否存在民事纠纷，如果存在民事纠纷，那么原告的起诉便符合起诉条件，人民法院应予受理，如果不存在民事纠纷，那么原告的起诉便不符合起诉条件，人民法院不应受理。

（二）本案原告李某的起诉不符合起诉条件

原告李某起诉的意图是要求法院确认其与被告何某于2005年8月10日签订的车辆买卖协议为有效协议。根据原告李某的陈述，原告李某和被告何某均已按该协议履行了各自义务，原告李某已将车辆交付被告何某，被告何某也已将车款支付原告李某。被告何某也未对该协议的效力提出异议。故原告李某与被告何某就车辆买卖协议的效力并不存在民事纠纷。所以，原告李某起诉要求确认该协议为有效协议，不符合起诉条件，法院不应受理。

原告李某起诉的最终目的是为了通过确认该车辆买卖协议的效力，证明其已将肇事车辆卖给被告何某，从而在交通事故损害赔偿纠纷一案中不承担民事赔偿责任。原告李某对该车辆买卖协议的真实性和客观性负有证明责任，但在其与被告何某买卖车辆时无他人知晓、被告何某下落不明的情况下，原告李某又如何证明车辆买卖协议的真实性和客观性呢？笔者认为，在原告李某不能证明该车辆买卖协议的真实性和客观性的情况下，同样也是无法确认该协议为有效协议的。

（载于《人民法院报》2011年3月30日）

法治随笔

从“娘舅踩瓢”说“以判压调”

郭敬波* 陈亚女**

农村有“分家”的习俗，或是因为父母年迈不能主持家政，或是因为兄弟阋墙无法共处一堂。分家时要祭告祖先，家产在兄弟之间平分。分家一般由娘舅主持，娘舅插手外甥家事务在我国农村属于不成文的规定，娘舅也将平息外甥之间的争端当成一种义不容辞的责任，所以就有“为人生来莫当舅，当舅杂事就是稠”的说法。娘舅为证明自己的公道，主持分家时往往会邀请外甥家的叔伯等族人见证，在院子里摆上桌椅烟茶，娘舅居中而坐，众外甥分坐两边，其他族人以及看热闹的小孩围在下面，场面颇似今天的“巡回法庭”开庭审案。

笔者小时候也有幸看了一场“娘舅分家”的热闹。邻家两兄弟为财产分割吵得不可开交，一块木板也要从中锯开各得一半，在娘舅的劝说甚至呵斥之下，终于将其他家产分割完毕，独独忘了房檐下还挂着一个水瓢。水瓢是对半剖开的葫芦做的舀水用具，再一分两半就没了使用价值，两兄弟却都争着要。娘舅声色俱厉地说：“这个水瓢你们谁都别想要，归我了。”然后，把水瓢取下来放在地上，一脚踩下去，水瓢碎成数片。分家结束，兄弟俩各拿自己分得的家当散去。

娘舅分家的开场白一般是娘舅板着脸，拍桌子踢板凳地先把外甥在众人面前臭骂一通，给外甥戴上“不和睦、丢人、不孝”等伦理帽子，众外甥往往被骂得耷拉着脑袋，分家程序方正式开始，说白了就是先给纠纷双方一点“下马威”。

娘舅之所以能如此牛气，是因为他拿着“礼治秩序”的大棒。首先，娘舅处理外甥家务具有正当性，我国农村除了族长制之外，家庭内部矛盾娘舅出头

* 宁波市鄞州区人民法院姜山人民法庭副庭长，法律硕士。

** 宁波市鄞州区人民法院政治处审判员。

调停已经成了习俗。其次，娘舅处理外甥家务具有强制性，遇着蛮不讲理的外甥，娘舅动用武力教训外甥是很正常的事，“老娘舅，大石头”，强压外甥一头，说的就是这个理。另外，娘舅与外甥的具有亲情关系，农村有俗语“香不过猪肉，亲不过娘舅”，外甥作为晚辈一般来说是不敢翻脸的，顶撞娘舅如顶撞父母一样会被人视为“以下犯上”。

娘舅不偏不倚地通过摆事实、讲道理来以理服人，很有现代法官“居中裁判、辨法析理”的派头，而娘舅让外甥的族人见证自己分家的过程，也有点类似今天“阳光司法”的味道。在“娘舅踩瓢”中，如果娘舅真的把水瓢据为己有，即便是价值不大，也会引来两外甥“以权谋私”的责难。娘舅选择把水瓢踩破，利用两兄弟“我得不到的你也别想得到”的赌气心理，平息了纠纷。

如今中国独生子女一代已经成家立业，“娘舅分家”即便在农村也不多见了，家庭财产纠纷解决在法治秩序下逐渐被诉讼所代替。但是，现代的法官往往引法据律磨破了嘴皮，却没有当年娘舅的三言两语给力。其中原因正如费孝通先生在《乡土中国》中所说：“中国正处在从乡土社会蜕变的过程中，现代的司法制度在乡间发生了很特殊的副作用，它破坏了原有的礼治秩序，但并不能有效地建立法治秩序。”说白了，就是礼治的威严被打破，法治的威信还没有建立。

现代诉讼调解制度中调解权与审判权集于法官一身，这种双重角色经常让法官陷入两难之中，有时候想用相关的法律规范为当事人提供一些调解方案，却被当事人误认为法官是在暗示“你不同意该方案，将来判决不过如此”，是在“以判压调”。因为调解的双边妥协性与裁判规范的固定性矛盾，耶鲁大学教授欧文·费斯甚至坚决反对把调解引入审判权行使之中，他认为“充满妥协的调解剥夺了法院在行使审判权中厘清事实、诠释法律的机会，调解固然也能对个案起到定纷止争的作用，但却难以实现普遍的规则主义和法治正义。”

这种说法虽然有一定的道理，但在倡导“和谐社会”和提倡“案结事了”的大环境下，诉讼调解有着判决不可替代的优势，所以最高人民法院提出了“调解优先、调判结合”的原则。如何看待“以判压调”的问题呢？在矛盾纠纷和解过程中，存在着当事人之间的“合意性”解决强度和第三者有拘束力“决定性”解决强度的交融互动，过去娘舅分家过程中，外甥之间也有广泛的“合意”，娘舅适度提供一些指导性意见。但在无法达成一致意见时，娘舅的意见就有着决定性作用，娘舅礼治地位的权威性是保障意见具有“决定性”的前提。

在法治社会中，当事人采取任何纠纷解决方式，都必然要受到法律规范直接或者间接的影响，当事人应该想到如果诉诸法律，将会有何种裁判结果出现，换言之，就是当事人应该在“法律的压力”之下进行思维与选择，这种法律压力在诉讼过程中实际上就是裁判的压力。没有这股压力与当事人之间的合意相交融，纠纷双方往往很难达成一致意见。为什么许多经过多种渠道都无法调解的纠纷，最终在诉讼调解过程中能得以解决，就是这个原因。

西方法治社会相对健全，裁判结果的确定性与可预测性较强，当事人在对裁判结果基本准确预测的基础上，选择 ADR、诉辩交易等其他途径解决纠纷的可能性就高，所以，被称为“东方经验”的诉讼调解近几年却在国外更加异彩绽放。我国由于历史原因，人们的法律意识与法治观念尚不够强，在诉讼调解过程中，当事人对案件结果期待过高时，法官适当地给当事人“打打预防针”，通过指出案件实体、证据方面存在的问题，使其充分认识到诉讼的风险是必要的。

用现代法律的眼光看“娘舅踩瓢”，并不具有合法性。尽管娘舅没有以权谋私，损坏他人财物也是一种侵权行为。但因为娘舅分家一定程度上的强制性，所以娘舅的决定不容争辩。而在当前的诉讼调解中，法官只是依法提出调解方案，当事人可以选择不接受，即使法官作出了同样的判决，当事人仍然可以通过上诉来表达自己的意见。过去的娘舅可以拿起“礼教秩序”促成调解，现在的法官为何就不能说些“法律依据”让当事人有个相对准确的预期？因此，“以判压调”在某种意义上，只是过分强调调解自愿下的一个伪命题。当然，如果调解法官说出了“你这个案件赢不了”此类的话来要挟当事人，是违反审判纪律的，但仍然不能称之为“以判压调”，因为此时他说出了自己的判断，但并没有真正行使判断权。

法治社会并非全盘否定礼治，现代诉讼制度也并非杜绝过去好的纠纷处理方式。虽然目前我国已经建立起了人民调解、行政调解、仲裁调解等“大调解”格局，但“娘舅”们还应该继续发挥作用，特别是在家事纠纷中有所作为，为我们的和谐社会建设出把力。

（载于《人民司法》2011 年第 19 期）

判决书的“骨”感“肉”韵

张建昌*

我国古代不少官员都是文人出身，因此他们在处理民间纠纷或者断案裁判的时候，常常把文学诗词运用到判决之中，使判决书具有很强的文学色彩。如《笑林广记》载：杭州灵隐寺有位和尚叫了然，不遵戒行，常宿娼妓李秀奴家，并在自己手臂上刺字：但愿生从极乐园，免教今世苦相思。不久衣钵一空，秀奴与他绝交，了然一怒之下竟杀了秀奴。杭州知府苏东坡审完此案，判了然死刑，撰写判词《踏莎行》：“这个秃驴，修行忒煞。云山顶上持戒。一从迷恋玉楼人，鹑衣百结浑无奈。毒手伤人，花容粉碎。空空色色今何在？臂间刺道苦相思，这回还了相思债。”

目前的判决书语言，似乎无法脱离应用文书格式化的共性，读之有些生硬、乏味。但去年发生的“拔管杀妻”案件，广东省深圳市中级人民法院的判决书，让大家读到了如古代判词妙趣横生的韵味。判决书中这样写道：“文裕章与胡菁本系大学同学，两情相悦，成婚十载，感情和睦，儿女双全，家境优裕。岂料一朝胡菁隐疾发作，夫妻竟作天地之隔。被告人眼见爱妻救助无望，悲痛欲绝，不能控制自己的冲动情绪而将其妻身上所附抢救设施拔掉，不仅亲手致其妻死亡，己身亦触犯刑律锒铛入狱，一双儿女，恩爱顿失，此案此情，令人扼腕叹息……”

何家弘教授曾谈及法学与文学，他认为法学是严肃的，而文学是浪漫的，把法学融入文学可以增加文学的“骨”感，这也是何家弘教授文学创作惯用的一种方式。但反过来，能不能把文学语言融入判决书之中，增加裁判文书的“肉”韵，是一个值得研究的问题。

汉语善于表达情感细腻的意境，特别是古文言文常在一字推敲之上见真功。中国古代官员的判词评理中，诗化语言丰富了判决书的美感。但也应当看到的是，中国古代官员特殊的培养方式以及行政与司法合一的体制，不可能生成严格意义上的司法论证，使本应反映法律的判决书，却在一定程度上贬抑了

* 宁波市鄞州区人民法院刑事审判庭审判员，法学硕士。

法律及诉讼的地位与作用，甚至成了说教味很浓的道德宣言，判决书语言“美”中不足的是缺乏逻辑的严密性。

对于判决书语言的运用，传统观点认为，判决书是用以实施法律、处理各类诉讼事务的工具和凭证，其内容必然涉及各类实体法和程序法，具有强烈的法律专业特点。作为实用性很强的一种文体，判决书有其独特的交际领域、交际对象和交际职能，从语言的运用、表达方式到结构布局等诸方面形成了自身鲜明的文体特点。其语言追求表达的精确、明白，所以侧重于运用消极修辞手法，即所用的语言要求是概念的、抽象的、普通的，而非感性的、具体的、特殊的，以保持判决高度的客观性，体现其制作主体——司法机关是代表国家意志进行各种诉讼活动，而非某一个人的作品或建议，绝对排斥制作人员主观情感的渗透。

那么，是不是在裁判文书中就不能用个性的情感语言？笔者认为，在有些案件中，注意融情、理于法之中，结合具体案情对当事人进行人性化的说服，折射出法官的道德情感主张是必要的。特别是民商事案件是当事人之间民事权利义务的争议，制作裁判文书时，在以事实为根据、以法律为准绳的基础上，根据个案的特点，把情、理、法三者有机地结合起来，融情于法、理之中，对当事人进行语重心长的教育，不仅做到以理服人，以法服人，而且做到以情感人，以情动人，可以收到更好的社会效果。

由于法律极强的专业性，使得法律文化被“阳春白雪”地架空起来，很难为社会公众所感知，而判决书作为法律文化的一种载体，其一定程度上的枯燥性，也使得现代的判决书很难形成传世之作。那些用现代法律眼光审视漏洞百出的古代判词，之所以能流传至今仍被现代人津津乐道，也从另一方面彰显了文化的传播普及的强势与对公众观念塑造的优势。所以，在判决书充分运用法言法语使判决论证逻辑严密的同时，适当运用文学语言增加判决书的文化内涵，这样更能使判决不但“骨”感突出，而且“肉”韵十足。上述“拔管杀妻”案判决书中的用语方式，尽管有一定的争议，但不失为是一种有益的尝试。

（载于《人民法院报》2011 年 7 月 5 日）

因信仰而美

——在"活力司法 青春启航"青年论坛上的发言

张宝琴*

感谢我们团委给了我们一次畅谈的机会，也感谢各位领导的到来。

我从2002年开始到民二庭参加审判工作至今，办案也数十年了，在这里我就谈谈办案的一些感触和想法吧！说实话，我们院办案一线的法官也好，书记员也好，真的都是踏踏实实、兢兢业业。每个人的工作都不轻松，可以说是很累、很烦。当然我也是其中一个，虽然最近几年的办案数量不如以前多，但感觉是相当的累，不是一般的累。还记得刚办案时，还是在我们彩虹南路的法院，几个人一个办公室，每天有时候还有空聊聊天，但我连续几年办案数量都是庭里第一，好几年均是超过200件或近200件，而且全院也名列前茅，但也不觉得十分累，也很少加班。而现在加班成为一种常态，当加班成为一种常态时，生活便会出现一种疲态。记不得有多少次案卷带回家，在小小的书桌上摊满了材料加班到深夜里，也记不得多少次为了案子辗转反侧难以入眠，更记不得多少次在梦中也在进行送达、开庭、接待当事人。也许不是身边的人根本体会不到作为一名法官的艰辛。我们有个人民陪审员，他的女婿便是一名法官，他就对我多次说不当过人民陪审员还真不知法官的辛苦；而我先生也正是在亲眼目睹之后，特别是有一次我判决书写到凌晨，迷迷糊糊保存时，竟然将新的文档替换成旧的文档，当时真的是急哭了，把他也从床上叫起来，可凭他的水平也恢复不了，就叫我别忙了明天再弄，但我怕我明天起来思路又断了，所以一直重新写到凌晨三点多。我先生为此感触当个法官真是不容易！最近一年也就办150件左右，平均每月也就10件左右，但这10件案子里估计有9个判决，而判决书的常态也是20页至30页左右，字数均在1万字左右；而这判决书只是最后的作品，之前的劳动更是无法用语言来表达。所以说加班必须是常态的，这也就是我们法官生活的常态。

前段时间，跟我先生闲聊时，他说你们法院挺厉害的嘛，全国先进法院。

---

* 宁波市鄞州区人民法院未成年人案件综合庭庭长，法律硕士。

是的，这真的是个很高的荣誉，原来可能连想都没想过，但我想正因为我们张院长和全院同志有目标，有付出，才有了今天的收获，而这其中的过程的艰辛也不是我们所能体会到的。所以说目标真的很重要，否则正如我之上所说的，这种艰辛的工作早就把我们给压垮了。而作为一个法官来讲，我的目标非常之明确，也可以说就是一种信仰吧，那便是顺顺当当地办好每一个案子。而这顺顺当当看起来简单，而实际上包含了太多内容。首先，得坚持公正、公平地对待每一位当事人，只有这样双方当事人才能服判，才不会有上访事件的发生；其次，得坚持学习，只有扎实的业务水平才能保证每个案件的质量；再者，得慎之又慎，只有注意每个细节才能使繁杂的程序不出现任何差错！而正因为自己努力践行这些准则，所以数年来我承办的案件无人上访，还经常受到当事人的赞扬，比如办理原告桐乡市宝马经编有限公司与被告宁波市鄞州区伦迪菲制衣有限公司买卖合同一案中，这个案件原告虽与被告签订了买卖合同，但送货时只有被告仓库保管员签收，而被告又对收货人的身份予以否认。在此情况下，我向原告释明要求原告提供补强证据，后原告申请送货的个体驾驶员出庭作证，在充分审查证人证言真实性的前提下，查明了案件事实，支持了原告的诉讼请求。后被告上诉二审法院，二审法院亦维持了本院判决。当原告从执行法官顺利拿到执行款时，不禁感叹，原以为在外地来诉讼会遭遇地方保护主义，没想到两级法院均是如此公正！我想正是当事人对我的肯定，使我更加坚持自己的信仰，更加坚定自己的目标，多苦多累在那刻都烟消云散了，心里就是默念着一句话，“当一个法官值！”现在我们法院被评为全国优秀法院，我们感到肩负的责任更加重大了，正如我们张院长所说这个荣誉不是终点，而是更高的起点。我想作为一名鄞州法院的法官，我定当以更加饱满的热情投入到工作中去！

说了这么多，其实感触最深的是我觉得工作再苦再累，有信仰就值得，同时我更觉得工作是美丽的，而正因为努力的工作，我们会变更美丽的！

活力司法 青春起航

金 首*

感谢院团委，在我离青春渐行渐远的时候，给了我这样一个与青年人交流的机会。先给大家讲一个电影故事吧。

不知道大家是否看过“The Shawshank’ redemption”（肖申克的救赎）这部电影，中文译名很土，叫作“刺激 1995”（香港译为“月夜高飞”），主演是 Tim Robbins 和 Morgan Freeman 。电影叙述了一个银行家被误判为杀妻及其情人的凶手，背负两个无期徒刑锒铛入狱。在漫长的监狱生活中，用其狱友即 Morgan Freeman 的话说，每个人都必须找事干，以度过无聊的岁月。银行家通过无所不能的 Morgan Freeman 买到石槌，拾起久已忘怀的嗜好——雕刻。后又利用其聪明才智，建成了美国最棒的监狱图书馆，帮助所有的狱警填写税单，辅导那些轻罪的人考成人学历。在整个服刑过程中，他都怀着希望在和命运抗争，在构建贪得无厌的监狱长和其暴虐的随从无法触摸和控制的心灵世界，并将这种心灵的享受传达给其他囚徒。在其收到捐赠的书报中，他发现了一张费加罗的婚礼的唱片，他利用在狱中的特殊地位，把看守锁在门外，将唱片播放给所有的囚徒听。阳光下，所有的囚徒，全部仰望着从来是发号施令的喇叭，那美不可言的音乐穿越了所有囚徒的梦想，在囚徒的心灵中贯注了无以言表的美。银行家为此被关了一周的禁闭。Morgan Freeman 问他，为何这么做？他说，为了希望，为了保有任何人都无法剥夺的心灵感受。Morgan Freeman 告诫他说，在这样的地方，最危险的就是有希望，希望在这个地方会毁掉一个人。同时，Morgan Freeman 有一句话，说监狱是一个奇怪的地方——像人生一样——最初你憎恨它，然后你习惯它，最后你离不开它。Morgan Freeman 把它叫做“体制化”。

这句话是我当初看影片时印象最深的，我们的人生又何尝不是这样！从象牙塔出来刚刚步入职场的我们，天真热情，特别是从事法律工作，总以为立刻可以匡扶正义，但在琐碎、繁杂的工作的消磨之下，热情幻灭，于是开始憎恨

* 宁波市鄞州区人民法院执行局局长，法律硕士。

社会，总想着逃离这个环境。然后三五年过去，工作技能渐渐娴熟，人际交往驾轻就熟，各种问题应对自如，所谓的"习惯它"也被美其名曰"适应社会"，再然后，有了小小的成绩、或者小小的升迁，如同诗人穆旦所写的"每日每夜，我们计算着增加一点钱财，每日每夜，我们度量这人或那人对我们的态度，每日每夜，我们创造社会给我们划定的一些前途"，改变和离开的勇气完全丧失。这是我曾经历过或许你们可能也会经历的心路历程。

1993 年我大学毕业进入鄞州法院工作，头两年借调到组织部，工作务虚而且比较沉闷，所以两年后当领导征求意见的时候，我毫不犹豫的选择了回法院，然而令我沮丧的是，我被安排进了执行庭担任书记员兼内勤，而不是我所向往的业务庭审判岗位，于是日复一日地接待当事人，管理执行款账户进出，月复一月地做统计报表、装订案卷，还有数不清的材料、调研，整整 5 年，我被淹没在这样琐碎的工作当中，我也有过痛苦和彷徨的时刻，甚至也动过逃离法院的念头，但最终还是坚持了下来。

执行庭当时在人们心目中是更强调武力而缺乏理论和文化气息的地方，如何发挥自己的优势，如何脱离平庸的道路，我再三思索，不断学习，后来的几年中，我利用自己的法律知识，包括财务知识，通过追加被执行人、追查抽逃的注册资金等方法办结了许多本已山穷水尽的案件，也撰写了许多执行理论文章。2000 年，我撰写的一份裁定书和一篇《论执行权的正当行使》的理论文章在全市执行理论研讨会上分获法律文书和理论文章的一等奖。我的坚持和付出终于得到了肯定。

很多时候，一个人此时此地的成功，恰恰因为她彼时彼地的失败。我始终相信这句话"你现在所经历的，哪怕再琐碎和无聊，都会在日后变成你最可贵的财富"。执行局的 6 年，的确很辛苦，但是它锻炼了我待人接物、协调矛盾的能力、吃苦耐劳、不轻言败的精神、不畏暴力、甘于寂寞的勇气。对此，我将终生受益。

从执行局调到经济庭担任助理审判员，对我而言又是一项重大的转变和考验。严格来讲，我没有做过真正意义上的书记员，没有任何庭审的经历，能办得好审判案件吗，许多人心存疑虑，我自己也是觉得忐忑不安，重压之下，我奋起直追，一方面从档案室借阅了不同类型的经济案卷，天天加以学习和琢磨，另一方面，虚心向庭里的老同志和书记员请教，从而在较短的时间内熟悉了案件的程序、掌握了庭审和制作法律文书的技能，当年我的办案数量达到了一百多件。

2002 年，通过竞聘上岗，我被派至大嵩法庭担任副庭长，法庭地处偏远，号称"鄞县的西伯利亚"，每天花在路途的时间就将近 3 个小时，那里的民风又较为彪悍。有人说这样的岗位对一个女同志而言，太艰苦了。但当时的我还是非常坦然，毕竟这是组织对我的肯定。需要应对的是，法庭的案件以民事居多、以调解为主，刚刚才办了一年经济案子的我，又得开始学习怎么解决婚姻家庭纠纷，怎么调处人身损赔。法庭两年，酸甜苦辣兼而有之，被骂过、打过、跪过、拜过，现在回想起来，更多记忆的是甜和乐，一起上班，在班车中探讨案件，一起下班，去码头淘几样海鲜，案件调解完毕，村民真诚的笑脸。

离开大嵩法庭后，我相继到监察室、民二庭、邱隘法庭担任副主任、庭长，每一次岗位的转换，都意味着我要面临新的压力、进行新的学习、适应新的环境，别人眼中的成功，背后是更加的努力、更多的投入。从莽莽撞撞的青年到已近不惑的中年，我进入鄞州法院一晃已快20年，有几点感悟愿与大家分享。

要学会坚持，坚持是一种工作态度、更是一种人生态度。坦白地说，我的起点并不高，做了5年多的执行局书记员，担任助理审判员时已近而立，但我相信，只有你不肯用心的岗位，没有不锻炼人的岗位，刚才几位代表的发言也证明了这点，他们的岗位各不相同，却都取得了不凡的成绩，被“冷落”时，他们没有随波逐流，而是脚踏实地、默默耕耘，逆境时，他们没有怨天尤人，而是奋发向上，积极进取。

要有良知，法官的良知要胜过漂亮的辞藻和娴熟的技巧，这么多年办案，有一个红包是我最难忘和震动的，那是一起交通肇事案件的执行，原告丈夫在一起事故中被撞身亡，法院判决交强险部分赔偿11万，被告赔偿18万元，由于被告家境差又被判入狱，几年来，除了交强险部分外，我们没有执行到任何款项，最终通过法院司法救助，原告拿到了5万元的救助款，几天后她来找我，说了一些感谢的话以后又拿出来一个红包，一定要塞到我手里，我费了很大的劲才把红包退回去，我说：“你丈夫去世，还要供女儿上学，我们的救助款并不能解决你的生活困难，你怎么还从有限的收入中送钱给我？”她说你们已经尽力了，这是我的一点心意。我相信这是她的心里话，一直沉甸甸压在我的心头。我们做法官的，在平时的审判执行工作中，或多或少地会受到当事人的干扰、社会的压力，除了法律规定、专业知识之外，可以依赖和坚守的，唯有自己的良知。

要怀着希望，我们生存在这个世界上，如果没有希望和梦想，那将一无所有。做法官的，每天与案件为伴，见惯了现实社会中复杂、阴暗的一面，难免会觉得痛苦和消沉，又或者长期从事重复而机械的工作，也会觉得无望和失落，这样的时候，就需要我们将目光从自己狭窄的空间移开，释放压力，寻求心灵的自由。

最后，请允许我把电影讲完，在唯一能证明其无罪的证人被监狱长暗杀之后，银行家告诉Morgan Freeman，他爱他的妻子，但因他沉默寡言，不善表达，令他失去了妻子的心，也令他受到了现在的报应，但19年的服刑已经洗净了他对妻子的歉意，他要用始终如一的希望之心去寻求新的生活。他对

Morgan Freeman 说，墨西哥有一个小岛，风和日丽，他的理想是买一条旧船，将其洗刷一新，每天出海打鱼。他恳求 Morgan Freeman 在假释出狱后，找到他向妻子求婚的那棵榕树，说在树下埋着送给 Morgan Freeman 的东西。Morgan Freeman 带着迷惘、带着害怕银行家自杀的担心度过了他狱中生涯最漫长的风雨之夜。第二天，银行家神秘地失踪了。最后，监狱长偶然注意到了银行家囚室墙上的画，揭开后呈现在眼前的是一个仅供一人爬行的洞，直通监狱的下水道。银行家就是用那把石槌，花费了 19 年的时间挖了出逃的洞，在恶臭难闻的粪便中爬行六个橄榄球场的距离到达了自由的彼岸。逃狱后，银行家取走了 19 年来他为监狱长存的近 50 万美元的赃款，利用假名逃离出境，到达了其梦想的墨西哥小岛。同时，他把监狱长的所有贪污记录寄给官方，使得监狱长受到应有的惩罚。Morgan Freeman 出狱后，找到了那棵树，树下埋着一封信和足够其抵达墨西哥的路费。在信中，银行家告诉 Morgan Freeman，希望是好东西。

是的，Hope is a good thing，希望是好东西。让我们怀着希望，扬帆起航，创造鄞州法院更为辉煌的明天，谢谢。

这是一种坚持信仰的幸福

余 宁*

初春时节，我有幸踏进安徽省黟县宏村这片净土。静静流淌的小河映出一整排素雅祥和的徽派建筑，尚未长出绿叶的树枝，优雅唯美的拱形桥，配上温暖而不刺眼的阳光，没有熙熙攘攘的游客，一切美好得如同初恋的味道。

忽然间，一曲嘹亮却不失柔美的山歌从我身后传来。我忍不住转过身去，只见一个身穿布衣、头戴草帽的老汉，一手拿着相册，一手拎着一个大布袋，唱着歌，一路走来。见到有人看他，立即走上前来，向着我们吆喝："卖糯米饼嘞，香甜可口的糯米饼……"这种朴素却新鲜的推销方式深深吸引了我，我跑过去买了两个糯米饼，开始跟他聊起天来。

老汉叫卢汝霖，今年已经有 80 岁的高龄。"我上过中央电视台，还上过好多报纸，好多人都来拍我唱歌卖糯米饼的情形。"卢老汉一边自豪地说，一边翻开相册给我看，"这些都是导演跟我的合影，还有好多记者给我的名片，这是我的名片，送你一张。"他告诉我，糯米饼是自己做的，唱的歌谣也是自己编的，在宏村卖饼已经有 10 年了，好多来宏村写生的孩子，每天下午都会去找他买一个糯米饼。

告别了卢老汉，告别了宏村，我又重新回到了我的城市，回到了繁忙的工作之中。我依然无比怀念那种宁静与祥和，无比想念卢老汉充满朴素信仰的歌声。我是宁波鄞州法院的一名普通干警，每天穿梭于纷繁复杂的庭审之中，这一切似乎与我心中的那份念想如此格格不入。但谁曾想到，就是这些记忆的片段，让我寻找着属于我们自己的职业信仰。

我时常在想，卢老汉是幸福的，因为他可以坚持自己的信仰，自信地歌唱，并把这种美好传达给每一个到达宏村的人。而作为基层法院的法官，其实我们也可以这样幸福地工作着，因为我们同样可以坚持自己心中法平如水的信仰，用一颗炽热之心，去化解很多世俗的矛盾。

在我身边，也曾经上演过很多这样的幸福事件。

---

* 宁波市鄞州区人民法院办公室助理审判员，法学硕士。

我清晰地记得，有两位曾经闹离婚的当事人，在半年之后又满脸欣喜地回到法院，找那位之前承办他们离婚案件的周晔法官。“我们是来请周法官到我家去喝喜酒的。”妻子张兰（化名）笑着说道。原来，半年前，张兰曾以她丈夫杨国光（化名）经常在外赌博为由，起诉到法院，希望跟她丈夫离婚。法官周晔组织二人进行了一次调解，了解到杨国光并不希望离婚。考虑到他们夫妻俩的感情并没有真正破裂，周晔尝试挽救这段已持续了二十多年的婚姻，但因夫妻俩的矛盾是日积月累产生的，他很快又感觉调解难度很大，调解一度陷入僵局。此后，周晔对这夫妻俩的离婚案进行了开庭审理。庭审中，二人仍表现出相互对抗的情绪，连先前不同意离婚的杨国光也赌气说了“同意离婚”。不过，细心的周晔留意到杨国光在作出“同意离婚”答复后的进一步表态。杨国光带着无奈的神情对妻子说了一句：“我们闹离婚闹了三四年，把女儿的学习都影响了。再过几个月女儿就要高考了，你还跟我闹离婚，你想毁了我们女儿的前途吗?”周晔由此察觉到了这起离婚案件结果仍有转机的可能性，就重新组织夫妻二人进行调解。他耐心地向当事人分析了离婚将给他们的女儿带来怎样的痛苦，高考对于一个学生来说又具有怎样的意义，希望他们回家后再做冷静思考。夫妻俩回家后，法官又分别打电话对他们劝和。经多次沟通，二人达成了夫妻和好的调解协议。半年之后，张、杨二人的女儿收到了一本大学录取通知书，夫妻俩觉得是法官的热诚和坚持给了他们这个幸福美满的家庭，于是亲自到法院来邀请周法官到家去喝喜酒。

在我的印象中，法官的信仰不但可以拯救濒临破碎的家庭，还能拯救那些误入歧途的人们。在一个阳光明媚的下午，一位刑事被告人的家属向冯旭东法官送来一面印有“人民法官为人民”的锦旗。“谢谢你们，给我们家小李一个重新做人的机会。”一位中年妇女激动地握住了冯法官的手。

冯旭东告诉我，两个月前，他审理了一起以小李为被告人的故意伤害案。小李在单位中因为琐事与人发生冲突，对方叫来一些家人来助阵，把他打倒在地上，心急之下，小李捡起了地上的一根小铁棍，往对方其中一人小王的后脑勺砸去，事后，小王被鉴定为重伤，小李以涉嫌故意伤害罪被起诉到法院。庭审结束后，冯旭东组织被告人家属和被害人家属就民事赔偿部分进行调解，冯旭东跟小李家属解释说，鉴于小李在本案中的主观恶意并不大，如果他们能赔偿小王 10 万元损失，获得小王的谅解，按照法律规定可以酌情从轻处罚。“可是我们家拿不出 10 万元，我们家没有钱……我儿子只能坐牢了吗?”小李的妈妈说着说着就哭了出来。调解陷入了僵局。为了小李这个案子，冯旭东彻夜未眠。第二天，他尝试跟小李的老板胡总联系，希望胡总能给小李一点经济上的支援。经过多次电话沟通和当面谈话，胡总终于答应替小李垫付 10 万元经济赔偿金，小李也取得了被害人的谅解。最后，冯旭东作出了缓刑判决。他的努力与坚持，给了小李一片新的天空。

每当看到法官通过努力调解有了如此大的收获，我就会为我们的职业感到无比的自豪。那种自豪，应该如同卢老汉唱出嘹亮歌声时的心情，因为这是一种坚持信仰的幸福。

（载于《人民法院报》2011 年 3 月 21 日）

法律不能承受之轻

谢华波*

引子：东郭子问庄子：您所说的道，究竟在什么地方呢？

庄子回答说：道是无所不在的。

东郭子：您得具体一点才行。

庄子：那就让它体现在蝼蚁身上吧。

东郭子：道是宇宙的最高法则啊，怎么会如此低下呢？

庄子：那就让它在稻田的稗草里好了。

东郭子：怎么每况愈下了呢？

庄子：那就让它在残砖碎瓦里好了。

——《庄子·知北游》

生命的价值

这是一起发生在 2005 年初的道路交通事故案件，案情很简单，唐某被李某驾驶机动车撞死，唐某系农村居民，但土地已被征用，系失土农民，其近亲属要求被告李某以城镇居民标准赔偿损失，而李某认为应按农村居民标准予以赔偿，双方产生了重大分歧。当时，《最高人民法院关于审理人身损害赔偿案件适用法律若干问题的解释》刚刚施行，根据该解释第 29 条规定，死亡赔偿金按照受诉法院所在地上一年度城镇居民人均可支配收入或农村居民纯收入标准，按 20 年计算。粗看之下，该条文似乎无什么不妥，但如果按该条文来算一笔账，你就会大吃一惊。以浙江省为例，2004 年度城镇居民人均可支配收入为 15882 元，农村居民人均纯收入仅为 7018 元。那么如发生一起交通事故，同样机动车方负全部责任，城镇居民和农村居民的死亡赔偿金数额就有了巨大的差异：

城镇居民死亡赔偿金：15882 元（2004 年度城镇居民人均可支配收入）×

* 宁波市鄞州区人民法院民一庭庭长，法律硕士。

20 年＝317640 元

农村居民死亡赔偿金：7018 元（2004 年度农村居民纯收入）×20 年＝140360 元

从这两个简单的计算公式来看，人的生命在这里有了贵贱，生命的价值有了差异，城镇居民的生命显然比农村居民值钱。生命权是人之所以作为人的最重要的一项权利，平等权是诸多法律体系中最基本的权利，为何在这里看不到生命的平等，难道城镇居民的生命比农村居民更高贵、更值钱？我也听过许多学者、专家的讲座，他们认为生命是无价的，不能用金钱来衡量，“同命不同价”是个伪命题。既然这样，那么为何不用统一的标准来赔偿呢？我陷入了深深地思考。后来，我从唐某系失土农民，其主要收入来源来自非农业生产，应参照城镇居民标准予以赔偿的角度支持了原告的诉讼请求。现在，失土农民按照城镇居民标准赔偿成为各地法院普遍的做法，然而当时在法律法规无明文规定的情况下，作出如此的判决需要一定的勇气。

追求公平和正义，是每一个法律工作者永恒的理想，作为一个基层法院的法官，也许只能在个案中实现正义。然而，我欣喜地看到，这不是我一个人的呼吁和呐喊，我们的立法也进步和关注，新的侵权责任法就对此作了小小的修整，该法规定因同一侵权行为造成多人死亡的，可以以相同数额确定死亡赔偿金。

十元钱官司

这是我承办过的标的额最小的一件案件。2007 年底，由李连杰、刘德华等大腕主演的大篇《投名状》在甬城上映，不料因 10 元钱的票价补差问题，一律师事务所把宁波某电影城告上了法庭。原告某律师事务所诉称：因所里搞职工活动，于 2007 年 10 月左右，通过网上电影换票券团购，以每张 25 元购得被告印发的电影换票券多张。原告单位两职员持单位所购换票券于 2007 年 12 月 15 日观看《投名状》，但被告以“通告”方式告知原告：以换票券观看《投名状》需补票价每张 5 元。原告单位职员当场表示异议，被告要求补差票价，否则不予观看。原告见后面还有许多人在焦急地排队买票，就暂时同意补 10 元差价入场观看电影。原告认为换票券写明凭本券可免费换取任何场次电影票，被告有义务免费为原告换电影票，不能以通告形式任意加收补差价，要求法院判令被告返还 10 元电影票补差价。案件受理后，我几次召集双方当事人进行积极沟通，并与电影城就《合同法》中关于格式条款的规定作了详细地解释。电影城接受了我的观点，表示以后为使消费者更明确换票券的使用规定，在销售给团体顾客的时候都作口头说明，并在换票券背面盖有“只限观看 60 元以下的电影”的红章，注明如观看 60 元以上的根据原价票价补足差价。

律师事务所认为电影城修正规定后，起诉已达到了公益诉讼的目的。2008 年 3 月 14 日，就在消费者权益保护日前夕，双方自行和解，原告向法院撤回起诉。

案件虽小，然而我却看到了原告背后站立的千万个普通消费者的身影。在强势与弱势的对抗中，作为一个法官，我不能主动介入纷争，但通过案件的审理，维护了消费者的知情权和公平交易权，心理还是感到一丝欣慰。

鸽权与人权

这是一起普通的相邻纠纷案件。原告尚某与被告励某均系宁波某小区住户，两家相邻，房屋结构均是顶楼加阁楼。被告系宁波市信鸽协会成员，在自家阁楼搭建了鸽舍，饲养了 70 余只信鸽。由于鸽毛、鸽粪经常撒到原告阳台，且鸽子气味、噪音较重，对原告家生活环境造成一定影响，双方引起纠纷。本案虽为一件简单的相邻纠纷案件，却涉及了两种权利的冲突。被告系鸽协成员，鸽子养在自家阁楼，宁波市也没有在小区内养鸽的禁止性规定，那么显然被告有养鸽的权利（养鸽权）。而原告在小区购买房屋，显然希望有一个和谐安定的生活环境，这也是原告所享有的正常生活居住权利（安居权）。我试度在二者之间找到一个平衡点，为此，我走访了小区物业和住户，到信鸽协会进行调查和请教，查阅了大量的案例和理论。最终我认为被告养鸽之目的是为了提高自己的生活情趣，改善自己的生活状态，属纯粹精神或娱乐方面的权利，与安居权相比，显然阶位较低。鸽权不能高于人权，二者发生冲突时，在价值取向上应倾向于后者。被告养鸽数量较多，由此产生的鸽毛、鸽粪、气味、噪音等对原告家的生活环境造成了一定影响，应停止侵害，排除妨碍。但在现有的法律法规及政策框架下，在宁波市小区内养鸽并不禁止，停止侵害，排除妨碍并不是要求被告拆除鸽舍，搬迁所有鸽子，完全剥夺被告养鸽的权利。被告停止侵害，排除妨碍的关键在于控制鸽子数量和规范养鸽，数量的减少，相应的鸽毛、鸽粪、气味、噪音等影响也随之减少。原告作为相邻方在合理范围内也有容忍的义务，鸽子数量的减少，并不是等于对原告完全没有影响，而是把影响减小到原告应当可以容忍的范畴。根据本案的实际情况，判决被告励某将饲养的鸽子数量控制在 15 只之内，并对鸽舍定期进行清扫和消毒。

这是件有趣的案件，判决后许多报纸、电台、网络争相报道，也引起了较大争议。我也参加过几期广播节目，与听者直接进行对话，总体听者对法院判决表示支持和满意。现实中的许多案件，在原则性的法律规范中是找不到现成答案，需要法官依据立法本意、法律精神以及社会妥当性等基本原则进行权衡和自由裁量。一个法官，不仅需要丰富的法律知识，同时需要智慧、经验、良知和灵活的精神，才能真正地定分止争，案结事了。

后 记

2000年，我调到法庭工作。弹指间，时光已流过了10年，10年间，我承办了2000余件案件，以上是我从2000余件案件中撷取的3件案例。没有惊天动地的大案要案，也没有曲折迂回、扣人心弦的故事情节，都是诸如此类鸡毛蒜皮的小案件。然而从一件件小案件中我却看到了法律的真谛，其折射出的法律光芒是如此的耀眼。我们所崇尚的法律，不应是飘渺虚无、深不可测的空洞理论，而应关系到千家万户的平常事情，渗透在生活的方方面面，就像庄子所说的“道”，它无所不在，它存在于我们的婚姻家庭，我们的邻里关系，普通百姓的每一件财物，甚至于拆迁后残砖碎瓦之中。从2000年到2010年，从28岁到38岁，可以说我把人生中最美好的一段青葱岁月献给了法庭，然而我甘受寂寞，不敢有一丝懈怠，因为我知道法律不能承受任何之轻。

（获《宁波审判研究》“江北杯”征文活动优秀奖）